OS BEN$ QUE OS POLÍTICOS FAZEM

Chico de Gois

OS BEN$ QUE OS POLÍTICOS FAZEM

Histórias de quem enriqueceu durante o exercício dos mandatos

LeYa

Diretor editorial: Pascoal Soto
Editora executiva: Maria João Costa
Assessora editorial: Raquel Maldonado
Revisão de texto: Fabricio Fuzimoto e Thiago Brigada
Design de Capa: Ideias com peso
Fotos: Ana Paula Gois, André Coelho e Chico de Gois
Diagramação: Abreu's System
Produção Gráfica
Direção: Marcos Rocha
Gerência: Fábio Menezes

CIP-BRASIL. CATALOGAÇÃO-NA-FONTE
SINDICATO NACIONAL DOS EDITORES DE LIVROS, RJ

Gois, Chico de
Os bens que os políticos fazem : história de quem enriqueceu durante o exercício dos mandatos / Chico de Gois – Rio de Janeiro : LeYa, 2013.
288 p.

ISBN 978-85-8044-909-9

1. História política 2. Corrupção na política 3. Política brasileira

13-0932 CDD: 320.98161

2013

TEXTO EDITORES LTDA.
[Uma editora do Grupo LeYa]
Rua Desembargador Paulo Passaláqua, 86
01248-010 – Pacaembu – São Paulo – SP – Brasil
www.leya.com.br

A
Leonardo e Matheus,
meus filhos.
Para que a realização dos sonhos
seja uma dedicação intensa e uma
conquista diária.

Agradecimentos

Antes mesmo deste livro nascer, Pabline Reis me incentivava a fazer algo que tivesse minhas impressões digitais. Depois que o projeto ganhou forma, foi ela minha principal colaboradora, a pessoa que leu todos os capítulos, que apontou contradições, que os corrigiu, que sugeriu alterações, que criticou e parabenizou. A ela, muito mais do que uma participação profissional, devo o amor, a paciência e o companheirismo nesta jornada.

Agradeço a Maria João Costa, editora-executiva da LeYa, que confiou em mim antes mesmo de me conhecer pessoalmente. Com suas observações e seu entusiasmo, este projeto ganhou letras, palavras, frases e se tornou um livro. Também não posso deixar de agradecer imensamente a paciência e a solidariedade incontestável de Raquel Maldonado, que não conheço pessoalmente, mas de quem me tornei companheiro desta jornada.

A minha mãe, Carmelita Mariana, meu muito obrigado por suas orações diárias e pelos ensinamentos de que a vida, para ser vivida com dignidade, não necessita de riquezas, e muito menos de bens que não sejam obtidos pelo suor do trabalho honesto.

Sérgio Fadul e Diana Fernandes, da sucursal de *O Globo*, em Brasília, foram um dos primeiros a saber da iniciativa e a me apoiarem na tarefa de produzir estes capítulos.

Aos amigos de longa jornada na vida, como Edson Rossi e Vitor Nuzzi, meus fraternais agradecimentos não apenas pelo entusiasmo com este projeto, mas por me apoiarem em todas as fases da minha existência desde que nos conhecemos nos idos de 1984, no campus da Universidade Metodista, e nas manifestações pelas Diretas-Já e por um mundo mais ético, mais livre e democrático.

Com outros amigos também discuti ideias e etapas do trabalho, como Simone Iglesias e Paulo Celso Pereira, que sugeriram personagens, viram sugestões de capas e sempre tiveram dispostos a ouvir minhas dúvidas. Outros embarcaram no projeto de diversas formas, seja ajudando fisicamente, como os fotógrafos Ana Paula Gois, minha irmã que, além de fazer algumas das imagens que estão no livro, está sempre disposta a me ajudar em qualquer situação, e André Coelho, ou demonstrando interesse e me incentivando, como Francisco Leali, Lisandra Paraguassu, Leonêncio Nossa, Luiza Damé, Fernanda Krakovics, Diogo Alcântara, Priscilla Mendes, João Rocha, Alberto Lima, Adriana Mendes, Tábita Marinho, Daniela Martins, Natália Lima, Demétrio Weber, Severino Motta, Marina Mello, Bartira Betini, Marta Pereira, Evandro Spinelli, Rogério Pagnan, Rodrigo Vargas, Rita Camacho, Priscila Lambert, Marina Marquez Madeleine Lacsko, Guilherme Amado e Pablo Uchoa.

Nas andanças pelo Brasil, conheci jornalistas, políticos, promotores, juízes e pessoas comuns que me ajudaram, e muito, na contextualização de fatos, de versões e de conteúdo histórico dos personagens citados e outros que não constam dos textos. Meus profundos agradecimentos a Carlos Bueno de Moraes, Vassil Oliveira, Gilberto Léda, Levi Vasconcelos, Gabriela Moreira, Letícia Moreira, Tatiana Sales, Antonia Alves, Gerson Costa, Karoline Garcia, Luiz Carnaúba, Jamil Kinoshita, Waldir Costa, Pedro Roberto Mancebo Gemignani, e muitas outras pessoas que não me deram autorização para citar seus nomes porque temiam por represálias.

SUMÁRIO

Introdução

Este livro foi possível por causa de personagens como o contraventor Carlinhos Cachoeira, o ex-senador Demóstenes Torres (DEM-GO) e o governador de Goiás, Marconi Perillo (PSDB). Sem que o saibam, foram eles os responsáveis, de forma indireta, pelas páginas adiante. Explico: a CPI Mista do Cachoeira já estava em andamento no Congresso Nacional para apurar as relações do bicheiro com o mundo político e empresarial quando *O Globo*, jornal para o qual trabalho desde agosto de 2006, me pautou para ir a Goiânia fazer um levantamento dos bens de Marconi, suspeito de manter negócios não republicanos com o rei do jogo do bicho em Goiás. Segui para a cidade com o fotógrafo Ailton de Freitas e o motorista Arthur. Antes, passamos em Pirenópolis, distante 150km de Brasília, porque a declaração de bens apresentada por Marconi em 2010, quando se candidatou ao Governo de Estado, informava que ele que possuía alguns imóveis por lá.

O levantamento feito pela reportagem, publicada com destaque nas páginas de *O Globo* em 2 de junho de 2012, demonstrou que Marconi havia quintuplicado seus bens desde que assumira pela primeira vez o governo de Goiás, em 1998. Naquela época, seu patrimônio declarado era de R$ 299,5 mil; em 2010, somava R$ 1,503 milhão. Além disso, a investigação mostrou que ele deixara de informar à Justiça Eleitoral outros imóveis que estavam em nome de sua mulher, Valéria, com quem era casado em comunhão parcial de bens – o que significa que metade do que estava em nome dela lhe pertencia também.

A reportagem chamou a atenção da editora-executiva da LeYa, Maria João Costa, que me enviou um e-mail elogiando a matéria e contando que o assunto há algum tempo lhe despertava o interesse e o desejo de publicar um livro sobre políticos que ficam ricos com a política. Perguntava se eu estaria interessado em discutir o tema. Aceitei a oferta – não sem antes fazer diversos questionamentos.

Para realizar o livro, ponderei, seria necessário fazer uma ampla pesquisa, tomando como base as declarações de bens de todos os vereadores de capitais, deputados estaduais das 26 assembleias e da Câmara Distrital, 513 deputados federais e 81 senadores. Para termos como comparar a evolução patrimonial, teríamos de focar em quem tinha exercido mais de um mandato, ou quem havia concorrido em outros pleitos. A base de dados, de início, abarcou cerca de 10 mil declarações. E era importante levantar documentos nas Juntas Comerciais e cartórios das cidades – o que implicava em viagens e custos.

Maria João concordou e acabamos chegando a uma conclusão: seria humanamente impossível fazer um livro com um número tão grande de personagens – a não ser que nos limitássemos a publicar tabelas cansativas com a declaração de cada um deles. Para fazer um corte, concluímos que só entrariam políticos que tivessem obtido uma expansão patrimonial acima de R$ 1 milhão no período de quatro anos, porque, menos que isso, teoricamente, não seria uma evolução tão difícil de explicar.

Mesmo assim, a base continuou grande. O leitor talvez vá estranhar o fato de que, no livro, não apareçam personagens de fama nacional, como o presidente do Senado, Renan Calheiros (PMDB-AL), os senadores José Sarney (PMDB-AP) e Fernando Collor de Mello (PTB-AL), o deputado federal Newton Cardoso (PMDB-MG) ou mesmo o deputado estadual José Geraldo Riva (PP-MT), que responde a cerca de cem processos por enriquecimento ilícito e irregularidades. Já explico: o patrimônio de alguns destes foi amealhado desde que começaram na política – no caso de Sarney, portanto, desde a década de 1950, e no caso de Newton Cardoso, desde a década de 1970 – e fazer uma investigação sobre cada um desses personagens seria produzir um livro individual para saber as origens desses bens. Sem entrar no mérito da questão, Collor, por exemplo, já era milionário de família. Assim como o senador Blairo Maggi (PR-MT), um dos políticos mais ricos do país, que já tinha uma fortuna quando decidiu entrar nesse meio – e a aumentou ainda mais durante o tempo em que foi governador de seu estado. Em outros casos, a declaração de bens apresentada pelos candidatos à Justiça Eleitoral não demonstrou uma significativa alteração patrimonial de uma eleição a outra – embora, naturalmente, possam ter registrado bens em nomes de terceiros ou simplesmente omitido informações.

Assim, o trabalho de apuração limitou-se, de início, à declaração de bens que está disponível no site do Tribunal Superior Eleitoral (TSE), ou em outros sítios que acompanham de perto a evolução patrimonial de candidatos, como os sites noticias.uol.com.br/politica/politicos-brasil ou o site www.excelencias.org.br – aliás, ótimas fontes de pesquisa para qualquer eleitor. De posse desses dados, um trabalho de campo teve início. Empreendi viagens por vários cantos do Brasil, seja em capitais ou interior do estado – algumas cidades a mais de 400km da capital. Entrevistei jornalistas, políticos locais, promotores e a população em geral para traçar um perfil dos políticos. Além disso, cruzei dados obtidos em cartórios, Ministério Público e ações na Justiça, e visitei vários dos bens descritos pelos candidatos para ter uma noção do que eram essas propriedades.

De posse de todas essas informações, Maria João e eu chegamos à conclusão de que o importante não era o valor em si, mas a evolução no período. Então, buscamos exemplos de políticos que já tinham sido destaque (negativo) no noticiário nacional ou local. A imprensa costuma informar seu público sobre as alterações patrimoniais dos candidatos de sua região. Em geral, quando o período de eleições chega, a mídia, tomando como base as mesmas declarações apresentadas pelos candidatos à Justiça Eleitoral, limita seu trabalho a mostrar que determinado político teve uma expressiva expansão patrimonial. Por falta de pessoal, de espaço e de recursos, a notícia fica apenas nisso. O eleitor fica sem saber, por exemplo, o que o candidato já fez, que tipo de propriedade tem, como o candidato conseguiu juntar tantos bens em um espaço curto de tempo.

Os personagens descritos nesses capítulos são exemplos de políticos que aumentaram, indubitavelmente, seu patrimônio no período em que exerceram mandatos – embora não se possa dizer seguramente que o fizeram às custas de malandragens. O livro não é um veredicto de que todos são corruptos. Muitos dos personagens respondem a ações na Justiça por diversas acusações, mas, como os processos ainda tramitam, não se pode julgá-los culpados.

O objetivo do livro não é demonizar a classe política, tão necessária e importante para a democracia em qualquer lugar do mundo, mas dar exemplos de que a prática política pode ajudar alguns a melhorar, e muito, seu padrão de vida. Se isso é feito de forma regular ou não, caberá ao eleitor, juiz em última instância, decidir no silêncio de seu voto.

Patrimonialismo, uma marca de nascença

No imaginário popular, todo político é ladrão. E Brasília é a capital da corrupção. A culpa por um pré-julgamento tão duro contra vereadores, deputados estaduais e federais, senadores, prefeitos, governadores e presidentes da República é, em última instância, dos próprios agentes políticos. O noticiário está coalhado de tantos maus exemplos que é difícil encontrar quem escape à alcunha maldosa imposta por boa parte dos eleitores a seus representantes. Mas os bons políticos existem, claro, embora a tarefa de localizá-los seja como a de procurar agulhas num palheiro.

As manifestações populares que tomaram as ruas de diversas cidades do país a partir de junho de 2013 podiam não ter uma pauta comum de reivindicações, mas o grito que se ouviu quase em uníssono foi: sem partidos. A voz das ruas foi uma sonora vaia ao modelo político em voga no Brasil e aos políticos em geral. Quem tentou erguer uma bandeira partidária quase foi, literalmente, espancado. E os poucos parlamentares que se aventuraram a caminhar com a multidão só o fizeram porque, de certa forma, ainda podiam discursar contra a corrupção. Mesmo assim, por precaução, compareceram dispersos no meio da massa.

A democracia, no entanto, não pode prescindir dos partidos políticos e, muito menos, dos representantes eleitos livremente pela população. Ainda que muitas das expressões ouvidas e lidas nas redes sociais tenham sido quase um manifesto pelo fim dos partidos e pela execração dos políticos, levar adiante o desejo da maioria do povo significaria, na prática, substituir a democracia por formas apartidárias como uma ditadura populista ou o anarquismo.

Mas a indignação contra a corrupção e contra o modo como muitos fazem política se espraiou pelos corredores do Congresso, pelo Palácio do Planalto, pelos governos e pelas assembleias locais. De uma hora para outra, os ouvidos moucos se desentupiram e as vozes dos eleitores começaram a ser percebidas, primeiro como um ruído, até, finalmente, como o estampido de um tiro. Esse tiro pode ter sido o da largada para uma maratona de mudanças ou o do suicídio político dos representantes eleitos que não souberem compreender o que seus representados falam.

A indignação contra os políticos não é novidade no Brasil. Padre Antônio Vieira, de quem o senador José Sarney (PMDB-AP) se diz um estudioso e um grande fã, já bradava em seus sermões contra aqueles que estavam mais interessados nos ganhos pessoais do que no bem da coletividade. E distinguia o ladrão comum, que, em tese, rouba para matar a fome, daqueles de altos escalões, que não furtam apenas um indivíduo, mas a coletividade:

"O ladrão que furta para comer não vai nem leva ao inferno; os que não só vão, mas levam, de que eu trato, são os ladrões de maior calibre e da mais alta esfera, os quais, debaixo do mesmo nome e do mesmo predicamento, distingue muito bem São Basílio Magno. Não são só ladrões, diz o santo, os que só cortam bolsas ou espreitam os que vão se banhar, para lhes colher a roupa; os ladrões que mais própria e dignamente merecem esse título são aqueles a quem os reis encomendam os exércitos e legiões, ou o governo das províncias, ou os administradores das cidades, os quais, já com manha, já com força, roubam e despojam os povos. Os outros ladrões roubam um homem, estes roubam cidades e reinos; os outros furtam debaixo de seu risco, estes, sem temor nem perigo; os outros, se furtam, são enforcados, estes, furtam e enforcam. Diógenes, que tudo via com mais aguda vista que outros homens, viu que uma grande tropa de varas e ministros de justiça levavam a enforcar os pequenos. Quantas vezes se viu em Roma ir a enforcar um ladrão por ter furtado um carneiro, e no mesmo dia ser levado a triunfo um cônsul ou ditador por ter roubado uma província", diz o padre no famoso "Sermão do Bom Ladrão".

Dos tempos de padre Antônio Vieira (1608-1697), o livro *A arte de Furtar* também trata do assunto. Tem-se como desconhecido o autor dessa obra-prima, embora alguns atribuam ao próprio Vieira sua autoria. A leitura é saborosa e muitas de suas observações encaixam-se perfeitamente nos dias atuais. O autor lembra que o roubo e o furto são práticas antigas e que, exercê-las, é uma arte comparável a de pintores ou músicos. E, aos que o vierem acusá-lo de caluniador ou de agir de má-fé, adianta-se:

"Não me caluniem os que se têm por escoimados, queixando-se que os ponho nesta rede sem provas nem certeza de delitos que cometessem nesta matéria, sendo certo que não há regra sem exceção. Meta cada um a mão em sua consciência e achará o que digo – que este mundo é uma ladroeira ou feira da ladra, em que todos chatinam interesses, créditos, honras, vaidades. E estas coisas não as pode haver sem mais e menos; e em mais e menos vai o furto, quando cada um toma mais do que se lhe deve ou quando dá menos do que deve. E procede isto até em uma cortesia, que excede por ambição ou que falta por soberba."

Depois de se escusar, o autor anônimo explica que formas tem o governante de furtar: "De três maneiras pode um rei ser ladrão: primeira, furtando a si mesmo; segunda, a seus vassalos; terceira, a estranhos. A si mesmo furta, quando gasta da coroa e dos rendimentos do reino em coisas inúteis; aos vassalos, quando lhes pede tributos demasiados e que não são necessários; aos estranhos, quando lhes faz guerra sem causa".

Essa prática política de enriquecer-se com o que é público tem origem na história dos antepassados do Brasil. Raymundo Faoro, no clássico *Os Donos do Poder*, faz um longo estudo sobre a formação do que chama patronato político brasileiro e conta que o patrimonialismo é uma marca de nascença de Portugal, transmitida como uma herança ao Brasil.

Conta Faoro que o rei dispunha da terra num tempo em que as rendas eram, predominantemente, derivadas do solo. A Coroa, ensina ele, conseguia formar um imenso patrimônio rural, cuja propriedade se confundia com o domínio da casa real, "aplicado o produto nas necessidades coletivas ou pessoais, sob as circunstâncias que distinguiam mal o bem público do bem particular, privativo do príncipe". A obra de Faoro também deixa claro que, desde o início da história portuguesa, o rei soube privilegiar quem lhe fosse fiel, concedendo benesses, como terras. Mas o poder de mando continuava com ele. "Astúcia e paciência erguerão, do desprezo e do alheamento, uma classe com a qual o soberano dividirá lucros e moeda: terá êxito a caça ao tigre por meio da lebre. Os ingressos da Coroa levarão o sangue, o calor, o estímulo e a vida a todas as atividades, agricultura, comércio e indústria do reino. Há um jogo de pressões e influências recíprocas, que associam o predomínio do soberano nas rendas mais altas e nos misteres mais humildes. A propriedade do rei – suas terras e seus tesouros – se confunde nos seus aspectos público e particular. Rendas e despesas se aplicam, sem discriminação normativa prévia, nos gastos de família ou em obras e serviços de utilidade geral".

Essa simbiose entre o poder político e o econômico, com vistas ao bem comum de quem manda, e não de quem obedece, é retratada também em outro livro clássico, *Coronelismo, Enxada e Voto*, de Victor Nunes Leal. O autor aborda a relação de dependência entre os governantes e os coronéis. O vocábulo "coronelismo" remonta à extinta Guarda Nacional, criada em 1831 no Período Regencial, após a abdicação de Dom Pedro I. Segundo José Murilo de Carvalho, em *Cidadania no Brasil – O longo caminho*, os oficiais da Guarda eram indicados pelo governo entre as pessoas mais ricas dos municípios. O coronel, posto mais alto na hierarquia, era sempre a pessoa mais poderosa da cidade. Explica Carvalho: "Quando a Guarda perdeu sua natureza militar, restou-lhe o poder político de seus chefes. Coronel passou, então, a indicar simplesmente o chefe político local. O coronelismo era a aliança desses chefes com os presidentes dos estados e desses com o presidente da República. Nesse paraíso das oligarquias, as práticas eleitorais fraudulentas não podiam desaparecer."

Os coronéis mandavam nos municípios e sua influência era determinante nas eleições para os governos e até mesmo para a Presidência. Em troca do apoio, recebiam do governante de plantão os favores da força policial, empregos e empréstimos. A descrição de como se dava esse apoio mútuo, embora feita em 1948, parece muito atual. "Para favorecer os amigos, o chefe local resvala muitas vezes para a zona confusa que medeia entre o legal e o ilícito, ou penetra em cheio no domínio da delinquência, mas a solidariedade partidária passa sobre todos os pecados uma esponja regeneradora. A verdadeira reabilitação virá com a vitória eleitoral, porque, em política, no seu critério, só há uma vergonha: perder. Por isso mesmo, o filhotismo tanto contribui para desorganizar a administração municipal", constata Nunes Leal.

No Brasil do século XXI, os interesses políticos continuam os mesmos – vencer as eleições a qualquer custo e se refestelar no poder. Para isso, formam-se alianças heterogêneas, velhos inimigos esquecem o passado e dão-se os braços com o objetivo de, uma vez eleitos, dividir o butim. Os políticos são os representantes do povo e por ele são eleitos. Ninguém chega ao Congresso, à Assembleia, à Presidência, ao governo estadual ou à prefeitura sem que tenha convencido diversos cidadãos de que pode fazer alguma coisa para melhorar a vida de quem o elegeu. O eleitor é, assim, um interessado – alguns dirão, interesseiro. Ele dá um voto e quer algo em troca. Em alguns casos, o que se quer do eleito é que ele atue sobre a redução da carga tributária, a regulamentação de planos de saúde, a aplicação mais eficaz das verbas arrecadadas para a saúde e para a educação, que dê melhores condições de trabalho para o funcionalismo, que melhore os transportes públicos... Em outros, o que se busca do político é o atendimento a uma demanda imediata e comezinha, como R$ 10 para comprar um quilo de carne, um tanque cheio de gasolina, uma cesta básica... Afinal, se "todo político rouba", por que não pegar de volta algum benefício, já que eles passarão quatro anos no bem bom, pensa o eleitor que vende seu voto.

Cada eleito representa um segmento da população e seus interesses. A forma de atuar para defender esses interesses é que difere o bom político do mau, o honesto do desonesto. Alguém já disse que o inferno está repleto de boas intenções. E, embora o Legislativo não seja o caldeirão do diabo, todos os que ali chegaram o fizeram alavancados por propaladas boas intenções. Às vezes, o cerne dessas boas intenções tem um único beneficiário: o próprio eleito. A máxima cristã de "fazer o bem não importa a quem", para certos políticos transforma-se em "aumentar meus bens não importa como".

A política, para muitos brasileiros, é algo abominável. Ou, dito de outra forma, o político é uma espécie de judas no qual podem descarregar sua fúria verbal, exercer de forma "crítica" sua cidadania. Falar mal de políticos, dizer que roubam, que nada fazem, é um esporte nacional. As redes sociais estão repletas de comentários execrando a todos. Multiplicam-se compartilhamentos de informações que nem sempre são verdadeiras. Mas isso não importa. O que vale é o eleitor exercer seu direito sagrado de protestar.

Ao mesmo tempo que apontam os políticos, genericamente, como ladrões, os eleitores também acorrem a eles para garantir algum benefício próprio. Buscam uma indicação para um emprego, um jeitinho para arrumar uma vaga numa boa escola para os filhos, a influência do parlamentar para que o poder público cumpra sua função e instale iluminação pública ou canalize um córrego e até dinheiro para comprar remédios ou uma passagem para visitar parentes. Os políticos, que não são bobos, atendem à demanda de seu público, até porque nada sairá de seus próprios bolsos – nem mesmo o dinheiro que, eventualmente, deem a algum pobre coitado. Ao fazer os favores, conquistam a fidelidade de um eleitor ou de uma comunidade e ampliam seu poder local.

José Augusto Dias Júnior, em seu livro *Os Contos e os Vigários – Uma História da Trapaça no Brasil*, observa que no patrimonialismo brasileiro os dirigentes tratam o governo como algo que lhes pertence e que existe, antes de mais nada, para seu próprio usufruto. Ele recorre a Faoro para lembrar que "o poder tem donos habituados a não fazer distinção entre o patrimônio público e o patrimônio privado, posto que, no final das contas, ambos deveriam servir aos mesmos propósitos". De acordo com Dias Júnior, dessa prática veio o costume que se consolidou, fazendo com que alguns políticos passassem a ver na corrupção e no desvio de recursos apenas o simples e legítimo exercício do direito de propriedade.

ELEGEI-VOS E MULTIPLICAI VOSSOS BENS

Esse costume consolidado torna-se claro numa simples observação das declarações de bens dos candidatos apresentadas à Justiça Eleitoral – que foram a base deste livro. Raramente alguém entra na política e sai com menos do que entrou. E, quando isso acontece, lembra um assistente parlamentar que conhece muito bem como funciona o poder, não é porque o parlamentar, ou prefeito, ou governador ficou mais pobre. Não raras vezes, para não passar ao público a impressão – verdadeira – de que enriqueceu exercendo mandatos, ele transfere parte de seu patrimônio para laranjas ou familiares. Há vários exemplos de candidatos reeleitos que, de uma eleição para outra, simplesmente sumiram com seus bens. Outros apresentam patrimônio milionário sem ter participação em nenhuma empresa oficialmente. Há criadores de gado que não informam publicamente nenhum rebanho. E a grande maioria deixa de declarar valores em contas correntes e aplicações.

A política abre as portas dos cofres públicos e privados. No mundo dos gabinetes, tudo pode se transformar em dividendos financeiros. Um exemplo clássico e atual: quando surge um fato grave, uma denúncia contra empresas do governo ou sobre má qualidade do serviço prestado por concessionárias, a população e a imprensa cobram a instalação de uma CPI para investigar os desmandos. Sem saber, estão dando cheques em branco para que os corruptos fiquem mais ricos. E é muito fácil ganhar dinheiro numa CPI. Um dos integrantes da comissão pode apresentar um requerimento, por exemplo, para ouvir o depoimento do diretor de alguma famosa empresa nacional que foi denunciada por suspeita de cometer alguma irregularidade. Naturalmente, esse diretor não quer aparecer em rede nacional, numa posição semelhante à de réu. Mas é fácil resolver esse impasse: algum assessor do parlamentar procura o futuro depoente e diz que seu chefe pode minimizar o dano, retirando o requerimento que havia apresentado. Desde, logicamente, que o diretor contribua para a campanha do parlamentar – pleonasmo para o pagamento de propina porque, como lembrou alguém, político está sempre em campanha. Acertadas as cifras, o requerimento é retirado da CPI sob argumento de que é necessário aguardar que novos fatos venham à tona. Ou, então, o acerto pode ser feito no relatório final, excluindo-se nomes ou rejeitando o documento.

Outra forma clássica de um político ganhar dinheiro: criar dificuldades para vender facilidades. O parlamentar pode propor uma lei proibindo a propaganda de redes de *fast food* antes das 22h. Para justificar o projeto, ele pode argumentar que a medida tem como objetivo o bem comum, porque as pessoas que comem esse tipo de alimento engordam mais facilmente, o que cria um problema de saúde pública. A intenção pode até ser verdadeira. Mas as redes de *fast food* vão enxergar um potencial prejuízo para seus negócios. Sem publicidade até as 22h, as crianças e os adolescentes não serão massificados com imagens de suculentos hambúrgueres, por exemplo. O que fazer? Negociar com o autor do projeto – o que pode significar "ajuda financeira para campanha". Depois dos generosos argumentos oferecidos pelas empresas, o texto fica mais ameno e a propaganda é autorizada, às vezes com algumas ressalvas, como, por exemplo, proibindo que crianças participem do comercial que vão ao ar nas TVs. Todo mundo sai feliz e o eleitor nem percebe que pode ter patrocinado uma negociata.

Por menor que seja o poder de um eleito, ele pode ganhar muito dinheiro desonestamente, se assim o desejar. Um vereador de uma cidade média tem muita possibilidade de auferir alguns dividendos na discussão, por exemplo, do Plano Diretor da cidade, que vai dizer o que pode e o que não pode ser construído e onde as restrições irão valer. Proprietários de terrenos farão um forte lobby para, com a mudança da lei, valorizar ainda mais seus imóveis.

O autor de *A Arte de Furtar* certamente não enquadraria entre um dos gênios do crime os parlamentares que se valem de certos desvios. São deputados e senadores que apresentam notas fiscais falsas de consumo de combustível ou aluguel de veículos para poder embolsar a verba indenizatória que deveria ser utilizada para o exercício de seu mandato. Há outros que descontam do salário de seus servidores um pedágio – o funcionário é contratado por, digamos, R$ 3 mil, mas tem de devolver mensalmente a metade ou até mais para quem o contratou.

Quanto mais prestígio tem um parlamentar, mais possibilidade de ser corrompido ele tem. É lógico que não se trata de todos. Há muitos políticos que conquistaram o respeito de seus pares e da sociedade porque agem seriamente com a coisa pública e dedicam-se a debater assuntos importantes para o país, estudando-os, analisando o que, na opinião deles, é melhor para a coletividade. Mas os mal-intencionados veem no debate de temas que envolvem bilhões de reais uma oportunidade de auferir lucros.

Durante a discussão sobre a medida provisória dos Portos, que tratava de uma série de mudanças para permitir que o país pudesse abrir o mercado para ganhar competitividade, o líder do PR na Câmara, Anthony Garotinho (RJ), denunciou o que ele chamou de “emenda Tio Patinhas”, em alusão ao personagem milionário da Disney. De acordo com o deputado federal, alguns parlamentares estariam patrocinando uma emenda que garantia a renovação automática das atuais concessões dos terminais. Com isso, quem já era concessionário de um porto não precisaria participar de futuras licitações, permitindo, desta maneira, manter o faturamento por anos. Um clássico exemplo do tino para negócios que alguns políticos têm.

DECLARAÇÃO AO VENTO

Nenhum político admite que é desonesto ou que ficou rico porque os mandatos exercidos por ele o permitiram. Quem já era milionário antes de assumir uma função pública tem muito mais chance de lavar o dinheiro ganho indevidamente do que quem ainda não é. Os sinais exteriores de riqueza são a prova mais visível de que alguém desviou verbas públicas. Quem pouco tinha e passou a ter muito tem dificuldades de explicar como conquistou tanto patrimônio. A maioria dirá que foi por causa de suas empresas, de suas terras, do seu gado, dos seus negócios. Outros, apesar das evidências de que imóveis lhes pertencem, afirmarão que a propriedade são de algum parente, embora todos na cidade deem como certo quem é o verdadeiro dono. Há até os que apelam para a loteria como forma de justificar a multiplicação de bens. O ex-deputado federal João Alves, por exemplo, ficou famoso nacionalmente no início da década de 1990 ao afirmar que toda a riqueza que tinha não se devia à roubalheira, mas à sorte e a Deus.

– Deus me ajudou e eu acertei duzentas vezes na loteria – disse ele durante seu depoimento na CPI do Orçamento, como se ganhar um prêmio de um sorteio nacional fosse algo corriqueiro e fácil.

João Alves foi um dos parlamentares cassados durante o escândalo dos "Anões do Orçamento", pelo qual deputados apresentavam emendas para obras ou aquisição de equipamentos e, para isso, eram recompensados pelas empresas que iriam vencer as licitações já previamente acertadas.

Quando se candidatam, os políticos devem apresentar à Justiça Eleitoral uma declaração de bens. Mas esse documento nem sempre revela todo o patrimônio deles. É apenas uma síntese feita de maneira não tão cuidadosa, uma burocracia a mais a cumprir antes de poderem ir às ruas pedir votos. Ao exigir que os políticos entreguem informações sobre seus bens, a Justiça Eleitoral tem a intenção de que o eleitor possa saber se seu candidato teve um aumento significativo no patrimônio e, assim, poder cobrar explicações daquele que pleiteia um cargo público. Quase sempre, acaba apenas nisso: na intenção. Como não há padrão definido para a forma de o postulante a candidato apresentar as informações, os documentos às vezes não permitem fazer comparações. Não é necessário, por exemplo, que se informe o CNPJ das empresas das quais os candidatos são sócios.

Muitos também não declaram conta corrente em bancos – embora se saiba que é impossível um político não ter conta bancária.

A omissão de bens na declaração é, em tese, motivo para cassação de mandato. Mas isso nunca ocorreu no Brasil. Quando flagrados em contradições, os políticos dizem apenas que se esqueceram ou que o bem em questão está em nome da mulher (embora tivessem de informar a metade do patrimônio do cônjuge, caso sejam casados em comunhão parcial ou total de bens) ou que o registro de determinado bem foi feito depois que a declaração foi protocolada na Justiça Eleitoral. Também não há pessoal suficiente para fiscalizar esse tipo de informação. Os servidores dos tribunais eleitorais apenas verificam se na documentação necessária para se tornar candidato consta a tal declaração de bens. Se consta, não se importam com o que está escrito ali. Quando são constatadas irregularidades, os prazos se alargam e, até que o processo seja julgado para valer, o mandato já acabou e a suposta pena já prescreveu.

Uma maneira de exigir mais rigor nas informações prestadas à Justiça Eleitoral seria determinar que os candidatos apresentassem cópias de suas declarações de Imposto de Renda – senão completa, ao menos a parte onde constam os bens, direitos e dívidas. É assim que funciona para todos os servidores públicos em geral – embora suas declarações não sejam públicas, mas resguardadas pelos órgãos nos quais atuam. Se fossem flagrados sonegando informações, eles poderiam ser punidos e receber multas do Fisco. Como isso não acontece atualmente, uma desculpa comum utilizada pelos políticos quando confrontados com a divergência entre o que afirmaram possuir e o que possuem de fato é: "Está tudo declarado no meu Imposto de Renda". É quase uma confissão de que, de fato, o documento que apresentou à Justiça Eleitoral não traduz o que realmente o candidato tem.

Para dar a impressão de que não ficaram milionários exercendo mandatos, os políticos desonestos recorrem à lavagem de dinheiro ou a laranjas. Alceu Luís Castilho, no livro *Partido da Terra*, cita depoimento do juiz federal Odilon Oliveira, titular da Vara Especializada de Combate ao Crime Organizado em Campo Grande, que atesta que um dos jeitos mais fáceis de fazer essa manobra é utilizar-se de vendas fictícias de gado e de terras, por exemplo. Ele explica como funciona: "O proprietário declara que tem tanto de gado ou tanto de produto, faz a inscrição no órgão competente, obtém o talonário de notas fiscais, compra vacinas, simula a venda e paga o imposto". E o dinheiro fica limpo, como se fosse resultado de lucro obtido com a transação. Essa prática também é adotada na comercialização de imóveis – o político compra sempre por um preço baixo e revende com um bom lucro – ou a prestação de serviços que não sejam quantificáveis e palpáveis.

No mundo político também há quem exerça mandatos há anos e não tenha um grande patrimônio. A deputada federal Luiza Erundina (PSB-SP), por exemplo, precisou recorrer a doação de amigos e simpatizantes para pagar uma dívida de R$ 352 mil, em 2010, por causa da condenação judicial sofrida por ela quando foi prefeita de São Paulo. Ela havia veiculado propaganda em apoio à greve de motoristas de ônibus em 1989 e a Justiça entendeu que havia gastado o dinheiro do município de forma irregular. Uma campanha foi feita por personagens de diversas matizes ideológicas e empresários e a arrecadação obtida por meio de jantares conseguiu quitar a dívida. Erundina tinha apenas o apartamento onde morava e dois veículos. Mesmo o deputado federal José Genoíno (PT-SP), condenado por corrupção ativa e formação de quadrilha pelo Supremo Tribunal Federal (STF) na ação do mensalão, não aparenta sinais exteriores de riqueza e reside na mesma casa, no bairro do Butantã, em São Paulo, há décadas. Embora seus adversários o ataquem pelo episódio, ressalvam que acreditam que ele não tenha desviado recursos para si ou para sua família – as provas apresentadas no caso do mensalão foram suficientes para que os ministros do STF entendessem que, na função de presidente do PT, ele agiu para desviar verbas públicas para o partido.

Por outro lado, há políticos que ficaram milionários sobretudo depois de exercerem alguma função pública, por conta da experiência adquirida ou pelos contatos que fizeram no governo, o que não significa, necessariamente, que tenham desviado recursos. O ex-ministro da Fazenda Antonio Palocci, por exemplo, ganhou R$ 20 milhões em um ano dando consultoria a grandes empresas depois que deixou o cargo. O ex-ministro da Casa Civil José Dirceu, condenado no caso do mensalão, é outro que ganhou um bom dinheiro prestando consultoria para diversas companhias. O também ex-ministro da Fazenda Pedro Malan virou executivo de um grande banco. Os ex-presidentes Fernando Henrique Cardoso e Luiz Inácio Lula da Silva cobram cerca de R$ 200 mil para dar palestras que nem chegam a duas horas de duração.

Os políticos são agentes públicos e necessários. Nem todos estão no poder para fazer negócios. A culpa, em última instância, de haver corruptos no poder é do próprio eleitor. Enquanto os candidatos conhecidos como os que "roubam, mas fazem" permanecerem recebendo muitos votos, os que fazem, mas não roubam continuarão jogados à vala comum e sendo minoria em câmaras municipais, assembleias legislativas, na Câmara dos Deputados, no Senado, e no poder executivo.

Brazão de família: suspeitas diversas

Domingos Brazão

O deputado estadual Domingos Inácio Brazão (PMDB), do Rio de Janeiro, é um empresário bem-sucedido, com atuação em quatro segmentos que lhe fizeram fortuna: carros, combustíveis, imóveis e política. Caçula de uma família com seis filhos de pais imigrantes portugueses que se estabeleceram na Cidade Maravilhosa, o parlamentar com quatro mandatos consecutivos, além de dois anos como vereador no município, conta que começou a trabalhar muito cedo. Aos 10 anos de idade vendia leite em carroça por Curicica e Colônia, na zona oeste do Rio. Aos 14, foi para trás do balcão de uma lanchonete, que tinha como proprietário um senhor de nome José Maria, no Largo da Taquara, também na zona oeste, próximo a Jacarepaguá. Desassossegado, querendo conhecer e dominar o mundo, ficou pouco na função e, aos 15, passou a office-boy numa imobiliária, a Eldorado Imóveis, onde percorria bancos e cartórios ou fazia pequenos favores para os demais empregados. Pouco tempo depois, foi promovido a auxiliar de escritório. Brazão era menino danado e, apesar de ser o mais novo entre os irmãos, aos 17 anos obteve sua emancipação legal – a financeira ainda demoraria alguns anos.

A semelhança da história do deputado carioca com a de milhares de brasileiros pobres que lutam para obter condições de vida mais dignas e confortáveis, porém, acaba aí. O enredo em que ele se meteu depois mistura acusações de todos os tipos e faz do parlamentar um homem popular entre seus eleitores e temido por quem atravessa seu caminho sem sua permissão. Reportagem do jornal *Correio Braziliense* de 11 de julho de 2006, dá uma dica sobre a personalidade do político: ele foi comparado a Hildebrando Pascoal, deputado federal que ficou famoso, no Acre, na década de 1990, por mandar mutilar seus inimigos com uma serra elétrica. Hildebrando perdeu o mandato e está preso. Apesar das várias citações, não consta no currículo de Brazão nenhuma acusação nesse sentido. De acordo com a matéria, assinada pelo jornalista Amaury Ribeiro Jr., Domingos Brazão seria o Hildebrando do Rio – talvez um exagero por parte do repórter. A história do menino da periferia carioca, que se tornou deputado bem votado, é repleta de acusações de envolvimento com roubo de carros e de cargas, adulteração de combustíveis, desvio de recursos, grilagem de terras, simpatia com as milícias que aterrorizam as comunidades e homicídios. Até maio de 2013, ele empurrava alguns dos processos com a barriga e com o dinheiro gasto com advogados; em outros, conseguiu arquivar as investigações. Em nenhum teve condenação transitada em julgado. Ou seja: continua inocente. Quando as acusações não são dirigidas diretamente a ele, é algum sócio ou funcionário de seu gabinete na Assembleia Legislativa do Rio de Janeiro que é flagrado cometendo algum crime.

De acordo com o próprio parlamentar, aos 20 anos ele montou sua primeira loja de revenda de automóveis com outros irmãos e, depois, um ferro velho. E foi daí que seu império começou... Na verdade, o império teve início com sua primeira eleição para vereador, em 1996, no Rio. A vontade de entrar para a política permeava os ideais de Brazão já há algum tempo. Em 1994, aos 29 anos, tentou, logo de cara, uma cadeira na Assembleia Legislativa – Brazão podia ser o mais novo, mas era o que sonhava mais alto entre o clã. Na ocasião, conseguiu quase 12 mil votos – uma façanha para quem se lançava pela primeira vez na aventura da conquista do eleitorado. Não foi eleito por causa da legenda. Na época, graças ao fenômeno do "Meu nome é Enéas" e ao coeficiente eleitoral, o PRONA elegeu dois deputados, um com 8.897 votos, e outro com 7.851 votos, tirando a oportunidade de quem, nominalmente, havia conquistado mais votos. Mas, em 1996, concorrendo para uma vaga na Câmara Municipal pelo PL, ele alcançaria a primeira vitória eleitoral, com 11.990 votos. Não foi uma votação estrondosa, mas isso não importava. O mais votado, à época, foi Eduardo Paes, então no PFL, com 82.418 votos, o mesmo Paes que, em 2008, seria eleito prefeito do Rio de Janeiro pelo PMDB com apoio do então presidente Luiz Inácio Lula da Silva, a quem, durante a CPI dos Correios – que investigou o mensalão do PT – havia atacado de todas as formas.

Apesar de novato, Brazão sentiu o mundo do poder lhe encantar e, cedo, aprendeu a entender as regras de funcionamento do Legislativo, deixando bem claro que estava disposto a ser alguém, e não apenas mais um entre os que são eleitos. Brazão não é dado a grandes discursos, mas sabe impor seu ritmo, comendo pelas beiradas, e distribuindo as cartas de acordo com os interesses de cada interlocutor. Por isso, estreou já presidindo a Comissão de Indústria e Comércio, por onde passam projetos que mexem com finanças e altos interesses de empresários. Graças ao seu espírito de liderança – e ao seu jeito de angariar simpatias e apoios –, formou um grupo de 17 vereadores, autodenominados "Aliança Pró-Rio", distribuídos entre sete partidos diferentes, dos 12 representados no Legislativo Municipal. Na política, raramente um estreante é alçado a líder de um grupo de parlamentares com mais experiência. Para conquistar essa posição, só distribuindo os agrados que a maioria dos políticos gosta e exige: muitos tapinhas nas costas, elogios, e a compreensão do que realmente o interlocutor precisa para melhorar sua atuação dentro e fora do plenário.

Quando foi candidato em 1998 a uma vaga na Assembleia Legislativa, Brazão tinha um patrimônio modesto, embora demonstrasse que bens caros lhe atraíam a atenção. Entre seus pertences, declarou que era proprietário de uma BMW ano 1995, financiada em novembro de 1996 – um mês depois de ter sido eleito vereador –, com entrada de R$ 15 mil e financiamento em 12 parcelas de R$ 2.700 pelo banco Itaú. Informou ser proprietário de dois imóveis: um apartamento na avenida Jambeiro, que teria adquirido em dezembro de 1994, e uma casa na rua Caçu, em Taquara, na zona oeste do Rio, comprada em dezembro de 1993, mas sem escritura definitiva, como fez questão de anotar. Três outros veículos somavam-se ao patrimônio do então candidato a deputado estadual, todos utilizados como ambulância, além de linhas telefônicas. O patrimônio declarado era o mesmo de 1996, quando se lançou a vereador. Em 1998, concorrendo pelo PTdoB, alcançou 27.287 votos e obteve a sonhada cadeira de deputado estadual no Palácio Tiradentes, sede da Assembleia Legislativa do Rio de Janeiro.

Apesar de frisar que começou cedo na vida empresarial, Brazão não mencionou que era sócio de nenhuma empresa em 1998. Mas o jornal *O Globo*, em reportagem publicada em julho de 2004, descobriu que ele havia faltado com a verdade quando listou, de próprio punho, seus bens à Justiça Eleitoral. Em 1997, como relatou a reportagem, ele já era sócio da Douflas Veículos, em São João de Meriti, e das indústrias de café Mil e Serra Nova, ambas no mesmo endereço, em São Gonçalo, e com o mesmo CNPJ. De acordo com a Junta Comercial do Rio de Janeiro, Brazão e sua irmã, Maria Lúcia Gomes Brazão, assumiram a Douflas Veículos, que antes se chamava Sangue Bom Auto Peças, em 8 de outubro de 1993. Em 2001, a empresa deixou de existir.

As torrefadoras Mil e Serra Nova, que já não existem mais, foram constituídas em setembro de 1995 e em junho de 1995, respectivamente. Na primeira, que tinha como sócia outra irmã, Deolinda de Inácio Brazão, o parlamentar investiu R$ 90 mil, e ela, R$ 10 mil. Permaneceram na sociedade até abril de 2000, quando repassaram suas cotas para Maria Helena Moreira Faria e Regina Lucia da Silva Alves. Na Indústria de Café Serra Nova, ele entrou com R$ 40 mil. À reportagem do jornal *O Globo*, Brazão afirmou que o novo proprietário das empresas não modificou o contrato social e, por isso, ele acabou multado pela Receita Federal. Essa displicência do parlamentar voltou a se repetir. Mas os valores esquecidos por ele foram muito maiores. Na eleição em 2010, quando buscou o quarto mandato consecutivo de deputado estadual, Brazão informou que seu patrimônio havia crescido muito desde 1998. Depois de atingir seu primeiro milhão declarado, em 2006, quando afirmou que a soma de seus bens era de R$ 1,245 milhão, a fortuna havia aumentado cerca de 300% em 2010, passando a R$ 5,019 milhões. Porém, somente a Superplan Administração de Bens Imóveis e Participações, que havia constituído em junho do ano anterior com sua mulher, Alice de Melo Kroff Brazão, tinha um capital social de R$ 6 milhões – R$ 5,4 milhões pertencentes a ele. Na declaração entregue à Justiça Eleitoral, ele aparece como dono de 90% das ações, que totalizariam R$ 45 mil. Também não é correta a informação, constante no TRE, de que sua cota de 50% no Posto de Gasolina Imperador, na Pavuna, limitava-se a R$ 65 mil. Na Junta Comercial ele constava como sócio desde janeiro de 2010, com participação de R$ 105 mil. Desfez-se do negócio em julho de 2012. Somando os dois "erros" de informação do deputado, seu patrimônio, em 2010, seria de mais de R$ 10,5 milhões. Ou, em termos percentuais, de 2002 a 2010, em oito anos de mandato, o salto de sua riqueza foi de mais de 2.300%.

OPORTUNIDADES

Dois anos depois de se tornar deputado estadual pela primeira vez, o senso de oportunidade voltou a surgir e Brazão decidiu que era hora de tentar ser alguém com mais poder de decisão e que pudesse realizar obras, beneficiar a população carente, investir nas áreas de educação, saúde e segurança (base de discurso de todo candidato a qualquer cargo, em todas eleições, a qualquer tempo). Em 2000, ele se candidatou a prefeito, numa coligação que tinha tudo para não vingar eleitoralmente – o que de fato ocorreu. Ele lançou-se na aventura pelo minúsculo PTdoB, alinhado ao anão PHS. A pequena dupla conseguiu 36.858 votos, ou 1,137% dos votos válidos. Foi o oitavo mais votado, entre os 14 competidores. Na época, disputaram o segundo turno Luiz Paulo Conde, pelo então PFL (atual DEM), e Cesar Maia, pelo PTB – que mais tarde, se transferiria para o DEM. Apesar de Conde ter saído do primeiro turno com uma ampla vantagem – 1.124.915 votos contra 747.132 – Maia foi eleito com 51.060% dos votos válidos, somando 1.610.176 votos, contra 1.543.327 de seu oponente. Mas, na política, há uma máxima que diz que nem sempre perder é perder. Às vezes, ganha-se mais numa derrota eleitoral. E foi o que aconteceu a Brazão: ele alargou seu espaço no mundo político carioca e se tornou mais conhecido na periferia.

Em 2002, quando concorreu à primeira reeleição a deputado estadual, já tinha mais apoios e condições financeiras, proporcionados por outro partido, o PMDB. Naquele ano, foi bem votado, conseguindo 68.300 votos, um crescimento de 150% comparado à eleição de 1998. O patrimônio também havia aumentado. Em 2002, de acordo com cópia de seu Imposto de Renda, entregue à Justiça Eleitoral, Brazão disse ser dono de imóveis e veículos que, juntos, somavam R$ 438 mil. Como fonte de renda, declarou que só recebia o subsídio de deputado estadual, R$ 84 mil brutos no ano. O patrimônio aumentou graças à aquisição de mais dois apartamentos na Barra, um deles comprado à vista por R$ 120 mil à época. O outro imóvel foi adquirido em prestações, no valor total de R$ 196 mil. Em 2001, segundo o Imposto de Renda, ele ainda devia R$ 96 mil à construtora João Fortes. Até essa eleição, o mundo empresarial do deputado limitava-se às três empresas das quais ele não havia informado ser sócio em 1998 e que já não estavam mais em seu poder em 2001. Ou seja, Domingos Brazão era um daqueles fenômenos que acontecem com frequência aos políticos brasileiros: empresário sem empresa; fazendeiro sem bois ou plantação, proprietário de emissoras de rádio e de televisão sem registro oficial. Nem dinheiro em conta ele tinha – pelo menos é o que demonstra a declaração que fez à Justiça Eleitoral. Mas, depois da eleição de 2002, o cenário para Brazão começou a ficar mais claro e promissor. O PMDB, embora tenha elegido uma bancada com 12 parlamentares, foi muito mal naquele pleito para o

Executivo. A candidata Solange Amaral, que era do PFL e disputou o Governo do Estado numa aliança com o PMDB e o PSDB, ficou em quarto lugar, entre os nove concorrentes, com 726.327 votos. A vencedora foi Rosinha Garotinho (PSB), que liquidou a fatura já no primeiro turno, com mais de 4,1 milhões de votos, alavancada pelo marido, Anthony Garotinho, que deixara o cargo de governador para concorrer à Presidência da República – ele, Ciro Gomes (PPS) e José Serra (PSDB) perderam para Lula, que finalmente conquistara o poder.

Reeleito deputado em 2002, em 2003 Brazão começaria, oficialmente e publicamente, seu reinado empresarial. Em 24 de novembro daquele ano, ele abriria o Mercado de Carnes Bifão de Campo Grande, na zona oeste. A sociedade era pequena – ele entrou com R$ 15 mil e tinha como administrador Sylvio Pinheiro Soares Gonçalves, que aportou igual valor ao empreendimento. Brazão ficou apenas um ano no negócio. Em 13 de dezembro de 2004, repassou sua parte para seu irmão, Manoel Inácio Brazão – que viria a se tornar sócio dele em diversos outros empreendimentos.

Menos de um mês depois de investir no ramo de carnes, o deputado e seus irmãos dirigiram seus recursos para outro tipo de negócios que acabou se tornando uma marca da família: combustíveis. Domingos, Manoel e João Francisco se tornaram sócios do Auto Posto Giromanilha, em Itaboraí. O deputado aportou R$ 54 mil, e os outros dois, R$ 40,5 mil cada. Um quarto sócio participou da empreitada e também se tornou um dos principais parceiros do parlamentar. Trata-se de Walter Aurelio Alcantelado, o Waltinho, que contribuiu com mais R$ 15 mil, e depois foi funcionário no gabinete do deputado, tornando-se, ao mesmo tempo, sócio e empregado de Brazão.

Waltinho faz parte do círculo de amigos próximos do sócio-patrão. Servidor nomeado no gabinete de Brazão em 28 de agosto de 2003 (quatro meses antes de se tornar investidor no Giromanilha), ele foi acusado pela Polícia Federal de ser o responsável por fazer leilões de carros roubados por uma quadrilha que teria o parlamentar como chefe – mas Brazão não foi condenado, nem o próprio.

A confiança do deputado em Waltinho era tanta que este exercia a função de diretor da Fundação de Serviço Social Domingos Brazão, em Jacarepaguá, um centro que distribuía cadeiras de rodas, fazia consultas médicas e todo tipo de assistencialismo aos mais pobres, que depois, naturalmente, retribuíam o carinho e a atenção com a forma como podiam pagar: votos para o deputado e o irmão dele, Chiquinho Brazão, eleito vereador no Rio de Janeiro. O Centro, aliás, teve Waltinho como um dos fundadores, em maio de 1997. A mulher dele, Ana Lúcia, também atuava no centro social de Brazão e foi diretora, por indicação do deputado, do Hospital Estadual Santa Maria.

Waltinho entrou na Assembleia na vaga de Eduardo Atab, servidor do Detran requisitado pelo deputado para trabalhar em seu gabinete em maio de 1999. Atab era sócio da Táxi Novo Rio e da Revendedora Capelinha. Durante o período em que ele trabalhou no gabinete, o deputado apresentou projeto de lei proibindo o licenciamento de novos táxis na cidade por um período de cinco anos. Em agosto de 2000, depois de responder a sindicância administrativa no Detran, Atab foi afastado do cargo na autarquia estadual. Mas, mesmo assim, permaneceu à disposição de Brazão, até agosto de 2003.

Waltinho, por sua vez, se tornou sócio do chefe em outros dois postos: o Rondônia, em Del Castilho, em agosto de 2008, com apenas R$ 7,5 mil de investimento (esse estabelecimento chegou a ser fechado pela Agência Nacional de Petróleo porque adulterava combustível), e o Charanga, em Andaraí, em agosto de 2007, com uma parcela de R$ 196 mil. Brazão permaneceu pouco tempo neste negócio. Ele entrou no mesmo dia que Waltinho, mas, três meses depois, retirou-se do estabelecimento. Em julho de 2004, o deputado e o amigo, juntamente com os outros dois irmãos do parlamentar, compram um lote no Jardim Marambaia, em Itaboraí. Os três irmãos ficam com 23% da área cada um; Waltinho, com 10%; e outro empreendedor, José Luiz Martinelli, com 21%. O terreno não custou nenhuma fortuna, oficialmente: R$ 15 mil. Além de Domingos Brazão, o irmão dele, Manoel, também empreendeu parceria com Waltinho.

A opção preferencial de Brazão em investir em postos de combustíveis tomou impulso em 2004. Em 7 de julho daquele ano, ele nomeou como servidor de seu gabinete na Assembleia Legislativa um amigo de longa data, Renan de Macedo Leite. Renan era empresário e não necessitava de um salário de funcionário público para sobreviver. Na época em que foi trabalhar com o amigo, ele já era proprietário de sete postos de combustíveis – todos adquiridos entre fevereiro de 2003 e junho de 2004. E, uma vez instalado num cargo público, comprou outros dois. Três dos empreendimentos de Renan funcionavam no mesmo endereço: a Avenida das Américas, 5001, sala 214, na Barra da Tijuca. Domingos Brazão, depois que nomeou Renan como seu empregado, comprou, no ano de 2004, três postos de combustíveis, dois deles com uma diferença de cinco dias entre uma aquisição e outra. Depois, para aumentar seu domínio na área, tornou-se sócio de outros sete.

A rápida evolução patrimonial de Renan já havia chamado a atenção da Polícia Federal e, em 8 de novembro de 2004, ele foi preso, juntamente com outros investigados, na Operação Poeira no Asfalto, que tinha como objetivo acabar com uma máfia que operava na adulteração de combustíveis, além de estar envolvida em falsificação de documentos fiscais e sonegação de tributos. Uma interceptação telefônica obtida pela PF com autorização judicial deixou Renan e o amigo deputado em maus lençóis. De acordo com o inquérito, Renan diz, em gravação, a um interlocutor não identificado: "Estou regularizando a contabilidade dos postos. Estou botando 100% em nome do Brazão." Quando Renan foi preso, Brazão saiu em defesa dele. Disse que o conhecia há mais de 20 anos, e que torcia para que ele não estivesse envolvido em nenhuma falcatrua. Também informou que o empresário-empregado não tinha contribuído (oficialmente) para sua campanha, mas admitiu que ele havia dado dinheiro (oficialmente) para a campanha de João Francisco Inácio Brazão, o Chiquinho Brazão, eleito vereador pela primeira vez em 2004, pelo PMDB, com apoio do irmão deputado. Em sua página na internet, Chiquinho conta a mesma história humilde do irmão: família pobre e "muito bem constituída", cujos pais "sempre orientaram os filhos a trabalhar muito para que conquistassem dias melhores, fato que ocorre com toda a família Brazão". Chiquinho também se diz dedicado à religião católica. Em 2004, quando concorreu pela primeira vez à Câmara Municipal, recebeu R$ 10 mil de Renan – a maior doação de pessoa física à campanha, que gastou, oficialmente, menos de R$ 70 mil. A contribuição teria ocorrido em 16 de agosto daquele ano, em cheque. Chiquinho ganhou destaque no noticiário nacional em agosto de 2013 por presidir a CPI dos Ônibus na Câmara Municipal do Rio. Manifestantes protestaram contra a nomeação dele e de outros membros do PMDB, partido do prefeito Eduardo Paes, para os principais cargos na comissão, mas, mesmo assim, ele continuou no cargo.

Brazão é um homem que gosta de ter os amigos perto de si. Além de Waltinho e de Renan, que eram sócios e funcionários da Assembleia ao mesmo tempo, ele também empregou Silvio Lopes Gonçalves Filho, que atua no Mercado de Carnes Bifão de Campo Grande. Silvio era o administrador do açougue, com participação de R$ 15 mil no empreendimento. Silvio teria comprado a parte do irmão de Brazão na sociedade, Manoel. Ele consta, ainda, na Junta Comercial do Rio de Janeiro como sócio no Ponto Norte Alimentos, em Campo Grande. Entrou no negócio em setembro de 2011, com R$ 10 mil, adquirindo, mais uma vez, a parte de Manoel. Na Polo Norte, Silvio também é o administrador.

Em julho de 2004, o deputado emprestou R$ 450 mil para José Martins Rodrigues, então dono do posto 500 Tingui, juntamente com Chiquinho Brazão. Rodrigues prometeu quitar a dívida em uma única parcela, até julho do ano seguinte, e deu como garantia para o pagamento do débito sua participação na sociedade – que, segundo a Junta Comercial, limitava-se a R$ 66 mil. Em 20 de outubro de 2004, Brazão entrou oficialmente para a sociedade, com a participação de apenas R$ 40 mil. O empréstimo foi pago, conforme escritura de quitação da dívida registrada em cartório em dezembro de 2004. Rodrigues tornou-se procurador do deputado em um imóvel no qual o parlamentar tem, entre os sócios, o deputado Alessandro Calazans. Rodrigues, como aconteceu com outros parceiros de Brazão, acabou preso em flagrante em janeiro de 2007. De acordo com a acusação, ele cobrava R$ 60 mil de condomínios na Barra, alegando que era para pagar o alvará e o habite-se dos imóveis, documentos exigidos pela prefeitura. Segundo o delegado Carlos Nogueira, da 16ª Delegacia de Polícia, a documentação já existia, mas Rodrigues queria R$ 5 mil de cada morador para regularizar os imóveis. A ação foi filmada. Rodrigues não era nenhum pobre. Levantamento nos cartórios demonstrou que ele tinha seis prédios no Recreio dos Bandeirantes, e outras quatro obras em andamento naquele ano.

GRILOS NA TERRA

Outro ex-funcionário do gabinete do deputado também era empresário e vivia entre acusações, idas e vindas à polícia e à Justiça, até que foi vítima de homicídio. Tratava-se de João Bosco Charra, conhecido como João Maluco ou João do Aterro. Foi amigo do parlamentar por mais de 10 anos e atuou com ele no ramo imobiliário. Quem o conheceu nos tempos de pobre afirma que ele era taxista e não tinha lugar certo onde morar. De vez em quando, dormia no escritório dos postos de gasolina de amigos. Em 23 de outubro de 2003 recebeu um título de cidadão honorário do Rio de Janeiro, concedido pela Assembleia Legislativa. João do Aterro tornou-se sócio de irmãos do deputado. Ele manteve negócios com Chiquinho e Manoel e também com a irmã do parlamentar, Maria Lúcia, na empresa Saracutaco Peças e Veículos. Foi acusado de vários crimes, como venda de tratores roubados, transporte de combustível adulterado, grilagem de terras e aterramento irregular de áreas, que eram loteadas e depois vendidas. João do Aterro sonhava em ser candidato a vereador e já havia até adesivado alguns carros com seu nome. Mas, por causa disso, brigou com o antigo amigo, rompendo relações com ele. Em maio de 2008, conforme notícia publicada no jornal *O Dia*, dois homens numa moto pararam ao lado do carro do empresário, na esquina da avenida Ataulfo de Paiva com rua Almirante Pereira Guimarães, no Leblon. Um desceu e exigiu uma bolsa de lona que estava em poder dele. Dentro, estariam R$ 50 mil. Segundo o boletim de ocorrência, a vítima reagiu e acabou levando dois tiros, um deles no peito. Morreu dois dias depois. Brazão lamentou a morte, atribuída pela polícia a uma "saidinha de banco", tipo de crime em que a vítima, depois de sacar dinheiro no caixa, é seguida e assaltada por bandidos.

Em junho de 2008, a Corregedoria da Assembleia Legislativa abriu um procedimento para investigar denúncia de que Brazão fazia grilagem de terras. De acordo com inquérito aberto na Delegacia de Crimes Ambientais da Polícia Civil, ele teria invadido uma área de proteção ambiental e estaria vendendo terrenos a R$ 2 mil cada, e casas a R$ 15 mil. A Assembleia, porém, não puniu um dos seus. Mas o fato levantou poeira sobre outro tipo de negócio de Brazão: loteamentos. E, além disso, ligou o deputado ao mundo das milícias, embora ele não tenha sido investigado pela CPI que denunciou os grupos de policiais que agiam como bandidos nas comunidades do Rio.

O advogado Marcelo Bianchini Penna tornou-se conhecido do público em agosto de 2008. Na ocasião, o jornal *O Dia* publicou uma reportagem sobre invasão de um terreno em Vargem Grande que acabou se transformando na favela Vila Taboinha. Penna, então, apareceu como o advogado que defendia os invasores. Ele entrou com mandado de segurança para tentar derrubar liminar concedida pela 1ª Vara Cível da Barra da Tijuca, que havia garantido a reintegração de posse. Até então, não era público e notório que Penna era servidor do gabinete de Brazão. Questionado, o advogado negou o vínculo, e disse apenas que era filho de um ex-vereador. Porém, os registros da Assembleia o desmentiram: ele havia sido nomeado em 2 de maio de 2006. A partir daí, o nome Penna ganhou outro status. Durante a CPI das Milícias, testemunhas disseram que ele era amigo de milicianos, juntamente com João do Aterro. O advogado declarou que seu nome foi citado porque era muito conhecido em

Jacarepaguá, mas negou que tivesse algum envolvimento com grupos de bandidos, embora defendesse vários deles em diversas ações na Justiça. Durante a CPI, muitos depoentes, como Josinaldo Francisco da Cruz, o Nadinho, Getúlio Rodrigues Gama, Luiz André Ferreira da Silva, o Deco, e Luiz Monteiro da Silva, o Doem, confirmaram que o conheciam.

Marcelo Penna continuou trabalhando normalmente para o deputado até que, em 30 de maio do ano seguinte, em 2009, a casa caiu para ele. O advogado foi preso durante a Operação Leviatã 2, da Polícia Civil do Rio. Segundo a polícia, Penna era o braço jurídico dos bandidos. Ele era usado pela quadrilha para orientar testemunhas ameaçadas pelo bando a mudarem seus depoimentos. Na Operação Leviatã 2, os policiais agiram para desarticular a Milícia do Mirra. Várias acusações pesavam contra o grupo. Por R$ 5 mil, e taxas mensais de R$ 100, os milicianos estavam vendendo apartamentos no conjunto habitacional Parque Esperança, no bairro Anchieta, zona norte do Rio. Os imóveis, que não estavam acabados, eram de propriedade da Caixa Econômica Federal (CEF), mas os bandidos invadiram o local e passaram a comercializar as residências. Segundo as investigações, já haviam vendido 350 apartamentos e obtido um lucro de R$ 1,5 milhão. A Milícia do Mirra era comandada pelo ex-fuzileiro naval e ex-policial militar Fabrício Fernandes Mirra, 30 anos, que estava preso, mas, mesmo assim, continuava no comando da organização, que dominava 23 comunidades na zona norte e Baixada Fluminense. De acordo com as investigações da Delegacia de Repressão às Ações do Crime Organizado e Inquéritos Especiais (Droco-IE), os criminosos eram os mais bem armados da cidade e teriam sido contratados por integrantes de um grupo paramilitar de Rio das Pedras, na zona oeste do Rio, para matar o deputado estadual Marcelo Freixo (PSOL) e o delegado Vinícius George, que ajudou o parlamentar durante a CPI das Milícias. Um dia depois de ser preso, Penna foi exonerado do gabinete de Domingos Brazão.

O deputado também gosta de ter entre seus funcionários homens ligados, de alguma forma, à Segurança Pública. O capitão da Polícia

Militar Luciano Martins Araújo, por exemplo, que atuou em seu escritório, foi indiciado pela morte do estudante Flávio Augusto Filho, de 14 anos, na saída do jogo entre Flamengo e Vasco, no Maracanã, no dia 27 de outubro de 2000. Foi inocentado depois, porque alegou legítima defesa. Quando matou o torcedor, o capitão estava lotado no gabinete de Brazão. Anos depois, em agosto de 2012, foi preso, acusado de extorquir funcionários de uma empresa de segurança que estava em nome de sua mulher – legalmente, ele não poderia ter um empreendimento desse tipo. Araújo foi detido em flagrante no aeroporto internacional Tom Jobim ao retornar de uma viagem a Miami. Quando foi preso, estava lotado no Estado Maior Operacional, na cúpula da PM.

O segundo sargento Arthur Buarque Caetano foi outro militar requisitado para trabalhar no gabinete de Brazão. Certa vez, advertido por chegar atrasado e com fardamento incompleto, além de outras alterações, respondeu que não tinha obrigação de dar satisfação porque trabalhava para o parlamentar, segundo disse o tenente-coronel da Polícia Militar Paulo Cesar Ferreira Lopes à então deputada Cidinha Campos (PDT). Em junho de 2005, o deputado Brazão foi contrário à concessão da Medalha Tiradentes, a mais alta condecoração concedida pela Assembleia Legislativa, ao tenente-coronel que denunciara seu funcionário.

Esse veto do peemedebista à concessão de uma honraria a um oficial da Polícia Militar, no entanto, não se verificou em outras propostas apresentadas por ele, incluindo para outros oficiais da PM, técnico de futebol e o cantor brega Reginaldo Rossi. Apesar de ter integrado a Comissão de Segurança Pública da Assembleia, Brazão não se furtou em condecorar um conhecido contraventor. Em 23 de janeiro de 2001, concedeu a Medalha Tiradentes ao "comerciante" Luiz Pacheco Drumond, conhecido como Luizinho Drumond, bicheiro, presidente da Escola de Samba Imperatriz Leopoldinense e ex-presidente da Liga das Escolas de Samba do Rio de Janeiro (Liesa). Essa simpatia por personagens do jogo do bicho ficou mais nítida em abril de 2002, quando a Polícia Federal desencadeou a Operação Hurricane. Na ocasião, os policiais encontraram na casa do sobrinho do contraventor Airton Guimarães, o capitão Guimarães, uma lista com nomes e abreviações de políticos que receberiam dinheiro da jogatina. O documento estava escrito, segundo a PF, pelo advogado Júlio Guimarães Sobreira, e, diante de cada nome, havia uma quantia em dinheiro. Entre os que poderiam ter recebido agrados financeiros da contravenção apareciam as ex-governadoras Rosinha Garotinho e Benedita da Silva (PT), além de deputados, entre eles Domingos Brazão. O policial civil Marco Antonio dos Santos Bretas, preso na Operação Hurricane e apontado pela PF como o responsável pela distribuição de propinas, apareceu em gravações telefônicas pedindo apoio para Brazão e para Marcos Abrahão, deputado eleito, sobrinho do bicheiro Anísio Abrahão.

Apesar de ter seu reduto eleitoral em várias comunidades dominadas por milícias, o deputado nunca foi acusado formalmente de participação nesse tipo de crime. Na CPI instalada na Assembleia Legislativa, ele não participou. Mas, segundo relatos de integrantes da comissão, seu grupo fez pressão para que fosse retirado do relatório final o nome do vereador de Duque de Caxias, Sebastião Ferreira da Silva (PTB), o Chiquinho Grandão. Na eleição de 2004, o vereador se elegeu no município, o mais rico da Baixada Fluminense, com 80% dos votos concentrados nas áreas dominadas pelas milícias. Mesmo sem constar do relatório final, Chiquinho Grandão acabou não tendo tanta sorte assim. Em 21 de dezembro de 2010, dois anos após escapar da CPI, o vereador foi preso – com direito a gravação de emissoras de TV, depois postada no YouTube. O grupo que seria comandado por ele e por outro vereador do município, Jonas Gonçalves da Silva, o Jonas É Nóis, foi acusado de participação em 10 homicídios, incluindo nos de duas testemunhas. Chiquinho Grandão mantinha um centro social, a Associação de Pais e Amigos do Parque Fluminense, onde distribuía remédios e mantinha dentistas e médicos para atender a população carente. Como pagamento, recebia votos.

A criação de entidades assistenciais sustentadas por políticos não é exclusividade do vereador de Duque de Caxias. O próprio

Domingos Brazão tinha a sua. Chamava-se Centro de Ação Social Gente Solidária, criada em 1997. A denominação foi alterada antes de ser fechada, porque era mais direta e estampava o nome do parlamentar em letras garrafais na entrada: Fundação Serviço Assistencial Médica e Social Domingos Brazão. Em nome do serviço social havia, em 2012, um ônibus com capacidade para 45 passageiros e um microonibus para 12 pessoas. Em 1998, quando se candidatou a deputado, ele era dono de três ambulâncias, que deslocavam pacientes de um lado para outro. A associação funcionava inicialmente na rua Bacarís, em Taquara, zona oeste do Rio de Janeiro. Depois, um novo local foi construído em 2003, com quatro andares.

Ter uma fundação com fins sociais é um jeito fácil de tornar fiel o eleitor. Com os problemas do sistema de saúde, em que um paciente demora meses para ter direito a uma consulta, erguer uma associação é certeza de eleição. Em julho de 2010, durante a campanha eleitoral, fiscais do TRE haviam encontrado na associação milhares de amostras grátis de medicamentos, cestas básicas, adesivos, camisetas e escovas de dentes com o nome do parlamentar estampado. O centro foi fechado. Pouco mais de um ano após a constatação, em outubro de 2011, desembargadores do TRE cassaram o mandato do parlamentar por entenderem que ele se valeu do estabelecimento para captação irregular de votos. No entanto, ele recorreu e conseguiu manter-se na cadeira, graças a uma liminar expedida pelo ministro Ricardo Lewandowski, do TSE. A burocracia dificulta a celeridade do processo.

Outros três políticos que passaram ou estavam na Assembleia do Rio de Janeiro em junho de 2013 também tinham seus centros sociais de captação de voto: Alessandro Calazans (PMN) dominava a Associação dos Moradores do Parque Anchieta e Adjacências (Ampaa), Daniella Santos (PMDB) comandava o Núcleo Social Daniella Santos, e o deputado Jorge Moreira Theodoro (PSD), o Dica, tinha uma associação com o nome do pai dele, a Associação Beneficente Adilson Moreira Theodoro. Graças a uma propositura de Brazão, a associação de Dica foi declarada de utilidade pública estadual, em agosto de 2001. Como retribuição, em 2003, Dica fez o mesmo pelo centro do amigo. E em 26 de março de 2007, o vereador Chiquinho Brazão apresentou requerimento solicitando que fosse colocado na pauta da ordem do dia o Projeto de Lei 642/2005, de autoria do vereador Ivan Moreira, que declarava de utilidade pública do município do Rio de Janeiro a instituição social do deputado. O principal objetivo em se tornar uma associação declaradamente de utilidade pública é a possibilidade de não pagar impostos estaduais e municipais, além de se credenciar para receber recursos dessas duas esferas de governo. Por isso, os políticos gostam de buscar esse tipo de reconhecimento para seus centros sociais-pessoais.

Na área da saúde, Domingos Brazão conseguiu abrir espaço para mulheres de sua confiança. Sua então companheira, Débora Alves Baik, foi diretora-geral do Hospital Estadual Santa Maria. A diretora da divisão administrativa era Ana Lúcia Ermida Alcantelado, mulher do sócio de Brazão, o Waltinho. E a irmã do deputado, Deolinda de Inácio Brazão, que também integrava o quadro de dirigentes do centro social do parlamentar, dirigiu o Instituto Estadual de Dermatologia Sanitária, antigo Hospital Estadual Colônia de Curupaiti. Ela foi exonerada em fevereiro de 2007 e substituída por Tito Livio Rondon Kryochein. No mesmo dia em que a irmã de Brazão deixou o cargo, a ex-mulher dele também perdeu a função. Era o início do primeiro mandato do governador Sérgio Cabral (PMDB) e o secretário de Saúde, Sérgio Cortes, estava disposto a mostrar trabalho. Afinal, o hospital dirigido por Deolinda apresentava sérios problemas e era preciso fazer alguma coisa. De acordo com reportagem do jornal *O Dia*, de 7 de fevereiro daquele ano, mesmo tendo recebido uma verba emergencial de R$ 2,4 milhões à época, a instituição funcionava precariamente. O único elevador estava quebrado havia mais de um ano, os pacientes reclamavam da comida e o número de enfermeiras era insuficiente, conforme apontou reportagem. Também não havia ambulâncias. Mas, segundo pessoas que trabalhavam no Colônia, o hospital funcionava como uma extensão do instituto social do deputado. Os pacientes, de acordo com informações prestadas por um parlamentar, faziam suas fichas na associação e eram encaminhados para o hospital público para fazerem radiografias e outros tipos de procedimentos.

Em setembro de 2006, o deputado estadual e seu amigo, o deputado federal Eduardo Cunha (PMDB), foram denunciados ao procurador-regional eleitoral do Rio de Janeiro pela deputada Cidinha Campos por utilizarem o programa Tarifa Social, que tinha como objetivo conceder descontos nas contas de água para famílias com renda de até três salários mínimos, para captar votos em condomínios de luxo do Rio. A deputada listou vários empreendimentos de classes média e alta que estariam pagando menos nas contas por causa da ação dos dois parlamentares. Cidinha, que é uma pedra no sapato de Brazão, denunciando-o com frequência, conseguiu reunir provas, como a distribuição de propaganda eleitoral onde os dois deputados parabenizam condomínios por terem obtido o benefício. Dizia o comunicado: "Parabéns moradores deste condomínio. Vocês foram contemplados pela Tarifa Social 'Água, a Fonte da Vida'. Recebemos da Cedae resposta do Ofício 128 GDDB/2005, onde essa empresa atesta a excelente qualidade da água deste condomínio (...) Vale lembrar que o custo dessa água, ou seja, o da Tarifa Social, você pagará menos da metade do que pagava anteriormente. Além disso, os débitos anteriores foram recalculados com desconto de aproximadamente 70% e parcelados em mais de 60 vezes. Para darmos continuidade a este trabalho, precisamos do seu voto e o de sua família".

Em junho de 2012, seis anos após a denúncia, finalmente o Tribunal Regional do Rio de Janeiro multou os dois parlamentares em 150 mil Ufirs cada um (R$ 360 mil, em valores de 2013). A pena da perda de mandato, porém, estava caducada, porque se referia à eleição de 2006, e os dois já haviam sido reeleitos em 2010. Em seu blog, Brazão criticou a decisão: "Esta decisão do TRE é arbitrária, no meu entendimento, cerceando meu mandato e o Estado democrático de direito." Eduardo Cunha, líder do PMDB na Câmara, é muito amigo de Brazão. Na eleição daquele ano, doou R$ 250 mil para o candidato. Brazão foi mais modesto: deu apenas R$ 64,2 mil para sua própria campanha, mas não em dinheiro, em combustível.

CPIs EM MINAS DE OURO

Embora não seja assíduo na tribuna, Domingos Brazão costuma frequentar as CPIs instaladas na Assembleia Legislativa do Rio de Janeiro – como investigador, não como investigado, ressalte-se. No final de maio de 2013, conseguiu aprovar um pedido de sua autoria que, no título, tem uma boa intenção, como ocorre na maioria dos requerimentos para criação de CPIs pelo país. A comissão proposta por Brazão, e que foi instalada em 29 de maio, tinha como objetivo investigar "danos causados ao consumidor na prestação inadequada dos serviços de telefonia oferecidos pelas operadoras que atuam no Estado".

– As operadoras são campeãs de reclamações no Brasil inteiro: falta de antenas, queda de sinal, falta de lojas para reclamações e solicitações de serviços, preços, falta de clareza nas cobranças; enfim, são inúmeras e frequentes as denúncias – declarou ele, que se tornou o presidente da comissão.

– A União Nacional dos Legisladores Estaduais (Unale) aprovou um pedido para que todas as assembleias legislativas do país criem suas CPIs em relação às operadoras de telefonia, uma vez que a Câmara Federal se omitiu de ter a sua – justificou.

Brazão é membro do Conselho Deliberativo da entidade, surgida em 1996, mas cujo estatuto foi consolidado em abril de 2012. No mesmo dia em que conseguiu ver instalada sua CPI, Brazão tornou-se relator de uma comissão especial que tinha como foco analisar e propor alterações sobre a maioridade penal e mudanças no Estatuto da Criança e do Adolescente (ECA) – embora essa seja uma lei federal que, portanto, não pode ser modificada por alguma ação estadual.

O parlamentar, graças a sua atuação destacada no PMDB, foi indicado pelo partido para representar a legenda em algumas CPIs criadas na Assembleia Legislativa do Rio de Janeiro. Ele foi, por exemplo, vice-presidente da comissão que investigou denúncias de desvio de recursos para o programa de despoluição da Baía de Guanabara, membro de uma CPI para apurar denúncias de irregularidades nas empresas financeiras e de outra destinada a investigar as companhias de mineração que atuavam no Estado. As duas CPIs tiveram ruídos de achaques a empresários. Sobre a CPI das financeiras, o diretor do BRJ Bank, Luiz Augusto Queiroz, protocolou uma denúncia na Corregedoria da Assembleia garantindo que foi procurado por um representante da comissão, chamado José Carlos Fonseca, que disse que poderia facilitar a vida do banco, desde que a entidade colaborasse com US$ 1 milhão, que seriam divididos entre os sete membros da CPI. Fonseca, soube-se depois, não era servidor da Assembleia, embora colaborasse com a CPI sabe-se lá como. Foi um escândalo. Por conta disso, o presidente da Assembleia Legislativa na ocasião, Jorge Picciani (PMDB), mandou paralisar os trabalhos para investigar a acusação. Brazão, que era um dos integrantes da CPI, pediu para sair. Alegou que estava repleto de coisas para fazer e não teria tempo para se dedicar ao assunto. O presidente do CPI na época, deputado Alberto Brizola (PMDB), e o relator, José Nader Filho (PTB), negaram ter delegado a Fonseca qualquer representação em nome da comissão. E a CPI foi enterrada. Mas Brazão, que havia pulado fora da fogueira antes que ela pudesse causar um incêndio e atingi-lo, continuou vivo. Bem vivo.

Em 2001, o deputado integrou a CPI da Mineração. O presidente era o deputado Dica (PFL), aquele que concedeu título de utilidade pública para a associação social de Brazão; o relator era André Luiz (PMDB). Faziam parte ainda da comissão os deputados Alessandro Calazans (PV) e José Cláudio (PSB). Em julho daquele ano, os quatro parlamentares – com exceção de Cláudio – foram até o município de Cantagalo, na Região Serrana do Rio, e fecharam as portas da Cimento Mauá, além de interditar parte da Indústria Votorantim. Alegaram que as empresas não tinham Licença de Operação, exigida pela Fundação Estadual de Engenharia do Meio Ambiente (Feema).

As cimenteiras entraram com um mandado de segurança para poderem continuar funcionando, mas a Feema disse que não era necessário, e autorizou que continuassem abertas, liberando as licenças. Quarenta e cinco dias depois da ação dos deputados, empresários da Federação das Indústrias do Estado do Rio de Janeiro (Fierj) disseram que estava havendo extorsão por parte de integrantes da CPI. O presidente da Assembleia Legislativa na ocasião, Sérgio Cabral Filho (PMDB), que depois se tornou governador do Estado, disse que a denúncia deveria ser formalizada para que fosse apurada. Mas a investigação não foi adiante.

Calazans, André Luiz e Dica são muito amigos de Brazão. Calazans esteve à frente de outra CPI ruidosa na Assembleia, a que apurava desvios na Loteria do Estado do Rio de Janeiro (Loterj), em 2004; e André Luiz, embora na época fosse deputado federal, aparece em gravações exigindo R$ 4 milhões do bicheiro Carlinhos Cachoeira para influenciar no resultado final da comissão que se desenrolava na Assembleia Legislativa do Rio. A criação dessa comissão se deu depois da divulgação de um vídeo em que o então assessor da Casa Civil, Waldomiro Diniz, que havia sido presidente da empresa de loterias do Estado, aparece conversando com Cachoeira, pedindo propina. O escândalo, o primeiro do governo do ex-presidente Luiz Inácio Lula da Silva, teve dois efeitos: a demissão de Diniz, então homem ligado ao ministro José Dirceu, e a notoriedade de Carlinhos Cachoeira, que em 2012 arrastaria para a vala das celebridades decadentes o líder do DEM no Senado, Demóstenes Torres (GO), que teve o mandato cassado por causa de seu envolvimento com o contraventor.

André Luiz foi flagrado em conversas com emissários de Cachoeira nas quais deixa claro que havia uma negociação para abrandar as acusações contra o bicheiro, desde que seu grupo fosse regiamente pago. O dinheiro, informa o deputado, não seria somente para ele, mas para outros membros da comissão, incluindo Brazão, Calazans e Dica. Diz um trecho do diálogo:

– Eu falei... "Ô Picciani, eu tenho interesse de resolver essa situação do Cachoeira, não tem nada pra você fazer?" Aí ele disse: "Por mim, tudo bem. Até porque nós, agora com a quebra do sigilo (do ex-presidente da Loterj), vamos pegar uma porção muito grande. Não tenho interesse de votar isso agora não, só mais um pouco pra frente"- disse, relatando uma conversa que teria tido com o presidente da Alerj.

Em outro trecho, ele diz que irá reunir os deputados de sua confiança para acertarem detalhes do acordo. O dinheiro seria utilizado para pagar despesas de campanhas que o grupo havia tido nas eleições municipais de 2004.

– Vamos marcar quinta-feira, no meu escritório à tarde. Vamos ver se até sexta-feira eu marco com o Brazão, com o Dica, com o Calazans, todo mundo, pra gente sentar, uns sete ou oito.

André Luiz acabou cassado e perdeu o mandato de deputado federal em 4 de maio de 2005. Mas não ficou sem emprego. Um dia depois, foi nomeado assessor no gabinete do vereador Chiquinho Brazão, irmão do deputado estadual. Calazans conseguiu manter o mandato na Assembleia, e as acusações contra Dica e Brazão não chegaram nem a ir a plenário.

A atuação do deputado não se dá somente nas investigações promovidas pelas CPIs. Ele também age para que elas não se viabilizem. Foi assim, por exemplo, em 2007. Amigo pessoal do então presidente do Vasco, Eurico Miranda, ele foi um dos mais atuantes para derrotar o pedido da CPI, proposta pelo deputado Marcelo Freixo (PSOL), que tinha como objetivo investigar a renda aferida nas partidas. Num discurso no qual se mostrava contrário à ideia, Brazão relembrou a frase de um deputado – cujo nome não soube dizer – que afirmava que "aqui não tem nenhum bobo". E contra-atacou, sem se referir a ninguém especificamente, os que defendiam a instalação da comissão:

– Aqueles que têm coragem ainda de chegar para falar mal do futebol do Estado do Rio de Janeiro, ou não gostam de futebol, ou não acompanham futebol, caem no que eu disse primeiro: simplesmente querem aparecer a qualquer preço.

E arrematou insinuando que deputados novatos não tinham direito de querer ser mais atuantes que os outros, mais antigos (caso dele, por exemplo).

– Para concluir, temos tanta coisa a fazer, agradecendo a Deus a oportunidade que temos de estar aqui representando o povo do nosso valoroso Estado, e alguns ainda ficam se pegando na paixão do povo para querer cinco minutos de fama, cinco minutos de holofote, embora sabendo que não é da sua competência. Pelo amor de Deus, estão querendo fazer de boba a grande maioria. Senhor presidente, o mais bobo aqui ficou do lado de fora. Aqui não tem bobo, não. Esses discursos baratos não colam para ninguém aqui dentro. Nós sabemos exatamente onde e de que forma podemos agir, senhores deputados. Alguns chegaram agora. O Romário já dizia que quem chega agora não senta na janela, não, vai demorar um pouquinho para dar olé em todo mundo. Tem negócio de infantil, juvenil, júnior, profissional. Não consegue, não. Não passa direto do júnior para a seleção brasileira, demora um pouquinho para dar olé na maioria dos veteranos que aqui estão.

Ele está certo em sua análise. E Brazão não é bobo mesmo não. Depois da eleição de 2010, do alto de seus mais de 91.774 votos, ele tentou, por duas vezes, ser presidente da Alerj, mas foi derrotado em ambas para Paulo Melo (PMDB), que contou com o apoio decisivo do governador Sérgio Cabral. Por conta disso, Brazão rompeu com o governo e começou a liderar um grupo de parlamentares, denominados “Grupo dos 13”. Depois da derrota, o deputado passou a agir para obstruir as votações. Ele queria ter o poder de nomear o secretário de Administração Penitenciária (Seap), que tem orçamento anual de aproximadamente R$ 650 milhões – valor semelhante aos gastos da Assembleia Legislativa. Mas Cabral não cedeu, e Brazão lhe virou as costas. A nova empreitada do parlamentar é fundar um novo partido, o Partido Liberal Brasileiro (PLB). Ele espalhou *outdoors* pela cidade para colher as assinaturas necessárias. A iniciativa de apartar-se de Cabral já rendeu dividendos políticos. O senador Lindbergh Farias (PT), que em 2013 adiantou seu desejo de concorrer ao Governo do Estado, rompendo a aliança com o PMDB, o procurou para conversar. Lindbergh não quer discutir o passado de Brazão e as suspeitas que o rondam. Mas está de olho no eleitorado do deputado e seus aliados. A política se faz com prática, nem sempre com boas intenções.

O QUE DIZ O DEPUTADO

Por meio de sua assessoria de imprensa, o deputado Domingos Brazão afirmou que sua evolução patrimonial não guarda relação com o exercício de sua atividade legislativa, mas sim com suas atividades empresariais.

– Está tudo declarado na Receita Federal – disse ele.

Com relação à declaração de bens de 2010 entregue à Justiça Eleitoral, em que o deputado informa que sua participação societária na empresa Superplan é de apenas R$ 45 mil, enquanto a Junta Comercial do Rio de Janeiro atesta que ele integra a sociedade com R$ 5,4 milhões, Brazão disse que não houve aporte de recursos. E esclareceu da seguinte forma a gritante diferença entre uma informação e outra:

– Qualquer pessoa jurídica pode fazer declaração de participação societária informando um valor qualquer. Uma mera burocracia.

Sobre funcionários que tenham trabalhado em seu gabinete e que foram presos em operações policiais por supostas irregularidades, ele afirmou que outros parlamentares também tiveram funcionários envolvidos em suspeitas de crime, e cita como exemplo as ex-deputadas Cidinha Campos (PDT), Denise Frossard (PDT) e Andrea Gouveia Vieira (PSDB). Brazão também declarou que "a presidenta Dilma Rousseff já foi presa, e que o ex-deputado (Fernando) Gabeira já foi preso, e ambos foram processados por crimes de terrorismo, roubo, etc."

– O que sei a respeito dos funcionários que trabalharam no meu gabinete é que todos foram absolvidos nos processos que responderam, e nenhum dos atos investigados se relacionava com a atividade do gabinete – disse.

ESCLARECIMENTOS DO AUTOR

A presidente Dilma Rousseff e o ex-deputado Fernando Gabeira foram presos durante o regime militar por se engajarem na luta contra a Ditadura. Ao afirmar que Dilma foi detida por causa de roubo, Brazão faz referência ao assalto à casa do ex-governador de São Paulo Adhemar de Barros, em 1969, em que militantes da Vanguarda Armada Revolucionária Palmares (VAR-Palmares) levaram o equivalente a US$ 2,4 milhões. Dilma sempre negou que tenha tomado parte na ação e nada foi provado contra ela.

Gabeira também não foi preso por causa de roubo, mas por sua atuação no sequestro do embaixador norte-americano Charles Elbrick, também em 1969.

A ex-deputada Cidinha Campos é citada por Brazão porque o ex-vereador Cristiano Girão (PMN), denunciado pela ex-parlamentar como integrante de grupos de milícia, disse que o filho dela, Ricardo Campos, era amigo dele. Ricardo negou. Cidinha acusou Girão de tramar a morte dela e de seu filho.

Brazão, contudo, está correto quando afirma que as ex-deputadas Denisse Frossard e Andrea Gouveia Vieira tiveram servidores de seus gabinetes flagrados em supostas irregularidades. O assessor de Denise, Elton Gomes da Silva, foi preso em março de 2005 acusado de integrar uma quadrilha de traficantes no Morro do Estado, em Niterói. Ele negou qualquer participação com o crime, mas foi condenado por associação ao tráfico.

Andrea Gouveia Vieira empregava em seu gabinete o ex-líder comunitário da Rocinha, William de Oliveira, conhecido como William da Rocinha, que apareceu em um vídeo recebendo dinheiro do traficante Antonio Bonfim Lopes, o Nem. Ele foi exonerado do gabinete. William foi condenado em abril de 2013 a quatro anos de prisão em regime semiaberto por associação ao tráfico.

Do ouro aos pés de barro

Aurélio Miguel

Quando criança, Aurélio Miguel sofria de problemas respiratórios. Os pais, angustiados, se desdobravam para tentar melhorar a saúde do filho, até que alguém sugeriu a prática de alguma atividade física como forma de minimizar os transtornos. Assim, aos quatro anos, o pequeno começou a lutar judô. Lutar talvez não seja a palavra adequada para uma criança que, como ele, nessa idade, tem no esporte mais uma atividade lúdica que competitiva. Mas o objetivo dos pais de Aurélio Miguel, naquela época, não era tornar o filho um grande campeão, mas dar-lhe uma condição melhor de saúde – sem saber, acabariam propiciando as duas coisas.

Moradores da região do Morumbi, os pais o matricularam no São Paulo Futebol Clube, mas o transferiram, depois de alguns meses, para Vila Sônia, também na região. O primeiro mestre foi o sensei Massao Shinohara. Sensei é como se chama o professor de judô; é uma honraria e, numa tradução livre do japonês, quer dizer "aquele que veio antes", ou um mestre. O judô foi criado por Jigoro Kano, em 1882, no Japão. A palavra significa caminho suave. Kano reuniu alguns estilos de lutas, como o jiu-jitsu e outras artes marciais praticadas na época, e criou novas técnicas e uma filosofia. Uma de suas máximas é "ceder para vencer". O judô parte do princípio de que é possível derrotar o adversário utilizando o mínimo esforço, controlando-o e desequilibrando-o. Nem sempre no judô o mais forte vence e, às vezes, ao aplicar um golpe, o oponente toma um contragolpe, levando-o ao chão, num *ippon*, o golpe perfeito do esporte. De acordo com a Confederação Brasileira de Judô (CBJ), essa arte marcial chegou ao país juntamente com a imigração japonesa, por volta de 1922, e começou a se tornar mais popular entre as crianças e os jovens a partir da década de 1960. Hoje, toda escola infantil tem entre suas atividades extracurriculares o judô para os meninos e o balé para as meninas – exceto as escolas públicas, que mal têm uma quadra de cimento para um jogo de futebol.

O judô, como gostam de frisar os praticantes do esporte, não é apenas uma luta. Os senseis ensinam, desde o primeiro dia de prática, a importância de se saber cair de maneira correta no tatame para evitar acidentes. Também deixam claro que a disciplina é fundamental, assim como a hierarquia. Além disso, apregoam que os praticantes mais experientes também devem se deixar derrubar, como forma de demonstrar respeito ao oponente e humildade. Quanto mais se evolui na graduação das faixas, mais responsabilidade de ser um exemplo para os demais se tem. Como na cultura oriental, os mais velhos são respeitados e têm lugar de destaque nas competições ou eventos. O sensei de Aurélio Miguel é um dos mais conceituados judocas do país, respeitado por todos do meio. Faixa coral (depois da preta), nono dan (grau), fundou a academia onde o futuro campeão começou a dar seus primeiros golpes e formou outros quatro campeões olímpicos. Seu filho, Luís Shinohara, era o técnico da seleção brasileira em 2013.

Depois que o menino começou a praticar o esporte, o pai viu que ele dava para a coisa. O irmão mais velho de Aurélio, Carlos Augusto, também era adepto do judô. Graças à disciplina da modalidade e ao rigor do pai catalão, os dois foram se dedicando cada vez mais. No início, mesmo sem gostar de competir, como Aurélio mesmo admite na página da internet do instituto que leva seu nome, foi ganhando espaço e derrubando seus adversários. O primeiro título veio em 1972, aos oito anos de idade: campeão pré-mirim do Torneio

Budokan. Daí em diante, aprimorando a técnica e dedicando-se cada vez mais, Aurélio Miguel foi fazendo história, até ser o primeiro judoca brasileiro a ganhar uma medalha de ouro numa Olimpíada, em 1988, em Seul, na categoria meio pesado (até 95 kg). Sua vitória teve uma peculiaridade: ganhou sem marcar um único ponto. No judô, há três tipos de pontuação: *yuko*, que equivale a 1/3 de um ponto; *wazari*, que é meio ponto, e *ippon*, o ponto completo. Aurélio, porém, não marcou nada. Nas duas primeiras lutas, venceu por decisão dos juízes; e nas outras três, incluindo a final contra o alemão Marc Meiling, por penalização de seus oponentes, que estavam muito passivos, sem ir para o combate. A medalha demonstrou a Aurélio que na vida também é possível vencer da mesma maneira: por erros dos adversários, mesmo não aplicando o golpe perfeito (*ippon*).

O Brasil repetiria o feito de outra medalha de ouro em Olimpíadas no torneio seguinte, em 1992, em Barcelona, mas com o santista Rogério Sampaio, na categoria até 65 kg; a terceira medalha de ouro numa Olimpíada viria pelas mãos de uma mulher, a piauiense Sarah Menezes na categoria até 48 kg, em Londres, em 2012.

Depois da medalha de ouro em Seul, Aurélio ainda ganharia outras medalhas, como o bronze em Atlanta, em 1996, mas não voltaria a igualar seu próprio feito. O ouro ficou na história, dele e do país. A medalha o fez famoso além dos tatames e tornou o judô mais popular. Próximo do final da carreira como atleta, Aurélio começou a ser a voz dos insatisfeitos com a gestão do então presidente da CBJ, Joaquim Mamede. Ele estava à frente da entidade desde 1981 e se tornou uma espécie de Ricardo Teixeira no comando da maior instituição de judô no país. Sob seu domínio, o esporte conquistou títulos, mas Mamede passou a enfrentar acusações de irregularidades e de ter um comportamento muito autoritário. Foi presidente de direito durante duas gestões, porque o regimento na época não permitia que concorresse a um terceiro mandato. Mas, esperto, colocou em seu lugar o filho, Mamede Júnior, em 1991. Porém, quem mandava, de fato, era ele. Aurélio estava insatisfeito com a forma como eram feitas as seletivas para os jogos, e acusava a administração de malversação de verbas. O Tribunal de Contas da União (TCU) já havia apontado problemas no início de 1990, e havia proibido a entidade de receber recursos federais, prejudicando os atletas. Por conta disso, a CBJ determinou que os judocas deveriam buscar patrocínios próprios se quisessem participar de torneios internacionais, com exceção dos jogos Pan-Americanos e as Olimpíadas. O clã Mamede deixou o comando da CBJ no início de 2001, depois de 20 anos, e, para comemorar, Aurélio fez uma festa em sua casa. O substituto de Mamede Júnior foi Paulo Wanderley, que ficou três mandatos à frente da entidade e, em 2013, foi reeleito novamente para mais um mandato de quatro anos.

A voz dissidente de Aurélio Miguel, do alto do pódio olímpico, passou a ser referência para os atletas e para a imprensa, que sempre o entrevistava. A partir daí, tomou gosto por outro tipo de luta: a política. Aurélio era sempre ouvido na época de eleição da Federação Paulista de Judô (FPJ) e na própria CBJ. Mas faltava-lhe uma característica que convém a todo político: conversar com seu eleitorado, seus pares, e saber o que eles desejam. Por causa disso, nunca conseguiu derrotar seus oponentes nos meandros administrativos do judô. Contra sua vontade, viu Francisco de Carvalho Filho, então vereador em Mauá e acostumado com campanhas, ser eleito presidente da Federação Paulista. E, também contra seus interesses, viu Paulo Wanderley sagrar-se presidente da CBJ. Em 2013, quando Wanderley derrotou Francisco Carvalho por 17 votos a 10 e ganhou mais um mandato à frente da Confederação, Aurélio descobriu que a *realpolitik* é bem diferente do mundo das boas intenções.

Mesmo com medalhas olímpicas, no fim da carreira, Aurélio Miguel enfrentou dificuldades para obter patrocínios. Os Mamede endureceram com ele e, em 1999, às vésperas das Olimpíadas de Sidney, ele não estava numa boa maré. Foi aí que o São Caetano entrou na sua história profissional e política. Depois de perder a ajuda que tinha da Reebok, que retirou o patrocínio de todos os esportes na época, o campeão foi socorrido pela Prefeitura de São Caetano do Sul. Na época, a cidade era administrada pelo prefeito

Luiz Tortorello (PTB), que queria que seu município se tornasse referência em esporte. O município, no ABC paulista, um dos que têm melhor qualidade de vida do país, montou um centro de treinamento moderno e atraiu atletas; também incentivou, em 1989, a criação do time de futebol da cidade, que foi campeão paulista em 2004 e vice-campeão brasileiro em 2000 e 2001, além de vice-campeão da Libertadores, em 2002. Aurélio Miguel já defendia São Caetano nos Jogos Regionais e no Aberto do Interior e, portanto, a oferta do prefeito lhe caiu bem. O judoca também treinou pelo Flamengo e, em 2001, encerrou de vez sua carreira vitoriosa de atleta e sentiu-se preparado para estrear em outro tatame: o da política.

Estimulado por Tortorello, que queria reeleger seu filho Marquinhos para a Assembleia Legislativa de São Paulo, o judoca entrou com tudo na nova batalha. O prefeito de São Caetano do Sul era um homem vivido e pertencia a um grupo político que estava no poder há mais de 20 anos na cidade, sempre no PTB. Apesar disso, preferiu filiar o filho ao PPS, porque o PTB no Estado era – e ainda é – dominado por Campos Machado, deputado estadual, e ele não teria muito espaço. Apaixonado por esporte e por inaugurar esculturas de gosto duvidoso na cidade, que não necessita de grandes obras estruturais – o município tem aproximadamente $16km^2$ e todas as ruas são asfaltadas, não há favelas nem problemas de infraestrutura para tirar o sono do mandatário –, Tortorello viu em Aurélio Miguel o parceiro perfeito para alavancar a candidatura de seu filho a mais um mandato. Afinal, o campeão olímpico gozava de boa reputação não só no esporte, mas na sociedade em geral. Embora já tivessem se passado 14 anos do feito memorável de Aurélio, ele ainda tinha muito o que oferecer em termos de popularidade. Sem contar que, no ano anterior, ele havia voltado aos holofotes por conta de sua briga com a família Mamede. A dobradinha com o judoca deu resultado para Marcos Tortorello, que foi reeleito, mas com um pouco menos de votos do que obtivera em 2002: 69.440 contra os 70.293 de antes. Mesmo assim, foi um bom resultado para ele. O PPS não fez coligação na chapa proporcional, o que aumentou o coeficiente e as dificuldades. Ele foi o terceiro mais votado de seu partido. Aurélio Miguel, pelo mesmo PPS, recebeu 26.614 votos para deputado federal e ficou como terceiro suplente da legenda no Estado. O mais votado do PPS para a Câmara dos Deputados naquele ano foi Dimas Ramalho, que obteve 116.581 votos. Na Assembleia Legislativa, o PRONA mais uma vez demonstrava que o jargão "meu nome é Enéas" dava votos. A médica Havanir Nimtz, que adaptou o bordão para "meu nome é Havanir", fiel ao seu mentor e ídolo, foi a mais votada no Estado, perfazendo 682.219 votos.

A estreia na política partidária e eleitoral, mesmo com a derrota, ensinou a Aurélio Miguel como as coisas funcionavam nesse novo mundo. E ele aprendeu rápido. Na eleição seguinte, alterou o alvo e focou na Câmara Municipal de São Paulo. Em política, as candidaturas nem sempre têm o objetivo de eleger alguém na primeira tentativa. Por vezes, o que se busca é tornar o personagem conhecido para, mais à frente, ter um *recall*, facilitando a lembrança do nome do candidato ao eleitor. Isso vale tanto para o Executivo quanto para o Legislativo. Há quatro possibilidades para um estreante ser eleito na primeira tentativa à Câmara Federal: ser muito popular, como foi o caso de Clodovil (PTC) ou Tiririca (PR); ser de alguma família tradicional de políticos, como Antonio Carlos Magalhães Neto (DEM), ter muito dinheiro para bancar a própria campanha e ajudar a de outros, como Genecias Noronha (Solidariedade-CE); ou entrar por conta do coeficiente eleitoral, como aconteceu com Vanderlei Assis de Souza (PRONA), que obteve 275 votos e ganhou um lugar em Brasília graças ao fenômeno Enéas, que em 2002 foi o recordista de votos, com 1.573.642.

Em 2004, pelo PL, que depois viria a se tornar PR, Aurélio Miguel conseguiu seu primeiro mandato como vereador, com 38.419 votos – um feito e tanto, se considerarmos que todos os votos foram na cidade de São Paulo, ao contrário do pleito anterior, no qual os 26.614 votos foram espalhados pelo Estado. E, logo na estreia no primeiro mandato, foi eleito por seus pares para ocupar uma vaga na Mesa Diretora como segundo vice-presidente. Em 2002, quando tentou se eleger para a Câmara dos Deputados, o judoca tinha um patrimônio de R$ 862,5 mil, conforme cópia de seu Imposto de

Renda entregue ao Tribunal Regional Eleitoral (TRE) de São Paulo. Seus rendimentos vinham basicamente do Flamengo, uma vez que lutava pelo clube. Em 2001, recebeu R$ 186,6 mil de pagamentos da agremiação. Era um bom salário para um atleta profissional que não é jogador de futebol e estava em fim de carreira – cerca de R$ 15,5 mil mensais em valores da época, ou R$ 31,5 mil em valores atualizados até maio de 2013 pelo IPCA. Declarou ainda que tivera R$ 2.702 de rendimentos isentos e não-tributáveis. Dos quatro imóveis dos quais era proprietário, três eram fruto de herança por conta do falecimento da mãe, Maria Fernandez Miguel – ele tinha direito a 12,5% de cada. Um outro terreno de 800 metros quadrados, na alameda dos Nhambiquaras, comprado em outubro de 1997, somava-se ao patrimônio pelo valor de R$ 350 mil. Aurélio Miguel também gostava de carros. Naquele ano, possuía seis veículos e informou ser sócio de três empresas, uma delas, a Biart Indústria e Comércio, em sociedade com a família; as outras duas eram a Aurélio Miguel Promoções Esportivas e Cultural, com cotas no valor de R$ 323,11, e a Inter Sports Com. Ind. Exp. Ltda, com capital de R$ 6.123. Somando as reservas em banco, tinha outros R$ 158 mil.

Em 2004, quando concorreu à Câmara Municipal, elegendo-se vereador, o patrimônio tinha o mesmo valor, como atesta a cópia de seu Imposto de Renda também entregue à Justiça Eleitoral. O documento anexado ao processo de sua candidatura, porém, não traz a folha onde consta o total de rendimentos auferidos durante o ano de 2003, nem quem foi a fonte pagadora. Pela legislação em vigor, não é necessário fazê-lo.

A partir de sua eleição naquele ano, sua vida financeira começou a mudar.

UM MILHÃO EM DOIS ANOS

O campeão olímpico não desistiu da ambição de se tornar deputado federal e, em 2006, tentou novamente. E mais uma vez foi derrotado.

Naquele ano, seu patrimônio havia diminuído um pouco, em cerca de R$ 50 mil. Passou de R$ 866 mil em 2004 para R$ 818 mil em 2006. Ele vendeu alguns veículos, usou as economias – embora não haja nenhuma informação registrada no TRE de que dispusesse de algum trocado extra em algum banco – e comprou dois imóveis em Ilhabela, litoral norte de São Paulo. Seu desempenho eleitoral foi bem melhor do que na primeira tentativa, mas, mesmo assim, insuficiente para levá-lo a Brasília. Conseguiu 57.083 votos, mais que o dobro em relação ao pleito de 2002. O então PL – que depois se uniria ao PRONA e se tornaria PR, uma forma de tentar desvincular o partido do escândalo do mensalão, em 2005 – não havia feito coligação na eleição proporcional e, por isso, Aurélio não conseguiu ser eleito.

A política tem outra regra: às vezes, o partido lança vários candidatos para somar votos na legenda e contribuir para o coeficiente eleitoral. Por isso, é importante ter alguém famoso e popular entre seus correligionários. Eles agregam votos ao partido e facilitam a vida daqueles que não têm tanto voto próprio. Com seu desempenho, Aurélio Miguel ajudou a eleger, por exemplo, o presidente de seu partido, Valdemar Costa Neto, que, embora tenha tido 104.157 votos, não conseguiria um novo mandato se não fossem os votos da legenda.

Em 2006, apesar de estar na metade de seu primeiro mandato como vereador, Aurélio Miguel já era um homem mais experimentado eleitoralmente, porque já havia participado de três pleitos. E depois dessa última campanha, sua vida financeira daria um salto.

Dois anos depois, quando apresentou sua declaração de bens para as eleições de 2008, na bem sucedida tentativa de se reeleger para a Câmara Municipal, o patrimônio do vereador Aurélio Miguel havia aumentado quase R$ 1 milhão. Os 13 itens listados na declaração de bens anterior haviam se multiplicado, e agora já eram 25, somando R$ 1,759 milhão, conforme sua declaração entregue à Justiça Eleitoral. O dinheiro aumentou a ponto de ele ter recursos para emprestar para a nova mulher, Michele Gornick Nunes, com quem se casara em fevereiro de 2003 com separação total de bens. Em sua declaração, ele tinha R$ 65 mil de crédito com ela e mais R$ 257 mil a receber da construtora MRV Engenharia por conta de um imóvel de herança que ele e os irmãos haviam vendido. As contas correntes, que no informativo de dois anos antes não foram anotadas, agora eram seis, onde estavam depositados R$ 118 mil. Embora as duas empresas em seu nome continuassem com um capital social muito pequeno, o atleta que se tornou político tinha adquirido outros imóveis em seu nome, um no valor de R$ 254,3 mil, outro de R$ 200 mil, dois terrenos em Bonete (São Sebastião, litoral norte de São Paulo), alguns veículos e até mesmo uma lancha. Os ventos da prosperidade começavam a soprar e o barco avançava por mar calmo, sem tempestades à vista. Por enquanto.

BONS NEGÓCIOS

Aurélio Miguel, uma vez vereador, melhorou sua atuação como empresário do ramo imobiliário. Em 5 de outubro de 2006, por exemplo, próximo do primeiro turno das eleições daquele ano, ele comprou, com sua mulher, uma casa com área total de 790 metros quadrados na rua Carlos Cyrillo Júnior, no Morumbi. Foi um ótimo negócio. O imóvel tinha valor venal registrado de R$ 690,6 mil. Esse montante foi atualizado em 2006 para R$ 1 milhão graças ao decreto municipal 46.228, de 23 de agosto de 2005, editado pelo então prefeito de São Paulo, José Serra. O decreto tinha como objetivo atualizar o valor venal das propriedades para o pagamento do Imposto sobre Transmissão de Bens Inter-Vivos (ITBI). Apesar disso, Aurélio Miguel e sua esposa declararam que pagaram apenas R$ 650 mil, abaixo, portanto, das duas avaliações feitas pela prefeitura. Eles deram R$ 150 mil de entrada e dividiram o saldo de R$ 500 mil em 60 meses, com prestação inicial de R$ 8.333,33. Outro bom negócio realizado pelo casal se deu com a compra de um terreno no loteamento Jardim Morumbi, em São Paulo, em 11 de abril de 2008. A área mede 1.319 metros quadrados e o valor venal era de R$ 431 mil, mas, com a atualização imposta pelo decreto municipal, valia

R$ 600,9 mil. Como bom negociador, o vereador conseguiu pagar apenas R$ 200 mil à vista. Geralmente, o valor venal registrado de uma propriedade é abaixo do preço de mercado. Em ambas as transações, o vereador fez um negócio da China.

Em 2008, Aurélio Miguel adquiriu cinco imóveis, conforme registros nos cartórios. Três deles pagou à vista, totalizando R$ 954 mil – incluindo o terreno no Jardim Morumbi. Neles, fez sociedade com a própria mulher, ou com o irmão, Carlos Augusto, o que significa que ele colocou do próprio bolso R$ 477 mil. Naquele ano, seus rendimentos brutos somaram R$ 395,8 mil, incluindo o subsídio de vereador e o recebimento de alugueis de três propriedades, que lhe renderam R$ 267 mil. O único bem do qual ele se desfez em 2008 foi o casco de uma lancha e o motor, mas adquiriu, no mesmo ano, uma outra embarcação, com menos de 10 metros de comprimento, por R$ 130 mil, em sociedade – a parte dele foi de R$ 65 mil.

Aurélio Miguel gosta de descobrir novos mares. Ele ficou dois anos com essa embarcação e, em 10 de dezembro de 2010, repassou-a para sua empresa pelo mesmo valor – o que não é irregular. O vereador fez uma triangulação com esse barco. Após transferi-lo para a Aurélio Miguel Promoções Esportivas e Culturais, ele o vendeu em 24 de dezembro de 2010 – véspera de Natal – para José Alfredo Menezes Vieira por R$ 200 mil. A lancha chamava-se Black Belt-1. E, um mês antes, em 17 de novembro de 2010, adquiriu, também em nome da empresa, a Samarii, com capacidade para 13 passageiros, por R$ 350 mil. Ele deu uma entrada e parcelou o restante em 24 vezes de R$ 7.498,00. Por pouco não ficou a ver navios.

A 4ª Vara de Fazenda Pública do Rio de Janeiro havia acatado um pedido do Ministério Público e tornou indisponíveis os bens de Cesar Romero Vianna Júnior e outras empresas e pessoas físicas por conta de uma ação civil de improbidade administrativa. Isso se deu em 8 de novembro de 2010, mas em 15 de setembro daquele ano Vianna Júnior havia vendido a embarcação para a Real Top Class, que depois a repassou a Aurélio. Com a indisponibilidade de bens, a Justiça quis invalidar a transação para o vereador. Porém, a Real Top conseguiu a liberação da lancha e Aurélio Miguel pôde ficar com o barco porque ele não tinha nada a ver com supostos delitos praticados pelo dono anterior.

Em 2008, outros dois terrenos foram adquiridos pelo vereador e sua mulher, no valor de R$ 400 mil, mas em dez vezes. Uma casa na rua Lisboa, comprada em 26 de fevereiro daquele ano, porém, não está anotada na sua declaração de bens entregue à Justiça Eleitoral em junho de 2008. Foi adquirida por R$ 335 mil à vista – o vereador pagou metade, ou R$ 167,5 mil, e sua mulher a outra metade.

Além de bom vendedor e excelente esportista, Aurélio Miguel também tem sorte. Em janeiro de 2010 ele foi um dos convidados do programa "Um Contra Cem", do SBT, apresentado pelo publicitário e marqueteiro dele próprio, Roberto Justus. É um jogo com perguntas e, naquela vez, os participantes eram esportistas, como o próprio ex-judoca, o ex-jogador de vôlei Pampa e a atleta Fabiana Mürer. O judoca levou R$ 200 mil. Também em 2010, adquiriu mais quatro imóveis, um deles novamente com o irmão Carlos Augusto – outro bom negócio. Foi uma edificação na avenida Francisco Morato, Jardim Ademar de Barros, zona sul de São Paulo. Os dois pagaram de uma vez R$ 160 mil em maio de 2009 e, um ano e quatro meses depois, venderam por R$ 450 mil – uma valorização de 180% – sinal de que o mercado imobiliário na cidade de São Paulo era um dos melhores investimentos do país.

Em 2012, quando concorreu ao terceiro mandato consecutivo na Câmara Municipal, o total declarado dos bens do vereador havia aumentado mais R$ 1 milhão. O patrimônio informado à Justiça Eleitoral era de R$ 2,8 milhões. Aurélio Miguel declarou que era proprietário de seis imóveis. Mas transações contábeis fizeram com que outras propriedades fossem parar em nome das empresas Inter Sports Administração de Bens e Aurélio Miguel Administração de Bens. A primeira teve seu capital social vitaminado, passando de R$ 6.123,00 para R$ 1,153 milhão. Já a outra continuou com um capital minguado, de apenas R$ 9.900,00, e recebeu um empréstimo de R$ 650 mil de Aurélio Miguel e igual quantia da mulher dele.

Aurélio se tornou um colecionador de carros de luxo antigos. Geralmente, esses carros não sofrem muita depreciação, sobretudo se bem conservados. Mas, na hora de repassá-los para sua empresa, tiveram seus valores bem reduzidos – o que é possível graças a artifícios contábeis legais. Um Opel 1951 foi transferido por apenas R$ 500 para a Aurélio Miguel Promoções Esportivas, e um Alfa Romeo 2300, ano 1972, que ele pagara R$ 10 mil no ano anterior, foi repassado por R$ 2 mil para a companhia. No entanto, quando ele repassou alguns desses veículos para terceiros, conseguiu um bom lucro. É o caso do Mercedes Bens ano 1968, que havia adquirido em julho de 2010 por R$ 25 mil e foi vendido em abril de 2011 por R$ 50 mil.

A partir de 2011, as duas empresas do atleta-vereador-empresário passaram a adquirir imóveis também, além de receber a injeção de investimentos através de repasse dos bens que já estavam em nome do próprio Aurélio e de sua mulher. A Aurélio Miguel Administração de Bens funciona no endereço residencial do casal. Naquele ano, a imobiliária particular deles adquiriu três imóveis que, somados, consumiram R$ 1,3 milhão, pagos à vista, em sociedade com a mulher ou com o irmão – o que daria os R$ 650 mil que ele informa que transferiu de sua pessoa física para a pessoa jurídica.

O melhor negócio desses três que ele fez naquele ano foi a compra de um prédio na avenida Francisco Morato, no Butantã, zona sul de São Paulo, em 28 de fevereiro de 2011, por R$ 600 mil. Em 30 de dezembro de 2012, a empresa revendeu o imóvel para a Fundação Antônio Prudente por R$ 1,83 milhão – o triplo do valor da aquisição em menos de dois anos. Os ventos da prosperidade sopram para quem tem sorte e sabe fazer negócios.

DE INVESTIGADOR A INVESTIGADO

Na Câmara Municipal, o vereador Aurélio Miguel é assíduo da Comissão de Finanças e Orçamento, assim como seu amigo, Roberto Trípoli (PV). É a segunda mais importante do legislativo municipal, atrás da Comissão de Constituição, Justiça e Legislação Participativa. Aurélio preocupa-se com as finanças e, de acordo com seus colegas vereadores, é um dos campeões de requerimentos de informações para saber quem paga impostos, quanto, quem deixa de pagar – um fiscal do dinheiro público, como ele mesmo se define.

Em 2009, logo depois de assumir seu segundo mandato, Aurélio Miguel viu numa reportagem da *Folha de S. Paulo*, escrita pelo jornalista Mario Cesar Carvalho, uma forma de agir para punir os maus pagadores. A matéria tinha como título "Edifício do shopping Bourbon não existe para o IPTU de SP" e informava que o prédio havia sido inaugurado 11 meses antes mas, até aquela data, a Secretaria de Finanças da Prefeitura de São Paulo não o havia registrado no sistema.

Mario Cesar narrava que o imóvel em questão tinha 185 mil metros quadrados e 210 lojas, mas, para a prefeitura, o prédio media somente 550 metros quadrados, num terreno de 33 mil metros quadrados. O IPTU cobrado, então, era de R$ 615,3 mil, "como se o shopping não existisse", narrava o repórter. A justificativa da Subprefeitura da Lapa, bairro onde estava instalado o shopping, era bizarra: ela dizia na matéria que não havia enviado a documentação do vultoso empreendimento para a Secretaria de Finanças porque não havia terminado de numerar o processo. Um descuido milionário.

A reportagem ouviu três funcionários da prefeitura, sob a condição de anonimato, que deram três possiblidades para o erro: incompetência, burocracia ou corrupção. Nesse último caso, funcionaria da seguinte forma: servidores receberiam propina para atrasar a entrega da documentação na Secretaria de Finanças. Com isso, o empreendimento pagaria um valor menor de IPTU e os corruptos embolsariam uma boa quantia. Todos ganhavam, exceto a população. Se tivesse sido pago o imposto pela área correta de construção, o valor seria de cerca de R$ 4 milhões, e não os R$ 615,3 mil cobrados calculou a *Folha de S. Paulo*.

O vereador então, sempre disposto a uma boa briga, partiu para o ataque e propôs logo cedo, ao ler a reportagem, a criação de uma

Comissão Parlamentar de Inquérito (CPI) para investigar eventuais sonegações de IPTU na cidade. Era um assunto que, certamente, mexia nos bolsos e interesses de muita gente. Um tema tão atraente como esse não teve dificuldade para obter o número necessário de assinaturas e, em 17 de fevereiro, Aurélio Miguel apresentou o pedido para criação da comissão, que foi instalada em 3 de março de 2009. Como é de praxe no legislativo paulistano, quem propõe uma investigação tem a primazia em presidi-la e, com isso, Aurélio Miguel ganhou o cargo de destaque. Os outros membros foram Marta Costa (PSD), Wadih Mutran (PP), Sousa Santos (PSD), Arselino Tatto (PT), Claudio Fonseca (PPS), Adilson Amadeu (PTB), Abou Anni (PV) e Donato (PT), que se tornou o relator e, em 2013, passaria a ser secretário de Governo e Gestão do prefeito Fernando Haddad.

Aurélio Miguel não perdeu tempo. Logo que os trabalhos foram abertos, ele já tinha uma grande lista de requerimentos: queria que a Secretaria de Finanças informasse todos os supermercados com mais de 2 mil metros quadrados, requisitou todos os processos de anistia dos anos de 1994, 2003 e 2004; pediu relatório pormenorizado da arrecadação dos últimos cinco anos de IPTU de imóveis de todos os hotéis, faculdades, shoppings, grandes empresas, construtoras e flats, com especificação da área construída, terreno incorporado, valor do metro quadrado da construção e do terreno, descontos concedidos, alíquotas e impostos pagos. Outra solicitação sua foi sobre os 200 maiores recolhimentos de ITBI nos últimos 36 meses, e os 500 maiores pagadores de IPTU dos últimos cinco anos.

Era, sem dúvida, uma quantidade enorme de documentos. Para se chegar a alguma conclusão, eles precisariam ser analisados um a um, e deveria ser investigado se o valor pago por todos esses empreendimentos estava de acordo com a legislação. Isso exigira o empenho de muitos técnicos, além de programas de computadores específicos para fazer o cruzamento de dados.

Para ajudar na hercúlea tarefa, Aurélio Miguel solicitou o auxílio técnico de dois servidores de seu gabinete: Jorge Luís Monastério

Telles Ferreira e Jorge Tupynambá Reis Telles Ferreira Filho. Os dois foram apelidados maldosamente na Câmara Municipal como "Irmãos Metralha". Jorge Luís era supervisor de Uso e Ocupação do Solo da Subprefeitura de Vila Mariana e foi requisitado para trabalhar no gabinete do vereador. Seu irmão, Jorge Tupynambá, ficou lotado na Secretaria Geral de Administração. Eram homens de extrema confiança do vereador e por isso ele os quis por perto para assessorá-lo. Os irmãos também tinham uma paixão: cavalos. Ambos possuem animais registrados na Associação Brasileira de Quarto de Milha.

O trabalho durou sete meses, e o relatório final, apresentado pelo vereador Donato (PT), acabou aprovado por unanimidade na CPI. Ele listou casos de aumento de área construída sem que a Prefeitura arrecadasse o tributo por isso. No total, apurou a CPI, 3,46 milhões de metros quadrados de áreas construídas deixaram de ser lançados e, com isso, não pagavam imposto. Outra constatação foi de que havia, até aquele ano, 2.300 imóveis, entre shoppings, clubes de futebol e o Jockey Clube, que deviam à Prefeitura R$ 2,1 bilhão de IPTU. Também foram constatadas a lentidão na avaliação de processos e a falta de fiscalização.

O trabalho conduzido por Aurélio Miguel, e com relatório de um petista que fazia oposição ao prefeito Gilberto Kassab (na época no DEM e atualmente no PSD, que fundou), só tinha aspectos positivos. Até que, em junho de 2012, o pódio começou a ruir sob os pés do ex-campeão olímpico e vereador atuante – em 2010, graças a sua iniciativa, viria a presidir outra CPI na Câmara Municipal de São Paulo, a da Coordenação de Vigilância em Saúde (Convisa), que teve como objetivo investigar "eventual deficiência no desempenho das competências outorgadas à Convisa especialmente no que tange à comercialização e manipulação de produtos cosméticos, alimentícios, farmacêuticos, serviços de saúde e substâncias de interesse da saúde". E, em 2011, ele era o presidente da Subcomissão das Outorgas Onerosas da Comissão de Constituição e Justiça da Câmara Municipal e chegou a recolher assinaturas para a criação de outra CPI, mas o presidente da Casa, José Police Neto (PSD), não a instalou.

Em 14 de junho de 2012, os repórteres Rogério Pagnan e Evandro Spinelli, da *Folha de S. Paulo*, publicaram uma matéria na qual a ex-diretora financeira da Bookfield Gestão de Empreendimentos (BGE), empresa do grupo Brookfield, afirmava que a multinacional havia pagado R$ 1,6 milhão em propina, entre os anos de 2008 e 2010, para liberar obras irregulares dos shoppings Higienópolis e Paulista, em São Paulo. Daniela Gonzalez disse com todas as letras para quem iria o dinheiro: para o ex-diretor do setor de aprovação de prédios da prefeitura (Aprov), Hussain Aref Saab, e para o vereador Aurélio Miguel. Nos sete anos em que ficou à frente do Aprov, Aref Saab adquiriu 106 imóveis, avaliados em R$ 50 milhões – a justificativa dele para ser um dos grandes empreendedores imobiliários da cidade, segundo a *Folha de S. Paulo*, foi a renda de um estacionamento que possui. De acordo com a executiva, o ex-diretor havia liberado obras no Higienópolis, apesar de o empreendimento não cumprir as normas legais. Aurélio Miguel, por sua vez, foi acusado por ela de utilizar sua influência na Companhia de Engenharia de Tráfego (CET) para permitir obras de ampliação do Pátio Paulista, mesmo sem o shopping ter cumprido exigências do órgão.

O grupo Brookfield Brasil é formado pelas empresas BGE (Brookfield Gestão de Empreendimentos, Brookfield Incorporadora, Plaza Shopping Administradora e Plaza São Paulo Serviços e pertence a Brookfield Asset Management, com sede no Canadá. Seus ativos são da ordem de US$ 90 bilhões. O ramo brasileiro da multinacional investe em 16 shoppings e é responsável pela administração de 12. Antes de Daniela dar entrevista para os repórteres da *Folha de S. Paulo*, ela já havia procurado o promotor Silvio Antonio Marques – o mesmo que denunciou o ex-prefeito Paulo Maluf por contas no exterior. Em um depoimento de 15 páginas, Daniela declarou que o pagamento das propinas era feito por meio da PAN Serviços de Administração e da Seron Engenharia e Empreendimentos Imobiliários. Para justificar a movimentação financeira, as duas companhias emitiriam notas fiscais falsas. Ela apresentou, na ocasião, cópia de uma troca de e-mails em 29 de maio de 2009 – quando a CPI do IPTU já estava em andamento – entre Manoel Bayard Monteiro de Lima, presidente do BBREP (o fundo que é dono do Brookfield), e Maurício Rezende, diretor financeiro do BBREP. Segundo Daniela, a reunião descrita nas mensagens ocorreu no mesmo dia, no flat George V, localizado na rua Pedroso Alvarenga, em São Paulo.

Diz Bayard: "Tenho mais um café da manhã com judoca e Filipe e te vejo mais tarde".

E Rezende responde: "Manda um chibarai mais forte desta vez!"

Ao que o amigo replica: "Estranho essa nova modalidade de judô: você dah um ippon e sai com o rabo ardendo... (sic)".

Rezende afirma: "As coisas mudam meu amigo! Ateh as regras da luta. Especialmente quando se passa de atleta a juiz! O pior eh que votei nele porque achei que seria descente! (sic)".

E Bayard completa: "isso aí. Voto seguido de doações".

Rezende: "Sou um bom cidadão. Tenho certeza que essa doação espontânea irá ajudar as criancinhas pobres da favela Real Parque! (sic)"

Aurélio Miguel tem um braço social em seus empreendimentos. É um instituto que leva seu nome e funciona no Jardim Trussardi, zona sul da capital paulista, próximo do Real Parque, um bairro nobre na região do Morumbi, mas que tem uma favela com o mesmo nome. A página da instituição na internet define desta forma a missão da entidade: "O Instituto Aurélio Miguel é uma associação não governamental que desde 2001 desenvolve projetos de caráter social, educacional, cultural, esportivo, recreativo e de desenvolvimento humano. Nossa principal missão é gerar condições para a execução, acompanhamento e avaliação de programas voltados para atividades sociais através do esporte e da cultura de crianças e adolescentes em situação de vulnerabilidade social."

Daniela detalhou algumas notas fiscais que, segundo ela, teriam sido emitidas para justificar a saída de dinheiro do caixa do grupo Brookfield sem, contudo, a prestação efetiva do serviço. De acordo com ela, algumas tinham valores quebrados para dar a aparência da realização de um serviço. Assim, havia uma nota no valor de R$ 86.667,00 e outra de R$ 233.333,00, emitidas no mesmo dia, em 3 de junho de 2009, por exemplo. A soma das duas dá um valor cheio: R$ 320.000,00. Uma semana depois, notas no mesmo valor. Segundo a ex-diretora da Brookfield, Aurélio Miguel receberia R$ 60 mil de cada uma dessas transações, e Aref, R$ 180 mil. A diferença seria o valor do serviço prestado. Daniela também foi mais longe: citando duas executivas, afirmou que "todos os shoppings centers foram achacados para que pagassem o valor de R$ 200 mil cada um visando a supressão de seus nomes do relatório final da referida CPI. Quem exigiu tal valor foi Aurélio Miguel". Ainda segundo a depoente, somente a empresa PEN emitiu notas fiscais frias que totalizaram R$ 1.425.104,29, "utilizados para pagamento de propina a Aref Saab e Aurélio Miguel e, provavelmente, a outros agentes públicos municipais".

As revelações da executiva, estampadas pela *Folha de S. Paulo*, causaram um embaraço para o vereador. Foi um *koka* – atingiu-o, mas não o derrubou. Ele negou as acusações e se disse perseguido pela administração do prefeito Kassab, a quem fazia oposição na ocasião. A Brookfield divulgou nota atacando sua ex-diretora. Diz uma parte do texto: "A Brookfield Gestão de Empreendimentos S.A. gostaria de reforçar que desconhece os supostos atos de suborno e corrupção para com o poder público divulgados hoje, que decorrem de especulações e denúncias infundadas feitas por uma ex-diretora que, por ter praticado uma série de irregularidades durante sua gestão, está sendo alvo de uma investigação criminal. Daniela Gonzalez ingressou na BGE em meados de 2008, tendo permanecido no Grupo até 2010, quando foi demitida no mês de abril, por ter concedido um aumento de salário a si própria. Após a sua demissão, teve início uma apuração de certos atos por ela praticados durante sua gestão, que culminaram na instauração de um inquérito policial para apuração da responsabilidade penal de Daniela Gonzalez, de seu marido Paulo Ricardo Junqueira de Assis, e de outros terceiros que teriam atuado como "laranjas", em um esquema que inclui a operação de lojas em nossos empreendimentos em condições que não são usuais de mercado e, ainda, empresas prestadoras de serviços que receberam pagamentos sem terem efetivamente desempenhado qualquer atividade. A autoridade policial representou pela quebra de sigilo bancário, fiscal, telefônico e telemático de todos os envolvidos, tendo o Ministério Público opinado favoravelmente. Atualmente o referido inquérito policial se encontra em segredo de justiça." Daniela, por sua vez, move uma ação trabalhista contra a ex-empregadora.

A Câmara Municipal, à época, não tomou nenhuma iniciativa contra um de seus membros. Era período de eleição e todos estavam mais preocupados em garantir o próprio futuro do que perder tempo em investigar supostas irregularidades. Esperava-se que as urnas punissem o campeão. Não foi o que ocorreu, mas o resultado demonstrou que a denúncia havia causado algum dano na imagem do atleta. Em 2012, ele obteve 32.520 votos – em 2008, ele conseguira 50.804 eleitores e, em 2004, quando concorreu a primeira vez a vereador, 38.491.

O pesadelo parecia ter passado, mas o retorno aos trabalhos legislativos reservava uma surpresa nada agradável a Aurélio Miguel. No dia 15 de fevereiro de 2013, a *Folha de S. Paulo* voltou a acossá-lo. Novamente assinada por Rogério Pagnan e Evandro Spinelli, a reportagem trazia um título avassalador para qualquer político: "Após virar vereador de SP, Aurélio Miguel multiplicou bens." Citava como fonte de informação o Ministério Público, que apontava que de 2004 a 2012 o vereador havia adquirido 25 imóveis registrados em seu nome ou de suas empresas, com valor estimado em R$ 25 milhões – a conta tomou como base o valor atualizado do metro quadrado da região onde estão, mas, para efeito de Imposto de Renda e mesmo da declaração à Justiça Eleitoral, não é necessário atualizar o valor dos bens, a não ser quando são vendidos, para pagamento de tributo.

O vereador acabou denunciado pelo Ministério Público por corrupção, na área criminal, e também foi alvo de ação judicial por improbidade administrativa, na área cível. Com base nas informações de que dispunha, o Ministério Público pediu a quebra dos sigilos bancário e fiscal dele, de sua mulher e das empresas em nome do casal – embora Aurélio Miguel faça questão de frisar que ele próprio, de livre e espontânea vontade, tenha oferecido a quebra de seus sigilos aos promotores. O campeão olímpico sofrera um *wazari* e estava próximo de perder a luta, recém-reiniciada. Mas, atleta, continuou resistindo.

O advogado do vereador, José Thales Solon de Mello, contratou um perito contábil, Plínio Canuto da Silva Júnior, para fazer uma análise do Imposto de Renda de Aurélio e de sua mulher, Michele Gornicki Nunes, como forma de demonstrar que o casal tinha recursos para ter adquirido os imóveis informados. Realmente, a soma dos rendimentos dos dois era de um casal de classe média alta, pois Michele era bem remunerada pelo banco Safra. Além disso, os dois alugavam alguns imóveis, o que lhes auferia um ganho considerável. Porém, em 2011, o ganho de Michele havia se reduzido a pouco mais de 1/10 do ano anterior, segundo demonstrava seu Imposto de Renda. O de Aurélio Miguel também havia sido reduzido, embora numa proporção menor. De um ano para outro, ele passou a receber ¼ do que ganhava antes, com aluguéis e pagamento da Câmara Municipal. Foi em 2011 que o casal passou quase a totalidade dos bens para as empresas.

Uma análise realizada no Imposto de Renda do vereador entre os anos de 2008 e 2012, a pedido do Grupo de Atuação Especial de Combate ao Crime Organizado (Gaeco), comparando-o com as declarações de bens entregues por ele à Justiça Eleitoral no mesmo período, constatou que alguns veículos e imóveis deixaram de ser informados. Alguns bens haviam, de fato, passado para as empresas, e outros foram adquiridos pelas companhias. Os peritos citavam, por exemplo, um Jeep Gran Cherokee, modelo 2012, avaliado em R$ 175,7 mil em nome da Inter Sports.

A análise do Gaeco, porém, comete alguns deslizes. Cita imóveis que foram adquiridos apenas por Michele e, portanto, não deveriam ser informados entre os bens de Aurélio Miguel – como um terreno em Santa Catarina, por exemplo – e aponta valores que também não poderiam ser considerados pelo todo, uma vez que, segundo informou o vereador, foram adquiridos a prestação. Nesse aspecto, ele agiu corretamente ao indicar o valor do bem atualizado até a data do pagamento, e não pelo valor total – exemplo é a casa que ele comprou com Michele, na rua Carlos Cyrillo Júnior, por R$ 650 mil, mas financiada por cinco anos. Mas a análise dos peritos do Ministério Público também demonstrou que o vereador teria deixado de informar à Justiça Eleitoral alguns bens, como um Mitsubishi Pajero Sport 4x4, avaliado em R$ 31.375, e um Audi A6 modelo 1995, avaliado em R$ 16.262,00.

A análise do patrimônio também chamou a atenção para os empréstimos feitos pelo vereador e sua mulher para as duas empresas do casal, em 2011. Diz um trecho do documento: "Tanto Aurélio Miguel quanto Michele emprestaram recursos às empresas de que são os únicos sócios no período em que tais pessoas jurídicas adquiriram vários imóveis de que esses eram proprietários anteriormente." De um ano para o outro, ou seja, de 2011 para 2012, cada um dos cônjuges colocou do próprio bolso R$ 554 mil. Em 2011, os rendimentos declarados de Aurélio Miguel somaram R$ 131,8 mil, mas, com os abatimentos legais, o valor líquido caiu para R$ 109 mil.

Em 2011, segundo cópia do Imposto de Renda que está no processo, o único ganho de capital que ele, como pessoa física, obtivera, foi a venda de um Hyundai Vera Cruz, ano 2009/2010, para a própria mulher. Ele informou que adquiriu o veículo por R$ 111,7 mil, e o repassara para Micheli por R$ 123,6 mil. Ou seja: um lucro de R$ 11,9 mil. No mercado de automóveis, geralmente quando se vende um veículo usado, o valor cai. Já com dois terrenos no Jardim Cláudio, repassados para a Aurélio Miguel Promoções Esportivas, ocorreu o inverso – depreciação dos bens, ao invés de apreciação. Ele informou que havia adquirido as áreas por R$ 204,5 mil cada, e as alienou por R$ 170,8 mil cada uma – neste caso, abateu do total o imposto de 16,5%.

Em outro trecho da análise dos peritos do Ministério Público, há uma constatação: "note-se, portanto, que os sócios emprestavam recursos às próprias empresas a fim de que essas adquirissem os imóveis que pertenciam àqueles. Como se percebe, há a possibilidade de que tais operações tenham sido meramente simuladas, o que poderia ser verificado por meio da quebra de sigilo bancário." O Coaf também apurou incompatibilidade entre o capital social declarado da Aurélio Miguel Administradora de Bens e o faturamento anual da empresa. De acordo com o órgão federal, a empresa, com capital de R$ 10 mil, teve um faturamento anual de R$ 2,6 milhões. A conclusão do relatório foi a seguinte: "Isso posto, apesar da aparente compatibilidade entre a evolução patrimonial do vereador e seus rendimentos declarados, diversos outros aspectos não foram esclarecidos a partir dos dados disponíveis até presente momento. Dessa forma, um estudo completo demandaria conhecimento acerca do padrão de despesas do averiguado, bem como das movimentações bancárias e declarações fiscais das pessoas jurídicas vinculadas a ele, em especial as empresas Aurélio Miguel Administração de Bens e Inter Sports Administração de Bens. Além disso, há a necessidade de esclarecimento quanto à titularidade dos imóveis e veículos sobre os quais pesam dúvidas."

Esse relatório e todos os outros documentos da investigação promovida pelo Ministério Público foram enviados à Corregedoria da Câmara Municipal de São Paulo. Mas o corregedor Milton Leite (DEM) decidiu não dar continuidade às investigações porque, segundo ele, o melhor a fazer era aguardar o prosseguimento da ação do Ministério Público. A Justiça também não autorizou o afastamento de Aurélio Miguel de suas funções como vereador. O campeão olímpico resiste. Como nas Olimpíadas de Seul, espera ganhar a batalha por causa dos erros dos adversários.

O QUE DIZ O VEREADOR

Aurélio Miguel se diz vítima do Ministério Público e do sistema político. Ladeado por dois advogados, um assessor e um contador, o vereador disse, em 16 de setembro de 2013, que desde que as denúncias apareceram nas manchetes dos jornais, não tem feito outra coisa que não seja se defender. E adianta que vai processar todo mundo: jornalistas, promotores públicos e quem o acusou de enriquecimento ilícito.

Sobre as declarações da ex-executiva do grupo Brookfield Brasil Daniela Gonzalez, que o acusa de receber propina juntamente com o ex-diretor do setor de aprovação de prédios da prefeitura Hussain Aref Saab para liberar obras irregulares dos shoppings Higienópolis e Paulista, Aurélio Miguel afirma que não conhecia Aref e que, em 2011, como presidente da subcomissão das Outorgas Onerosas da Comissão de Constituição e Justiça, mandou suspender os vencimentos do servidor porque ele se recusou a comparecer para prestar esclarecimentos à comissão.

– Como posso ser amigo dele se mandei suspender o pagamento do salário dele? – questionou.

Aurélio Miguel admite que se encontrou com Manoel Bayard Monteiro de Lima, presidente do BBREP (o fundo que é dono do Brookfield), para um café da manhã, mas diz que foi uma única vez e que não o conhecia. Entre a documentação apresentada por Daniela aos promotores para comprovar o pagamento de suposta propina ao vereador, ela anexou uma cópia de e-mail que teria sido trocada entre Bayard e outro executivo do grupo no qual o presidente diz que iria se encontrar mais uma vez com o judoca.

Mas Aurélio Miguel declarou que foi só um café da manhã. Foi convidado, segundo contou, pelo amigo Sérgio Ferrador, diretor do Secovi, o sindicato das construtoras. Ferrador foi personagem de uma matéria na revista *IstoÉ* de 28 de outubro de 2009, que dizia que a Justiça Eleitoral decidira cassar 14 vereadores de São Paulo porque teriam recebido doações ilegais de uma entidade chamada Associação Imobiliária Brasileira (AIB), que não existia de fato, mas seria utilizada para que o dinheiro que saía das construtoras chegasse até os candidatos. A AIB, segundo a denúncia, era o braço operacional do Secovi.

Aurélio Miguel disse que não se lembra direito do assunto tratado, mas se recorda que era alguma demanda sobre uma área do grupo.

– Ele queria saber se era complicado atuar na cidade por causa da legislação. Eu lembrei que há gente que cria dificuldade para vender facilidade e afirmei que não poderia fazer nada, até porque era oposição.

Perguntado por que Ferrador o teria convidado, o vereador respondeu:

– Não sei. Acho que ele queria demonstrar prestígio.

O vereador também afirmou que, três dias depois das acusações de Daniela, ele recorreu à 1ª Delegacia de Polícia e solicitou a abertura de inquérito policial por denunciação caluniosa contra ela. Em 27 de julho de 2012, Daniela compareceu à delegacia e, segundo seu depoimento, "disse que havia ouvido o senhor Bayard falar sobre reunião com Aurélio Miguel para regularização de imóveis; que em nenhum momento acusou Aurélio Miguel; que ouviu dizer da boca de Pedro Augusto Nascimento que pagaria propina em um estacionamento ao judoca, mas não presenciou o suposto pagamento, mas acredita que houve o pagamento pois as notas fiscais foram liberadas e pagas diretamente pelo senhor Manoel Bayard".

Aurélio Miguel também afirmou que em diversas ocasiões fez representações ao Ministério Público sobre irregularidades imobiliárias que estariam acontecendo na cidade, e os promotores não deram seguimento às investigações ou, simplesmente, arquivaram as denúncias.

Sobre os imóveis que adquiriu, o vereador afirmou que trabalha desde os 15 anos no ramo imobiliário. Afirmou que investe em propriedades comerciais, que rendem mais.

– Imóvel residencial não valoriza como o comercial. Não invisto nada em residencial.

Ele também informou que, em 1 de dezembro de 2010, a Aurélio Miguel Promoções Esportivas tomou um empréstimo de R$ 800 mil do pai do atleta, para pagar em 48 vezes, com correção de 1% ao mês. Em 6 de outubro de 2011, outros R$ 500 mil foram tomados do pai, em 96 parcelas.

– Foi com esse dinheiro que comprei os imóveis em 2011 – afirmou.

O vereador admite que faz bons negócios, como os bens adquiridos por um preço inferior ao valor venal e revendidos com bom lucro pouco tempo depois.

Sobre a transferência de imóveis seus e de sua mulher para as duas empresas das quais é sócio, disse que o fez para pagar menos imposto com o que recebe de aluguel – de 27,5%, no caso de pessoa física, para 16,5%, como pessoa jurídica.

– O que eu ganho, invisto em imóveis. Eu gosto disso. Trabalho com isso desde meus 18 anos. Agora estou investindo no setor de veículos.

O vereador criou uma página na internet para apresentar sua defesa:

www.aureliomiguel-transparencia.com

Da casa alugada às fazendas milionárias

Aelton Freitas

Aelton José de Freitas era quase um desconhecido quando chegou ao Senado, no princípio de 2003, levado pelas mãos do senador José Alencar, que havia acabado de se tornar vice-presidente da República, deixando sua vaga para seu primeiro-suplente. Naquela época, Alencar ainda não era o homem que o Brasil conheceria tempos depois, por sua simpatia, sua luta contra o câncer, suas empresas milionárias e sua defesa para que o Brasil fabricasse uma bomba atômica como forma de dissuadir reais ou imaginários inimigos que quisessem se apoderar do valioso petróleo abaixo do pré-sal. No Senado, ele não integrava a roda dos caciques, embora fosse estimado pelos companheiros. Empresário bem-sucedido, nascido em Muriaé, na Zona da Mata mineira, Alencar mal sabia da existência de Aelton, que começara na vida política como prefeito de Iturama, distante 1.080km da Muriaé, cidade-natal do vice-presidente. O que os aproximou foi uma daquelas engrenagens políticas que fazem a roda dos afortunados girar: contatos em comum. Alencar pertencia ao PMDB e já tentara, pelo partido, ganhar o governo de Minas Gerais em 1994. Na época, bateu de frente contra poderosos da legenda, como o ex-governador Newton Cardoso, o Newtão, conhecido por seu enriquecimento meteórico depois que entrou na política e pelo jeito truculento, além de Tarcísio Delgado, ex-prefeito de Juiz de Fora e muito próximo a Itamar Franco. Mesmo com todos esses oponentes internos, Alencar obteve a indicação do partido, mas, por causa de um racha na legenda, foi abandonado no meio do caminho, o que lhe deixou em terceiro na corrida eleitoral daquele ano. Em 1998, mais acostumado ao jogo político, foi escolhido faltando cinco dias para o fim do registro de candidaturas para concorrer ao Senado na chapa de Itamar Franco, que disputaria – e ganharia – o Governo do Estado. De última hora também lhe foi apresentado seu primeiro suplente, Aelton Freitas. O candidato queria um nome do Triângulo Mineiro e, por influência de Anderson Adauto, deputado estadual com base em Uberaba, o escolhido foi Aelton.

Ao chegar ao Senado levado pelos votos de 2.902.158 eleitores, derrotando a então favorita Júnia Marise (PDT), José Alencar, homem de iniciativas, tentou ser presidente da Casa. Tentou por teimosia mesmo e para demonstrar seu desagrado com a legenda. Apresentou seu nome em 2001, mas o PMDB tinha outros postulantes: José Sarney (AP), José Fogaça (RS) e Ramez Tebet (MS). O Palácio do Planalto, ocupado então pelo presidente Fernando Henrique Cardoso (1995-2002), preferiu o último, e Sarney e Fogaça retiraram o time de campo – ficou Alencar, que sofreu uma derrota fragorosa, deixando-o insatisfeito. Aelton Freitas trabalhava no gabinete de José Alencar e era responsável pelos contatos políticos no Triângulo Mineiro. Nessa época, já com vistas à campanha de 2002, e percebendo que a popularidade de Fernando Henrique era cada vez mais baixa, os políticos começaram a se movimentar para melhor se colocarem no tabuleiro eleitoral. O PL, até então um partido nanico, foi o caminho de muitos deles. Alencar, Aelton Freitas e Anderson Adauto, por exemplo, deixaram o PMDB e rumaram para o PL, comandado pelo deputado federal Valdemar Costa Neto (SP), conhecido em sua cidade, Mogi das Cruzes, como "Boy", desde a época em que seu pai era prefeito e depois secretário de Paulo Maluf (PP-SP). Depois do escândalo do mensalão, o PL mudou de nome para PR, numa tentativa de reescrever a própria história, borrando as práticas que não eram nada transparentes. Em 2002, a opção de dar as mãos ao PT – e ao acesso às doações que o partido arrecadava com o tesoureiro Delúbio Soares – fez a legenda dobrar o número de deputados federais eleitos – de 11, em 1998, para 22. Anderson Adauto, apesar de concorrer pela primeira vez a um cargo federal, foi o mais votado do partido em Minas Gerais, com 100.838 votos. Depois, descobriu-se que sua campanha foi abastecida com "recursos não contabilizados", pleonasmo para caixa 2. Aliás, em depoimento à CPI dos Correios, em 2004, Adauto admitiu que em todas as 11 campanhas que disputou fez uso de caixa 2. De acordo com denúncia da PGR, ele obteve R$ 950 mil do esquema do publicitário Marcos Valério e teria indicado ao PTB o caminho do dinheiro do valerioduto. O STF, no entanto, o absolveu da acusação de corrupção ativa.

Adauto era um homem influente no partido, apesar de neófito no PL. Graças aos seus contatos, embora não fosse um nome de expressão nacional, conseguiu ser conduzido ao Ministério dos Transportes antes mesmo de Lula assumir a Presidência. Essa pasta virou um monopólio do PR, que conseguiu mantê-la sob sua influência no governo da presidente Dilma Roussef, apesar das diversas acusações de irregularidades. É um ministério que movimenta bilhões de reais em recursos, toca obras faraônicas e agrada aos políticos pelo que eles classificam de "capilaridade", a possibilidade de fazer obras em pequenos municípios ou em estradas federais, que lhes rendem votos, prestígio, contatos com empresários poderosos e, em alguns casos, uma boa quantia de dinheiro. O ministério, e seu braço executor, o Departamento Nacional de Infraestrutura Terrestre (Dnit), com o passar do tempo, se tornaram uma mina de denúncias. O próprio Anderson Adauto foi alvo certeiro de uma delas. O então diretor-geral do órgão, José Antonio da Silva Coutinho, acusou seu chefe de desviar R$ 32,2 milhões de financiamentos do Banco Interamericano de Desenvolvimento (BID) para obras rodoviárias. A denúncia custou o cargo a Anderson Adauto, um ano e três meses depois de tomar posse.

Na prática política, é comum que os suplentes de senadores lhe banquem as despesas de campanha como forma de pagar pela oportunidade de assumir uma vaga numa das Casas mais repletas de regalias que há em Brasília, uma vez que, pelo voto popular, dificilmente conquistariam o direito de transitar pelo carpete azul que marca o Senado. O ex-senador Darcy Ribeiro dizia que o Senado era melhor que o céu porque, para lá chegar, não era necessário morrer e podia-se viver num paraíso. No caso de José Alencar, ele não precisava dos trocados de Aelton Freitas para gastar na campanha. Tinha seu próprio dinheiro, além de amplo conhecimento do mundo empresarial, o que foi extremamente útil para o PT também, polindo a imagem de Lula e afastando-o do espantalho barbudo radical que o imaginário popular cultivava dele até então.

A amizade entre Aelton Freitas e Anderson Adauto não era recente. Os dois se conheceram em atividades partidárias e viram que tinham interesses em comum, sobretudo quando Aelton assumiu a Prefeitura de Iturama, em 1993. Na época, Adauto era deputado estadual em Minas Gerais, sempre disposto a atender às demandas dos prefeitos. A passagem de Aelton pela prefeitura deixou sequelas. Engenheiro agrônomo formado pela Escola Superior de Agricultura e Ciências de Machado, em 1987, ele era um pequeno produtor rural quando se candidatou para seu primeiro cargo eletivo. Costuma dizer, em sua biografia oficial, disponibilizada na internet pela Câmara dos Deputados, que entrou para a política por incentivo da família e de amigos. A família, aliás, era dona de algumas áreas em Iturama – uma delas, de 54 mil metros quadrados, foi doada em dezembro de 2012 para expansão da Universidade Federal do Triângulo Mineiro (UFTM), na avenida Antonio Baiano. O local deve se valorizar com o empreendimento.

A eleição de Aelton para a Prefeitura de Iturama foi polêmica. Ele disputou contra o ex-vereador Valtuir Tomaz Dias (PDS). Passado um mês do pleito, o Ministério Público entrou com uma representação na Justiça Eleitoral requerendo a anulação da eleição porque, segundo os promotores, teria havido abuso de poder econômico generalizado, tanto por parte da coligação que elegeu Aelton, como por parte dos partidos que apoiaram Valtuir. O Ministério Público apontou que houve contratação abusiva de cabos eleitorais, promessa e distribuição de cestas básicas e pagamento de contas de água e luz para moradores do Bairro Sucesso. O juiz, então, atendeu aos reclamos da promotoria e declarou nulo o pleito. Porém, Aelton Freitas recorreu ao TRE, uma vez que já estava diplomado. O TRE atestou que houve compra generalizada de votos. Num trecho do acórdão, o TRE anotou: "Se mantido o resultado da eleição majoritária, seria forçoso concluir que ganhou a eleição quem mais comprou votos". Para os magistrados, não era mais possível caçar a diplomação de Aelton, mas sim declará-lo inelegível, o que impediria sua posse. O prefeito eleito, porém, não desistiu. Seus advogados valeram-se de uma jurisprudência aplicada pelo TRE de São Paulo e alegaram que o Ministério Público deveria ter atuado no decorrer da campanha, e não depois da eleição consumada. O relator do processo no TSE, ministro Jesus Costa Lima, concordou com o Ministério Público e com o TRE de Minas e discordou da decisão do TRE de São Paulo, mantendo a nulidade da eleição. No entanto, o ministro Torquato Jardim pediu vistas do processo, e acabou por concordar com a defesa de Aelton, de que, para anular o pleito, o Ministério Público deveria ter dado entrada na denúncia durante a eleição, e não depois. Foi acompanhado pelos demais ministros, que deram atenção à questão técnica em detrimento da possível prática irregular de captação de votos, garantindo, dessa forma, a posse de Aelton. Em 2000, enquanto era funcionário do gabinete do senador José Alencar, ele tentou voltar à Prefeitura de Iturama, mas foi derrotado por Valdecir Pichioni (PL), por uma diferença de 87 votos.

Uma vez no comando da Prefeitura, Aelton solidificou ainda mais a amizade com o deputado Anderson Adauto. A parceria entre eles foi tão grande que extrapolou a política e caminhou pelo mundo dos negócios. Entre 2012 e janeiro de 2013, os promotores Leonardo de Faria Gignon, da Promotoria de Justiça da Comarca de Iturama, e José Carlos Fernandes Júnior, coordenador regional das Promotorias de Justiça de Defesa do Patrimônio Público do Triângulo Mineiro, apresentaram 17 ações contra o então prefeito de Iturama. Os processos são uma aula do que não se pode fazer na administração pública, sobretudo na área de licitação. Há de tudo um pouco: desde pagamento antecipado por serviços não prestados a processo licitatório realizado depois da contratação da empresa, contratos com empresas fantasmas, desconto de cheques pelo próprio prefeito que deveriam servir para pagamento de fornecedores e por aí vai. Entre fevereiro de 2012 e janeiro de 2013, quando foram protocolados os processos, o valor do pedido de ressarcimento aos cofres públicos somava quase R$ 5 milhões.

As denúncias de irregularidades na administração de Aelton tomaram corpo em uma reportagem publicada pela revista *IstoÉ*, em janeiro de 2003, logo depois de Anderson Adauto começar a exercer o cargo de ministro dos Transportes do governo Lula. As acusações tinham como base uma CPI criada na Câmara Municipal de Iturama, instalada em março de 1997 e concluída seis meses depois, após, portanto, o mandato do prefeito. Foram essas denúncias que motivaram a abertura de processos pelo Ministério Público, ainda em andamento em agosto de 2013. O esquema apontado era intricado e acabava em várias empresas que tinham como endereço o escritório político de Anderson Adauto. As ações propostas pelos promotores acusam o então prefeito de improbidade administrativa e requerem o ressarcimento aos cofres públicos. O crime de improbidade, porém, já prescreveu e o que o Ministério Público busca mesmo é que Aelton e os demais acusados devolvam o que, segundo os promotores, obtiveram de forma irregular. O deputado, que era senador na época em que a revista *IstoÉ* divulgou trechos do tal "Dossiê Iturama", negou as irregularidades e afirmou que todas as suas contas, quando prefeito, haviam sido aprovadas pelo TCE. Mas não é o que diz o Ministério Público. Na peça inicial dos processos, o MP narra que "consta da documentação anexa que, por força de portaria ministerial datada de 10 de fevereiro de 2006, foi instaurado o inquérito civil número MPMG 0344.09.000.005-8 com o objetivo de investigar possíveis irregularidades apontadas pelo Egrégio Tribunal de Contas do Estado de Minas Gerais na realização de compras pela Prefeitura Municipal de Iturama/MG, nos exercícios financeiros de 1994 e 1995. Referido inquérito foi instaurado diante do ofício número 1733/3005/MLC/Cdéb/MPTC (folhas 06/vol. 01) do TCE/MG, que encaminhou ao parquet cópia do referido acórdão e das notas taquigráficas daquela Corte de Contas, a qual julgou irregulares os procedimentos de compras adotados pela Prefeitura de Iturama naqueles anos de 1994/1995, após realização de inspeção in loco".

Um dos processos descreve, em detalhes, a contratação da CPA Consultoria, Planejamento e Assessoria, constituída em 19 de fevereiro de 1993 e que tinha como sócios Clodoaldo Soares, Rômulo de Souza Figueiredo e Sérgio José de Souza, os dois últimos assessores de Anderson Adauto de longa data. Embora sem muita experiência no mercado, a CPA ganhou quatro contratos, entre 1995 e 1996, na Prefeitura de Iturama, administrada por Aelton Freitas, amigo de Anderson. Todos por inexigibilidade de licitação, que é a forma definida na Lei 8.666/93 (Lei de Licitações) para a contratação de empresas que são reconhecidamente únicas prestadoras de serviço em suas áreas, ou que possuem exclusividade na prestação de um serviço. A CPA foi contratada para fazer auditorias em operações financeiras, notas de empenho, licitações e execuções orçamentárias; assessoria técnico contábil; levantamento de dados relativos à movimentação econômica na agricultura, pecuária, indústria e comércio para elevar a participação do município no Valor Adicional Fiscal apurado pela Secretaria da Fazenda de Minas Gerais; e execução da reforma administrativa na prefeitura. Todos esses contratos somaram R$ 406,7 mil à época, ou R$ 1,119 milhão atualizados em setembro de 2012.

Além de a CPA ter obtido contratos sem necessitar passar por uma concorrência, um dos sócios da empresa, Clodoaldo Soares, também prestou serviços para a Prefeitura de Iturama, na mesma época, e também sem licitação – outra vez foi utilizada a desculpa de inexigibilidade. O serviço era semelhante ao prestado pela CPA, embora mais específico: incorporação da parcela total da geração de energia elétrica da Usina de Água Vermelha; incorporação aos cofres públicos do Imposto sobre Serviços devido ao município por empresas prestadoras de serviço à Usina de Água Vermelha; e levantamento de dados sobre a movimentação econômica da agricultura, pecuária, indústria e comércio. Os três contratos garantiram a Clodoaldo o recebimento de R$ 115,4 mil, ou R$ 305,8 mil, em valores atualizados até setembro de 2012. O profissional, embora tenha escapado de participar de uma licitação, não demonstrou que tinha currículo especializado para efetuar o trabalho. Os promotores observaram que ele não havia cursado nenhuma especialização, nem mestrado ou doutorado.

As contratações, tanto de Clodoaldo quanto da CPA, foram repletas de irregularidades, segundo o Ministério Público. Os promotores citam, por exemplo, o fato de o diretor do Departamento de Administração da Prefeitura na época, Airam Mamede, que não era membro da Comissão de Licitação, ter assinado pareceres, sem ter sido nomeado para tanto. Em depoimento ao Ministério Público, o assessor jurídico da Prefeitura, Salvador Alves de Freitas, explicou por que, apesar de a CPA e de Clodoaldo não possuírem notória especialização em nada, acabaram sendo contratados sem precisar concorrer com ninguém. "De acordo com o depoimento de Salvador, que pode afirmar que Airam Mamede era um dos manda-chuvas da administração na época (ao lado de Francisco Antonio de Freitas Neto) e ele é quem fazia todas as compras; que após ver as assinaturas de folhas 1.821 e 1.828 pode afirmar que elas são do senhor Airam Mamede (...), que pode afirmar que o ex-prefeito Aelton José de Freitas tem ligação com a empresa CPA Consultoria, Planejamento e Assessoria, pois essa empresa foi indicada para contratação pelo então deputado Anderson Adauto, amigo pessoal do ex-prefeito (...), que embora contratada, essa empresa nunca fez nada em Iturama, apenas iniciou a elaboração de alguns cálculos autuariais, mas não os terminou." Não era por menos que Mamede era tido como o homem que mandava na prefeitura. Em maio de 1997, depois de ele e Aelton deixarem os cargos que ocupavam, constituíram uma sociedade: a Ala Veículo Ltda. O então ex-prefeito permaneceu na sociedade até 3 de março de 1999. A Ala Veículo, que continua ativa, de acordo com a Receita Federal, funciona numa das principais avenidas de Iturama, a Prefeito Juca Pádua, 615 – por coincidência, o endereço do escritório político do deputado federal Aelton Freitas, onde funciona também um lava-rápido e uma lanchonete.

A CPA, conforme apontou a CPI na Câmara Municipal de Iturama, funcionava na sala de um prédio no centro de Uberaba, onde também ficava o escritório político do deputado Anderson Adauto. Aliás, não era apenas a CPA que lá mantinha seu endereço. Outras empresas, como a Construtora Triangulina de Obras (CTO) e a Líder Engenharia Empreendimento Ltda também estavam localizados no mesmo prédio e também foram contratadas pela Prefeitura de Iturama.

Em outro processo apresentado pelo Ministério Público em janeiro de 2013, as irregularidades nas licitações preenchem outro capítulo do que não se deve fazer. São seis empresas, contratadas para diversos serviços e pequenas obras, que, no total, somavam R$ 188,2 mil à época dos fatos, ou R$ 506,2 mil atualizados até 2013. Em praticamente todas as seis contratações o empenho para pagamento das empresas ocorreu antes mesmo da homologação do certame, uma prova, na opinião dos promotores, de que as licitações foram um jogo de carta marcadas, um faz de contas. Um dos contratos foi homologado no dia 15 de novembro de 1996, ou seja, dia de feriado nacional. Mas não é só isso que chamou a atenção dos técnicos do Tribunal de Contas do Estado e dos promotores. As seis empresas não podiam ser contratadas por diversas razões: a Líder Engenharia e Empreendimentos e a J.H. Construções não tinham alvará de licença e localização, estando irregular perante a Prefeitura de Uberaba; a Double Importação e Exportação, a Pentágono Química Farmacêutica e a JAC Caxias Comercial de Metais haviam sido encerradas há anos e, portanto, não existiam na época das concorrências. E o CNPJ apresentado pela Indústria e Comércio de Alimentos Santa Genoveva pertencia, de fato, a Maroca e Russo Indústria e Comércio, que não estava mais habilitado perante a Fazenda de Minas Gerais desde janeiro de 1996.

Na farra das licitações de Iturama, outro capítulo do curso sobre o que não se deve fazer na administração pública está no item: contrate e pague com depósitos falsos. É o que relatam os promotores. O TCE constatou graves irregularidades na contratação das empresas Alix Comestíveis, A.N.T. Ferramentas Comercial e Importadora, Madcer Comércio, Representações de Madeira e Cerâmica, Sot Comércio de Peças, Paumar Comércio e Representação, Fábrica de Telas Guara, Biocárdio Comércio e Representações e Luvan Representações. As irregularidades dizem respeito, segundo o TCE, à "quitação de despesas a favor de fornecedores, com autenticações falsas e em contas inexistentes e pagamento a fornecedores através de cheques, sacados na agência de Iturama da Caixa Econômica Federal, mediante endossos inidôneos". A própria CEF informou que "não existem, em seus arquivos, nenhum documento ou lançamento referente aos recibos apresentados e tampouco os números de contas citados". Na representação do Ministério Público contra Aelton Freitas, os promotores acrescentam trecho do acórdão do TCE que afirma que a Caixa "informa ainda que o tipo de autenticação constante nos recibos assemelha-se ao utilizado pela instituição até 1993, quando foi substituído pelo sistema on-line. Constata-se, assim, a ocorrência de fraude no pagamento das despesas constantes neste item. Julgo irregulares as despesas". No total, foram desviados R$ 248,3 mil, ou R$ 668,1 mil, atualizados até novembro de 2012.

As licitações, segundo apontam os promotores, eram realizadas de forma descuidada, para dizer o mínimo. Em outro processo, de janeiro de 2013, envolvendo 16 empresas, o Ministério Público corroborou o que o TCE já havia denunciado: a homologação do contrato após a emissão da nota de empenho e da nota fiscal. No total, à época, foram R$ 295,2 mil, mas, em valores atualizados, a soma atinge 819,5 mil. Os serviços contratados foram de toda sorte: aquisição de peças para veículos e máquinas, compra de remédios e material de ornamentação, construção de rede pluvial, pavimentação asfáltica de vias públicas, aquisição de equipamentos para instalação de rede de TV. Na ação civil pública proposta, os promotores são contundentes: "A bem da verdade, nobre magistrado, o que ocorreu, *in casu*, foi a contratação das pessoas físicas e jurídicas requeridas sem as devidas licitações públicas, as quais apenas foram providenciadas após a expedição das notas de empenho e fiscais, em absoluta burla à Lei de Licitações Públicas." Aelton alegou que as datas da homologação foram grafadas equivocadamente na cópia enviada ao Tribunal de Contas do Estado e disse que as datas corretas estavam indicadas em um quadro. Para ele, as irregularidades anotadas foram apenas um descuido dos servidores responsáveis pelas licitações, e não teria ocorrido prejuízo aos cofres públicos. No entanto, não foi isso o que entenderam os técnicos do TCE porque, segundo eles, o então prefeito não juntou ao processo nenhum documento que comprovasse suas afirmações.

Apesar de todas essas denúncias de irregularidades contra o deputado, o tempo conspira a favor dele. Em 16 de setembro de 2013, o ministro Gilmar Mendes, do STF, determinou o arquivamento de processo contra o parlamentar da época em que ele era perfeito. A Delegacia Seccional de Polícia de São José do Rio Preto, em São Paulo, constatou que a empresa Zanqueta e Zanqueta Rio Preto emitiu notas fiscais inidôneas para justificar a prestação de serviços à prefeitura de Iturama. As notas, contudo, foram pagas. O inquérito policial foi instaurado em 9 de agosto de 1999, mas somente em abril de 2013 os autos foram remetidos ao STF porque Aelton era deputado federal. A Procuradoria Geral da República, no entanto, apontou que o crime havia prescrevido porque o fato teria ocorrido 17 anos atrás.

"É lamentável e inaceitável que fatos como esses, que não se revestem de complexidade, arrastem-se e se prolonguem indevidamente no tempo. Malgrado, nada há que se fazer, senão acolher a manifestação da Procuradoria-Geral da República e, por conseguinte, determinar o arquivamento dos autos, em face da extinção da punibilidade pela ocorrência da prescrição", anotou Gilmar Mendes em sua decisão.

DE LOCATÁRIO A MILIONÁRIO

Aelton Freitas não era nenhum milionário quando começou na vida pública. O endereço de residência que ele informou à Justiça Eleitoral em 1998, quando foi suplente na chapa de José Alencar ao Senado, é de um imóvel que ele alugava do taxista Eduardo André de Faria. O cartão que Eduardo entrega a seus clientes hoje, para o caso de necessitarem chamá-lo a qualquer hora, traz como endereço a avenida Juscelino Kubitschek, 1.262, exatamente o mesmo apontado por Aelton como sua residência em 1998. O taxista não se recorda quanto ele pagava de aluguel, mas disse que o ex-prefeito deixou a casa "há uns oito anos". Na mesma avenida JK, um pouco antes, havia outro endereço que teria sido ocupado por Aelton. Fica no número 1.188. Ali funcionou, até 2003, a Aelton Comércio e Representações.

Apesar de morar de aluguel no centro da cidade, o então ex-prefeito tinha algumas propriedades: três fazendas, sendo duas em Iturama mesmo e outra em Limeira do Oeste, distante cerca de 58km. Mas a declaração de bens entregue por ele à Justiça Eleitoral em 1998 diverge da cópia de seu Imposto de Renda. Aelton deixou de anotar, por exemplo, que era proprietário de dois terrenos, que, juntos, somavam 929 metros quadrados e teriam sido adquiridos em 1992 por R$ 827. Por outro lado, declarou, para a Justiça Eleitoral, também em 1998, que era proprietário de uma caminhonete D-20, embora, para o Imposto de Renda, tenha informado que vendera o veículo em 1997. O Imposto de Renda do parlamentar também aponta outros detalhes interessantes: em julho de 1995, ele adquiriu três imóveis, que integravam a Fazenda Monte Alto. Um outro imóvel foi comprado em dezembro de 1994 e vendido em abril de 1997. Ou seja: quando ele ainda exercia o cargo de prefeito, conseguiu aumentar seu patrimônio com a aquisição de quatro imóveis, transformados em fazendas. Em 1998, seus bens somavam R$ 432,5 mil. Um pouco menos do que quando saiu da prefeitura, no final de 1996. Naquela época, tinha um patrimônio de R$ 557,3 mil. Depois que deixou a prefeitura, em 1997, criou duas empresas: Ala Veículos Ltda, na qual permaneceu até março de 1999, e a Aelton Comércio e Representações Ltda, da qual saiu em dezembro de 2002 e que encerrou as atividades em março de 2003.

Em 2002, ele não foi candidato e ganhou uma cadeira no Senado de presente. Era o primeiro suplente de José Alencar. Apresentou 36 propostas, como 22 projetos de lei do Senado, duas Propostas de Emenda Constitucional (PEC) – uma das quais retirava da União a competência para explorar serviços de radiodifusão de curto alcance –, um pedido para criação de uma CPI, 10 requerimentos e um Projeto de Resolução do Senado.

Sabendo que não teria chances de se eleger senador em 2006, quando apenas uma vaga estava disponível – Minas Gerais elegeu, naquela época, Eliseu Resende (antigo PFL, atual DEM), que contou com uma coligação de 11 partidos, incluindo o PL – Aelton Freitas tentou a Câmara. E conseguiu ser eleito com uma votação expressiva: 85.362 votos. Foi muito bem votado em Iturama, onde obteve 9.653 votos, ou 51,75% de todo o eleitorado da cidade. Naquele ano, ele gastou R$ 418 mil com a campanha. Seu patrimônio declarado havia subido para R$ 1,416 milhão. As duas empresas da qual fazia parte, em 1998, já não mais o tinham como sócio. No entanto, o candidato informou que mantinha três empreendimentos: 1/3 de quotas do capital social da Cogumelo Agaricus, com R$ 40 mil; 1/3 de quotas da União Rações Ltda, com R$ 51.667 e o maior investimento dele até então: capital na Ouro Velho Empreendimentos e Participações, com um saldo de R$ 500 mil. Os demais bens descritos eram as fazendas já antes mencionadas, com exceção de um imóvel rural de

100 mil alqueires, na gleba Carajari, em Altamira, no Pará, comprada por R$ 40 mil. O gado bovino, embora não tenha sido informada a quantidade de cabeças, correspondia a um rebanho avaliado em R$ 120 mil. Em 2006, Aelton continuava informando a propriedade de uma caminhonete D-20 da GM, avaliada em R$ 20 mil – em 1997, segundo seu Imposto de Renda, ele havia vendido um modelo igual. Os bens do candidato contavam, ainda, com mais nove veículos, entre carros de passeio, tratores e um reboque.

Embora Aelton Freitas tenha sido prefeito de Iturama, ele não reside no município, como é praxe à maioria dos políticos que já exerceram cargos executivos em suas cidades. Ele mora em Uberaba, onde estão a sede da empresa Ouro Velho Empreendimentos e Participações, e seu escritório político, na avenida Santos Dumont, no centro da cidade. A Ouro Velho está localizada na tranquila rua Dolores Cunha Campos, no bairro residencial de Jardim Alexandre Campos. O imóvel não tem nenhuma placa e, vendo de fora, é amplo. De acordo com a Receita Federal, a empresa, constituída em outubro de 2004, tem como principal atividade *holdings* de instituições não financeiras, podendo fazer obras de engenharia civil, loteamento de imóveis próprios e aluguel de máquinas e equipamentos para construção sem operador. É uma empresa familiar: constam como sócios a mulher do parlamentar, Luciana Correa de Queiroz Freitas, e os dois filhos, Amanda, 21 anos em 2013 (ou 12 anos em 2004), e Pedro, 18 anos em 2013 (ou nove anos na época em que integrou a sociedade). Aelton fez parte da abertura da Ouro Velho, em 20 de outubro de 2004, e saiu em 6 de dezembro de 2011.

Em 2010, quando concorreu ao segundo mandato na Câmara, o patrimônio declarado do deputado havia subido 286,1% em relação à eleição anterior. O capital social da Ouro Velho continuava os mesmos R$ 500 mil, e os dois filhos do parlamentar eram os maiores acionistas: segundo a declaração de bens entregue à Justiça Eleitoral, os dois tinham participação que somava R$ 490 mil, enquanto os pais eram detentores de apenas R$ 5 mil cada um, ou 1% cada. Havia ainda um empréstimo de R$ 411.388 que Aelton teria concedido para a própria companhia, e outros R$ 1,100 milhão, também aplicados na Ouro Velho. Em abril de 2013, os filhos continuavam os acionistas majoritários da Ouro Velho: Amanda era detentora de um capital de R$ 249 mil, mesmo valor pertencente a Pedro. A mãe deles, Luciana, comparecia com R$ 2 mil e era a sócia-administradora. O endereço residencial informado por eles, na Junta Comercial de Minas Gerais, era o mesmo da empresa.

As outras duas empresas das quais ele informou ser sócio em 2006 já não o tinham mais entre os proprietários – segundo os dados disponíveis no TSE. A boiada antes declarada desapareceu e a fazenda em Altamira, de 100 mil alqueires, também já não estava entre seus bens. O parlamentar constituiu outra empresa, a Sol Vermelho Agropecuária e Participações, da qual informou possuir nove mil cotas, no valor total de R$ 9 mil. Apesar dessa participação minoritária, tinha um crédito a receber, por causa de um empréstimo que concedeu, no valor de R$ 140 mil. A Sol Vermelho sofreu um processo de desapropriação por parte do Instituto Nacional de Colonização e Reforma Agrária (Incra) para reforma agrária. O processo teve origem em 27 de abril de 2007, na 1ª Vara Federal do Mato Grosso. Tratava-se da fazenda Bridão Brasileiro, uma propriedade com 20 mil hectares, localizada entre os municípios de Confresa e Vila Rica, no nordeste mato-grossense. Um decreto assinado pelo ex-presidente Luiz Inácio Lula da Silva em 13 de dezembro de 2006 declarou o local de utilidade pública. Em maio de 2007, o juiz Julier Sebastião da Silva concedeu a imissão de posse da área ao Incra, que pretendia fazer ali um assentamento para 390 famílias. Mas a Sol Vermelho recorreu da decisão e até abril de 2013 ainda não havia uma definição sobre a destinação do imóvel.

A Sol Vermelho, da qual o deputado era credor de R$ 140 mil em 2010, é uma empresa nebulosa. Um dos sócios que constam na Junta Comercial de Goiás, onde está registrada a sede, é um microempresário da cidade de Lagoa da Confusão, no Tocantins. Chama-se Ruythbran Almeida Santos e, segundo os registros, está na Sol Vermelho desde 2002. Apesar de acionista de uma empresa de sociedade anônima, Ruythbran não é um homem de grandes posses. Em fevereiro de 2012, por exemplo, estava sendo protestado em Anápolis, Goiás, pelo não pagamento de três títulos nos valores de R$ 447,66, R$ 295,47 e R$ 295,48. No Tocantins, ele foi dono de uma micro empresa – na verdade, um mercadinho – que estava desabilitada desde 2012, isto é, a empresa não existia, segundo dados da Secretaria da Fazenda de Tocantins.

A Sol Vermelho é sucessora da Santa Maria Indústria, Comércio, Importação e Exportação. As duas têm o mesmo CNPJ, embora o endereço tenha mudado. As duas também integraram um processo de cobrança de um crédito tributário que somava R$ 494,5 mil, correspondente ao Imposto sobre a Propriedade Territorial Rural (ITR) em dezembro de 2000, incidente sobre a Fazenda Gavião, localizada no município de Cavalcante, na Chapada dos Veadeiros, em Goiás. Os fiscais do Ibama lavraram um auto de infração no qual apontavam 883,8 hectares como área de preservação permanente, 2.115 hectares como de utilização limitada, 108,5 hectares como de uso para produtos vegetais e 4.350,4 como pastagens. Na soma geral, o imposto devido, calcularam eles, equivalia a R$ 494,5 mil. Chegar aos proprietários do imóvel foi um exercício de paciência e persistência. Desde que os fiscais por lá estiveram, a fazenda mudou várias vezes de mão. Em 2001, foi vendida a Naçoitan Araújo Leite, que tentou ser candidato a prefeito de Iporá em 2012; em seguida, ele a vendeu a Jorcelino Leonel de Paiva, que a transferiu ao empresário Jucelino Lima Soares, dono de imobiliária, empresa de táxi aéreo e *factoring* em Brasília, que a vendeu, em 2002, a Otílio Custódio de Oliveira. Este, finalmente, a transferiu para a Santa Maria em janeiro de 2003. Ou seja: em pouco mais de dois anos, a fazenda passou por cinco donos. Em 28 de agosto de 2006, a Santa Maria já não era mais a proprietária do imóvel, e, sim, a Sol Vermelho Agropecuária – que tem o mesmo CNPJ da antecessora. Naquele ano, o deputado não fez nenhuma menção às duas empresas em sua declaração de bens. Afinal, a Sol Vermelho não o tinha, publicamente, como sócio.

Mas a mesma fazenda Gavião, da qual ele se apresentou como dono de metade do imóvel, foi declarada em 2010, pelo valor de R$ 50 mil. Graças a outra ação, sabe-se que outra empresa do deputado, a Ouro Velho Empreendimentos e Participações, administra o imóvel, representada pela mulher do parlamentar. O inquérito 2.752, que transitou pelo STF, apurava a prática de supostos delitos que teriam sido cometidos por Aelton Freitas. De acordo com a Procuradoria Geral da República (PGR), em 11 de julho de 2006, fiscais do Ibama estiveram na fazenda e constataram o depósito de 10 metros cúbicos de madeira extraída sem licença por conta de um desmatamento realizado na mata ciliar que circunda um curso de água que corta a propriedade. Os fiscais lavraram o auto de infração 484.325, em nome da Santa Maria que, atestaram eles, era a proprietária da fazenda. Na época da irregularidade, foi determinado que o Parque Nacional da Chapada dos Veadeiros seria o fiel depositário da madeira. No entanto, por aquelas deficiências tão comuns ao setor público, não houve uma logística adequada para transferir o material para o parque, como havia determinado a Justiça e, por causa disso, as toras acabaram ficando na própria fazenda que teria cometido o delito. Três meses depois, um fiscal do Parque, ao fazer uma ronda, verificou que a madeira havia sido utilizada, supostamente a mando do novo proprietário, o deputado Aelton Freitas. O parlamentar se defendeu afirmando que não tinha conhecimento de que a madeira em questão não poderia ser utilizada porque, argumentou, ele não era o proprietário da fazenda na época em que foi lavrado o auto de infração – apesar de, em agosto de 2006, a Sol Vermelho já ser considerada sucessora da Santa Maria.

A Procuradoria Geral da República também apontou possível prática de falsidade ideológica porque a fazenda estava sendo gerida pela Agropecuária Gavião, que tinha como sócios a mulher de Aelton, Luciana Freitas, e a Ouro Velho Empreendimentos. O deputado e Luciana, no entanto, apontaram Francisco da Silva Garcia como o gerente da fazenda e responsável pela condução do empreendimento com total independência. A gestão das pessoas jurídicas responsáveis pela fazenda eram, conforme foi demonstrado, tarefa de Luciana Freitas. A Agropecuária Gavião não foi declarada à Justiça Eleitoral. A Procuradoria Geral da República, porém, acabou retirando a acusação de falsidade ideológica porque, segundo afirmou, não viu fatos que comprovassem que o parlamentar fosse o responsável pelo gerenciamento da propriedade. O ministro Gilmar Mendes, que julgou o caso, determinou o arquivamento do inquérito.

O QUE DIZ O DEPUTADO

O deputado Aelton Freitas (PR-MG) foi procurado insistentemente por telefone e por e-mail, mas não respondeu as perguntas. O primeiro contato se deu em 6 de setembro de 2013. Sua assessora forneceu o e-mail para o qual deveriam ser encaminhadas as questões, e assim foi feito. Uma semana depois, voltei a telefonar para ela, mas não atendeu. Deixei recados no escritório do parlamentar, e nada. No dia 17 de setembro, mais uma tentativa frustrada de contato. Tornei a enviar um e-mail cobrando as respostas. Deixei vários recados na caixa postal do celular dela, mas nunca recebi uma ligação de volta. No dia 19 de setembro, voltei a cobrar as respostas por e-mail mais uma vez. E mais uma vez não obtive um retorno. Abaixo as perguntas encaminhadas ao deputado Aelton Freitas e que não foram respondidas.

1- A que se deve essa expressiva variação patrimonial?
2- Que tipo de atividade desenvolve a Ouro Velho Empreendimentos e Participações?
3- Por que a empresa funciona na casa do deputado, em Uberaba, e por que o deputado incluiu na sociedade seus filhos que, na época, eram menores de idade?
4- O empréstimo de R$ 1.100.000,00 que o deputado concedeu a Ouro Velho foi em dinheiro? De onde ele tirou o dinheiro se, quatro anos antes, não o tinha?

5- O deputado ainda é sócio da Cogumelo Agaricus e da União Rações? Se sim, por que não estão declaradas em 2010?
6- A que se deve o crédito de R$ 2.591.797,49 que o deputado informa que tem a receber da VRC Distribuidora de Produtos Alimentícios?
7- O deputado ou sua esposa são ou foram sócios dessa empresa?
8- O deputado ou sua esposa são ou foram sócios da Sol Vermelho Agropecuária?
9- A que se deve o crédito de R$ 140.000,00 que ele informou que tem a receber dessa empresa?
10- O deputado sabia que um dos sócios da Ouro Vermelho, Ruthybran Almeida Santos, é um homem quase sem posses, proprietário apenas de um mercadinho em Tocantins?
11- A Sol Vermelho é sucessora da Santa Maria Indústria?
12- O deputado ou sua esposa ainda são proprietários da Fazenda Gavião?
13- A Sol Vermelho sofreu um processo de desapropriação do Incra na Fazenda Bridão Brasileiro, em Mato Grosso. Como está o processo?
14- Os promotores de Uberaba apresentaram, entre o ano passado e o início deste ano, 17 ações contra o deputado por improbidade administrativa da época em que ele era prefeito de Iturama. A maioria, segundo os promotores, referentes ao que eles consideram fraudes em licitações. O que o deputado tem a dizer sobre esses processos?

O engenheiro que canaliza fontes

Marcelo Nilo

A história política moderna da Bahia é marcada pelo antes e pelo depois de um homem com adjetivos extremos, dependendo de quem pronuncie o seu nome. Chama-se Antônio Carlos Magalhães, e para os opositores era o "Toninho Malvadeza"; para os amigos, "Toninho Ternura". ACM, como era conhecido, fez história não só em sua terra natal, mas também na cena política do país a partir da década de 1950, até sua morte, em 20 de julho de 2007. Seu jeito firme de atuar nos bastidores e na vida pública deixou um rastro de inimigos e outro tanto de admiradores. Embora fosse médico, exerceu pouco a profissão. Preferiu o agito dos comícios e os silêncios dos gabinetes para se projetar. Eleito deputado estadual em 1954 pela União Democrática Nacional (UDN), ficou apenas um mandato na Assembleia Legislativa da Bahia e, em 1958, ganhou nas urnas uma cadeira na Câmara dos Deputados, reelegendo-se em 1962. Arguto, sempre procurou estar ao lado de quem exercia a presidência. Foi assim com Juscelino Kubitscheck, embora fossem de partidos divergentes. No governo militar, perfilou-se com todos os generais, sendo agraciado com cargos por sua fidelidade. Hipotecou apoio a Tancredo Neves, embora tenha apoiado na disputa interna do PDS o ex-ministro Mário Andreazza contra Paulo Maluf; com a vitória deste, passou para o outro lado. De José Sarney foi grande amigo, sendo o único ministro civil a permanecer no cargo durante os cinco anos de mandato do maranhense. Aderiu desde a primeira hora a Fernando Collor de Mello, mas não frequentou a cozinha de Itamar Franco. Seu poder dentro do então PFL (atual DEM) ajudou a fazer do partido um aliado necessário para as vitórias de Fernando Henrique Cardoso (PSDB) em 1994 e 1998.

Esteve na oposição ao governante de plantão em raras vezes. Isso se deu com João Goulart, contra o qual se associou aos golpistas para apeá-lo do poder, em 1964. E também na era Lula, quando subia à tribuna do Senado para esbravejar contra o petista, sobretudo em 2005, no tempo do mensalão. Até de rato ele qualificou o presidente da República. Mas Lula, embora enxergasse no contendor a personificação da velha política dos coronéis, também era ardiloso e chegou a visitar o histórico desafeto no hospital, em 2007, em uma de suas internações. O "leão do Nordeste", como ACM também era conhecido, retribuiu a gentileza ao se encontrar com o presidente no Palácio do Planalto – uma cena histórica.

A amizade com os poderosos de turno rendeu ótimos dividendos para ACM. Ele foi nomeado pelos militares uma vez prefeito de Salvador e duas vezes governador da Bahia. Também foi presidente da Eletrobras durante o governo de Ernesto Geisel e ministro das Comunicações quando José Sarney, o amigo, era presidente. Durante quase 50 anos, reinou praticamente absoluto na Bahia, terra que considerava sua – assim mesmo, com o pronome possessivo. Elegeu sucessores, angariou apoio praticamente incondicional na Assembleia Legislativa e deixou a oposição a pão e água. Mas, vez ou outra, teve sua hegemonia questionada, como em 1986, quando os baianos elegeram Waldir Pires (PMDB) para o governo. Em Salvador, penou para conseguir eleger um prefeito, mas obteve sucesso com Antônio Imbassahy, em 1996, que se reelegeu em 2000, amentando a força do carlismo. Imbassahy, no entanto, romperia com ACM em 2005.

Além de prefeito de Salvador e governador da Bahia em três ocasiões, Antônio Carlos Magalhães foi senador em duas legislaturas. Pelo carpete azul, seguia em passos duros e firmes, sempre seguido por seguranças, assessores, jornalistas, parlamentares e prefeitos que estavam em visita ao Senado e que queriam uma palavrinha com ele, ou apenas estar próximos de um dos homens mais poderosos da República. Fez da tribuna do Senado uma trincheira, de onde atirava contra tudo e contra todos, sempre de um jeito contundente. Numa dessas, porém, acabou seriamente atingido. Deu-se na contenda que manteve com Jáder Barbalho (PMDB-PA), em 2000 e 2001, e que lhe causou a renúncia do mandato em 30 de maio de 2001, depois que se descobriu que ele mandara quebrar o sigilo do painel da Casa após a votação para a cassação do mandato de Luiz Estevão (PMDB-DF), acusado de participar do pagamento de propina de milhões de reais na construção do prédio do Tribunal Regional do Trabalho (TRT) em São Paulo. Mas, em 2002, mesmo com a onda vermelha que levou Lula à Presidência, ACM deu mostras de que ainda continuava forte e elegeu-se para outro mandato no Senado. Como da vez anterior, por "precaução", manteve seu filho, ACM Júnior, como seu primeiro suplente – e Júnior acabou herdando o resto do mandato do pai após a morte dele.

ACM era um bom frasista, sobretudo quando o ódio lhe subia aos olhos e ele cuspia fogo pelas ventas, deixando o rosto vermelho, em brasa. Quando encontrava um adversário com a mesma verve, os episódios entravam para a história. Foi o que se deu em 2006, durante a campanha eleitoral. Num discurso em Feira de Santana, a 108km de Salvador, Lula não mediu as palavras na hora de provocar o velho cacique, embora não tenha citado o nome dele. O petista estava com a popularidade cada vez maior, depois de ter sobrevivido ao mensalão, e fazia um discurso a favor de Jaques Wagner (PT), que concorria nas eleições daquele ano para governador:

– Comigo é diferente. Eu não tenho medo de cara feia e, se ele quiser que eu o receba, vai ter que me respeitar. Para mim, ele não é o leão do Nordeste, como já foi chamado, mas um hamster.

A resposta não tardou, e veio num tom acima:

– Estou mais para gato caçador de rato ladrão do dinheiro público do que para hamster. Não conheço hamster, só ouvi falar. Até porque estou mais acostumado em combater os grandes ratos. E a cada dia fica mais confirmado que Lula é um roedor implacável, incontrolável para si e para seus familiares -- vociferou ACM da tribuna do Senado, creditando as declarações do presidente ao que ele chamou de "idílio etílico".

De nada adiantou o rugido do velho leão. Naquele ano, Jaques Wagner venceria a eleição, enterrando o "carlismo" e colocando fim a uma era. Em 2010, o petista obteria mais quatro anos de mandato, mas, em 2012, o vulto de ACM retornaria à Bahia, desta vez pelos passos de seu neto, Antônio Carlos Magalhães Neto – o ACM Neto ou "grampinho" para os opositores, numa referência ao fato de o avô ter mandado grampear telefones de diversos inimigos políticos. ACM Neto foi eleito prefeito de Salvador naquele ano e tem como meta resgatar a Bahia para sua família.

NOVAS E VELHAS PRÁTICAS

A vitória de Jaques Wagner nas eleições de 2006 deu aos militantes do PT o sonho de que "daqui pra frente, tudo vai ser diferente", como cantava o rei Roberto Carlos na canção. Wagner é carioca de nascimento e mudou-se para Salvador quando tinha 22 anos, onde trabalhou no polo petroquímico de Camaçari e presidiu o sindicato da categoria. Amigo de Lula, de quem foi ministro, concorreu contra Paulo Souto (PFL), apoiado por ACM. O petista formou uma coalizão com sete partidos, e o PMDB indicou o vice em sua chapa, o ex-deputado estadual Edmundo Pereira. Para o Senado, o PT abriu mão da vaga e apoiou João Durval Carneiro (PDT), pai do então prefeito de Salvador, João Henrique Carneiro (PMDB). Contra todos os prognósticos, que garantiam a vitória de Souto, Wagner derrotou o pefelista ainda no primeiro turno, com 52,89% dos votos válidos. Ele já havia tentado derrotar o carlismo quatro anos antes, em 2002, mas perdera justamente para Paulo Souto. Lula comemorou efusivamente a vitória de seu candidato na terra de um de seus maiores inimigos.

Em 2010, o petista obteve 63,83%, derrotando Souto mais uma vez. Nesse pleito, o PMDB, que havia se coligado com o PT quatro anos antes, rompeu com o governador e lançou a candidatura de Geddel Vieira Lima, dividindo o palanque de Lula no Estado. Geddel também "roubou" o vice de Wagner. Mas de nada adiantou. Uma pesquisa Datafolha divulgada em julho de 2010, a três meses da eleição, dava uma ideia da força do petista: os baianos atribuíam nota 6,6 para a administração dele, a segunda mais alta entre os Estados pesquisados (RS, PR, SP, RJ, MG, BA, PE e DF).

Na eleição de 2006, os partidos que apoiaram Jaques Wagner fizeram 20 deputados, de um total de 63. Para governar, ele precisou fazer alianças. E, para isso, fez uma aposta contestada pelo PT e pelo PSDB em nível nacional. Os dois partidos haviam acabado de disputar sua quarta eleição como rivais inconciliáveis e a união entre eles em um Estado importante como a Bahia não era vista com bons olhos por petistas e tucanos. Mas Jaques Wagner era amigo pessoal de Lula e explicou ao presidente que era preciso respeitar a realidade local. Durante os anos em que Antônio Carlos Magalhães dominou o Estado, a oposição se resumia praticamente ao PT, PMDB e setores do PSDB que, embora tivessem projeção nacional, eram minoria na Bahia e viviam comendo o pão que o diabo amassou. Lula sempre foi um defensor das negociações mais heterodoxas e acabou aceitando. Afinal, ele próprio já havia falado cobras e lagartos de vários oponentes com os quais se juntaria mais tarde, tornando-se melhores amigos – está aí a foto dele abraçado a Paulo Maluf (PP-SP), na casa deste, em 2012, para comprovar que, para Lula, o que importa é a vitória eleitoral.

Liberado pelo mandatário maior da nação petista, Wagner passou a negociar a aproximação com o PSDB. Mas aí foram os tucanos que fizeram bico. O governador eleito queria dar uma secretaria para o partido em troca de apoio, mas a direção nacional passou a pôr obstáculos – o deputado federal Jutahy Magalhães Júnior (PSDB) é um dos fiéis escudeiros de José Serra, que, naquela eleição, havia sido eleito governador de São Paulo, mas já sonhando com a possibilidade de concorrer à Presidência no pleito seguinte, o que de fato fez, perdendo, mais uma vez, para o PT. Depois de muita negociação, a solução encontrada foi destinar a presidência da Assembleia Legislativa para o PSDB. O PT teve de ceder um anel. O nome escolhido pelos tucanos foi José Marcelo do Nascimento Nilo. Ele estava no PSDB desde que disputou sua primeira eleição para deputado estadual, em 1990.

Em 2006, Marcelo Nilo concorrera ao seu quinto mandato consecutivo e obtivera 57.535 votos. Era ligado ao ex-senador Jutahy Magalhães e também ao filho dele, Jutahy Júnior. Engenheiro de formação, fez carreira profissional na Empresa Baiana de Águas e Saneamento S/A (Embasa), onde começou como estagiário, em 1979, e transformou-se em chefe de polo regional e depois superintendente de operações no interior. Em 1985, deixou o emprego para ser chefe de gabinete do prefeito de Antas, José Martins de Matos. A experiência durou dois anos e, em 1987, voltou à Embasa, desta vez como presidente da companhia, onde permaneceu até 1989.

O deputado é de uma família tradicional de Antas, município localizado a 320km de Salvador e com uma população de 17.078, segundo dados de 2010 do IBGE. Em 2010, o Índice de Desenvolvimento Humano Municipal (IDH-M) de Antas, medida que leva em conta a expectativa de vida, educação e renda, era de 0,592, numa escala que vai de zero a um (quanto mais próximo de um, melhor o desenvolvimento do local). Em Salvador, o IDHM era de 0,759. Dos 5.565 municípios brasileiros, a cidade ocupava a 4.331 posição no ranking.

O pai do deputado, Edvaldo de Carvalho Nilo, foi o segundo prefeito da cidade, entre 1959 e 1962; e o irmão do parlamentar, Manoel Sidônio Nilo do Nascimento, administrou Antas em dois períodos, entre 1993 e 1992 e entre 2001 e 2004.

Em 2012, outro irmão do deputado, Luís Eumar do Nascimento Nilo, tentou seguir os passos políticos da família, mas não teve sorte ou competência. Ele concorreu como candidato a vice-prefeito de Valdivino Nunes da Silva (PDT). Antes da eleição, Luís e um primo dele, Carlinhos Nilo, se envolveram em uma briga com correligionários do adversário Wanderlei dos Santos Santana (PP), que acabou eleito. No boletim de ocorrência registrado na delegacia da cidade, Aldemário Alves de Matos, 53, conta que ouvia o jingle da campanha de Santana quando Luís e seu primo passaram pelo local e começaram a agredi-lo. Carlinhos teria, inclusive, sacado um revólver, segundo testemunhas. Depois que a notícia veio a público, o deputado tratou de pôr panos quentes. Em nota divulgada pela assessoria de imprensa da Assembleia Legislativa, Marcelo Nilo declarou que o agredido teria sido seu irmão, que apenas revidou aos ataques. E ficou o dito pelo não dito.

AMIGOS DE OCASIÃO

Uma vez na presidência da Assembleia, Nilo fez-se amigo do governador e tornou-se peça importante para a administração de Jaques Wagner. Conhecedor dos hábitos da Casa e das necessidades de seus pares, passou a administrar mantendo práticas antigas, para não criar inimizades desnecessárias. Sua gestão à frente da Assembleia agradou tanto ao governador e aos colegas que ele conseguiu uma proeza para os padrões locais: foi reeleito quatro vezes consecutivas para a presidência, mantendo-se oito anos no poder – seu mandato termina somente no final de 2014.

As declarações de bens apresentadas pelo parlamentar quando se candidatou atestam uma variação consistente em seu patrimônio. Em 1998, a soma de seus bens era de R$ 375 mil. Ele informou que tinha duas fazendas em Jeremoabo, distante 47km de Antas, que somavam R$ 120 mil. Outros três apartamentos em Salvador, um deles em construção e outros dois financiados que valiam R$ 160 mil, e mais duas casas em Camaçari, cidade onde está instalado o polo petroquímico, avaliadas em R$ 75 mil, uma delas também financiada. Dois veículos completavam a lista das posses do parlamentar, que era oposição.

Naquele ano, no entanto, o candidato deixou de informar que era proprietário da Rádio Colorado FM, uma emissora pirata, que teve seus aparelhos lacrados em 1999 pela Polícia Federal. O deputado respondeu na Justiça pela suposta prática de crime de desenvolvimento clandestino de atividades de telecomunicações. O processo foi uma pedra no sapato de Marcelo Nilo. A denúncia foi parar no TRF da 1ª Região, mas o parlamentar, tentando adiantar-se aos fatos, impetrou um *habeas corpus* no STJ para trancar a ação. Alegou que o TRF não tinha competência para analisar o caso e que a Assembleia Legislativa não havia concedido autorização para que um dos seus fosse julgado – um absurdo inconstitucional que constava da Carta Magna da Bahia e que tornava os deputados estaduais daquele estado cidadãos de classe superior aos demais; essa excrecência foi abolida por uma Emenda Constitucional em 2001.

O STJ indeferiu o pedido de *habeas corpus* em 17 de abril de 2006 e atestou que o TRF tinha competência, sim, para julgar o caso, uma vez que havia a hipótese de que um crime contra a União havia sido praticado. A pendenga foi parar no STF, mas, em 20 de fevereiro de 2008, a ministra Cármen Lúcia voltou a negar as pretensões do deputado. Mas o bicho de estimação da deusa Têmis deve ser uma tartaruga e, por conta disso, o processo ficou parado de 2008 até junho de 2013, quando foi sobrestado (suspenso), facilitando a vida do deputado.

Na campanha de 2002, o valor total dos bens de Marcelo Nilo era praticamente o mesmo de quatro anos antes: R$ 360 mil. Mas o perfil do patrimônio mudara. Uma fazenda que ele avaliara em R$ 80 mil foi reduzida a R$ 5.351 na declaração de Imposto de Renda Pessoa Física (IRPF) de 2001 apresentada ao TRE. Uma casa declarada anteriormente por R$ 60 mil passou a constar com valor de R$ 18.369, e outra fazenda que antes estava cotada a R$ 40 mil, no IRPF de 2001 valia apenas R$ 7.127. Por outro lado, os apartamentos financiados tiveram seus preços ajustados: o que era R$ 70 mil passou a valer R$ 124 mil; e o que valia R$ 50 mil foi declarado por R$ 108 mil porque, antes, estava em construção.

A cópia do IPRF de 2001 apresentada por Marcelo Nilo para registrar sua candidatura a deputado estadual nas eleições de 2002 permite fazer alguns cálculos. O parlamentar informou que naquele ano sua renda somou R$ 161 mil, mais R$ 36,3 mil de rendimentos não tributáveis. Desse valor, pagou R$ 23,3 mil de Imposto de Renda retido na fonte e gastou, com contribuição à Previdência Social, despesas médicas e instrução (filhas do parlamentar cursaram odontologia e veterinária), R$ 18,5 mil. Depois de todas essas despesas, sobravam R$ 12 mil líquidos para ele, sua mulher e suas três filhas viverem. Uma vida típica de classe média. Uma peculiaridade: ele não informou se mantinha conta bancária, nem tampouco valores disponíveis em conta corrente ou aplicações.

Em 2006, o patrimônio aumentou para R$ 895,2 mil, um crescimento de 148%. Somente depositados em conta ou aplicações financeiras, ele passara a ter R$ 296,4 mil. Comprou gado também: 150 garrotes, que avaliou em R$ 20 mil, ou R$ 133 cada, e investiu em um terreno em Camaçari e numa sala comercial. Somadas, as duas novas propriedades valiam R$ 115 mil. O restante dos bens eram veículos.

Mas em 2010, depois de quatro anos à frente da presidência da Assembleia Legislativa da Bahia, o padrão de vida do deputado havia mudado. Seu patrimônio deu um salto de 155%, passando de R$ 895,2 mil para R$ 2,2 milhões. O dinheiro disponível era de R$ 376 mil. E mais uma vez ele investiu em imóveis. Um dos apartamentos que comprou estava avaliado em R$ 568 mil; outro, em R$ 150 mil. O deputado também ampliou seu domínio rural, adquirindo mais fazendas em Jeremoabo. Foram mais quatro no período, por um valor de R$ 362 mil. Sem contar a compra de outra sala comercial, com 56 metros quadrados, por R$ 69 mil.

A vida havia melhorado muito para Marcelo Nilo. Ele se tornou uma figura tão importante que, nas eleições de 2010, obteve várias doações de grandes empreiteiras e de pessoas ilustres da Bahia. O governador Jaques Wagner contribuiu com um cheque de R$ 20 mil para as despesas de campanha do aliado. E o amigo Jutahy Magalhães Júnior (PSDB), candidato à reeleição à Câmara dos Deputados, embora seu partido não fizesse parte da coligação de apoio a Jaques Wagner, doou R$ 99,5 mil para o amigo. Naquele pleito, Nilo havia trocado o PSDB pelo PDT. O presidente da Assembleia Legislativa, embora tenha apresentado números divergentes em suas declarações de bens, demonstrou que é um homem atento aos gastos. Em 2010, ele estipulou em R$ 1 milhão o limite de despesas em sua campanha. Essa informação consta da ficha do candidato. Se alguém, no meio da campanha, achar que vai estourar o teto, tem de pedir autorização para a Justiça Eleitoral para poder aumentá-lo. Mas Marcelo Nilo sabe administrar cada centavo. Em sua prestação de contas, a soma do que arrecadou deu R$ 999.998,88 – R$ 1,12 a menos do que o máximo fixado. Ainda sobrou um troco, porque ele declarou ter gasto oficialmente R$ 999.910,76 – R$ 88,12 a menos do que as doações.

Na Bahia, todo político, incluindo o governador Jaques Wagner, credita a ele a propriedade do Instituto Bahia de Pesquisa e Estatística (Babesp), chamado popularmente de DataNilo. O Babesp faz pesquisas de todo tipo, incluindo eleitorais. Mas o deputado disse que nunca foi dono de empresa desse tipo. Ele credita a confusão ao fato de utilizar dos serviços do instituto com alguma regularidade e divulgar os resultados. Ele esclareceu que se trata apenas de uma blague de jornalistas e políticos locais.

DIÁRIAS SEM COMPROVANTES

Na presidência da Assembleia Legislativa, Marcelo Nilo quis deixar sua marca na história. E conseguiu. Primeiro, mantendo-se por oito anos à frente do Legislativo baiano, suplantando Antonio Honorato, que ficara no cargo entre 1997 e 2000. Depois, imortalizou-se em uma placa no novo prédio que mandou construir para abrigar as lideranças partidárias, o novo plenário, o restaurante e a biblioteca.

Pode-se dizer muita coisa de Marcelo Nilo, mas não se pode negar que ele é um político que sabe somar e que não confunde brigas partidárias com negócios. O edifício de quatro andares, com 6.100 metros quadrados construído, foi erguido pela construtora Axxo, que tem como sócio Arnaldo Gusmão, casado com a neta de Antônio Carlos Magalhães. A empreiteira venceu a licitação em 2009, com um valor estimado para a obra de R$ 18 milhões. O novo edifício foi entregue em setembro de 2011 e o valor gasto, no final, ficou em R$ 21 milhões. A justificativa para o aumento do preço foi o surgimento de obras inesperadas. Outros R$ 5 milhões foram gastos com mobiliário.

A contratação da construtora Axxo foi quase uma homenagem à família Magalhães. Se no Maranhão tudo remete aos Sarney, na Bahia tudo é Luís Eduardo Magalhães, o filho de ACM morto em 1998. A sede do Legislativo baiano, por exemplo, é o Palácio Deputado Luís Eduardo Magalhães. O aeroporto de Salvador tem o mesmo nome, e até uma cidade foi batizada com o nome do filho predileto de Antônio Carlos Magalhães. A criação do município, a 942km de Salvador, foi uma controvérsia. Antes de ter a denominação atual, era um povoado denominado Mimoso do Oeste, que depois virou distrito de Barreiras. Com a morte do deputado, ACM quis homenagear o filho e coube ao deputado Jusmari de Oliveira, aliado da família, apresentar um projeto com essa finalidade. Um referendo foi feito, mas depois foi contestado na Justiça. A pendenga chegou ao STF, movida por uma Ação Direta de Inconstitucionalidade (Adin) do PT, que alegou que o município não poderia ser criado no ano de 2000 porque era ano de eleição. Os ministros julgaram procedente a ação, mas não declararam a nulidade do ato que criou Luís Eduardo Magalhães e concederam um prazo de dois anos para que a Assembleia Legislativa da Bahia resolvesse a situação. O que foi feito sem problemas, porque na época o governador era Paulo Souto (DEM).

Ninguém chega à presidência de um poder sem fazer acordos, promessas e defender os seus. No Legislativo, seja de onde for, o candidato sabe que seu eleitor não está na rua, mas entre seus pares. E a estratégia de campanha, naturalmente, é diferente. Para o público externo, apregoa-se a austeridade nos gastos, o fim das regalias o combate aos desmandos. Quando o eleitor é alguém que conhece esse tipo de discurso, até porque dele faz uso, a retórica tem de ser outra. É preciso saber o que agrada os colegas, jurar que vai defendê-los até mesmo das investidas da Justiça, e, sobretudo, evitar mexer no que já foi conquistado pelo colegiado. E foi isso que Marcelo Nilo fez. Mexeu na penteadeira, mas deixou os mesmos perfumes com aroma adocicado e envelhecido.

Foi o que constatou uma auditoria de técnicos do Tribunal de Contas da União (TCE) na prestação de contas de Marcelo Nilo de seu primeiro ano como presidente da Assembleia. O relatório apontou vários casos de irregularidades que, segundo o documento, vêm sendo praticados desde 1999 sem que o próprio TCE, que deveria zelar pela boa aplicação dos recursos públicos, tome uma atitude mais contundente. A própria tramitação do processo de prestação de contas no tribunal dá uma ideia de como o poder público, às vezes, não dá a atenção devida ao dinheiro do contribuinte. A documentação contábil de 2007 foi entregue no prazo e chegou ao TCE em 31 de janeiro do ano seguinte. A auditoria fez seu trabalho entre 1 de setembro e 12 de dezembro de 2008. Porém, somente em 31 de maio de 2012 é que o processo foi relatado. O relator Pedro Lino fez questão de destacar a tramitação em marcha lenta do processo: ele observou que apesar de a prestação de contas ter sido entregue no prazo pelo presidente da Assembleia Legislativa, desde que a auditoria foi concluída, no final de 2008, os documentos ficaram guardados, sem andar, até que em 16 de setembro de 2011 um novo relator foi sorteado – no caso, ele.

Pedro Lino, que é funcionário de carreira do próprio TCE da Bahia, faz um elogio aos jornalistas do Estado por apontarem em reportagens a lentidão no julgamento das contas de Marcelo Nilo. Diz o conselheiro em sua análise: “Por tudo isso, pela importância para a consecução desse objetivo (de combater a corrupção), começo registrando que a imprensa muito questionou este TCE quanto à demora no cumprimento dos seus deveres, em especial e sem justificativa, atrasando, por exemplo, o julgamento das contas da Assembleia Legislativa, tanto e a tal ponto que apenas hoje (28 de junho de 2012) estaremos nos debruçando sobre o exercício financeiro de 2007." As contas foram aprovadas com ressalvas.

Os técnicos do TCE apontaram que em 2007, primeiro ano da gestão de Marcelo Nilo na presidência da Assembleia, houve um aumento de 74,86% na admissão de pessoal por meio do Regime Especial de Direito Administrativo (Reda), um jeitinho encontrado pelos deputados para empregar todo tipo de profissional sem concurso público, o que permite que apadrinhados e cabos eleitorais ganhem uma boquinha. De acordo com a auditoria, naquele ano foram empregados 373 pessoas "sem qualquer procedimento administrativo, com inobservância de procedimento de seleção, ainda que simplificado, e de publicação de prévio edital convocatório com critérios objetivos e impessoais para a escolha dos funcionários".

Outro benefício mantido por Marcelo Nilo é direcionado diretamente aos deputados. Trata-se do pagamento de diárias que, teoricamente, deveriam ser concedidas para o parlamentar que viajasse para cumprir funções inerentes ao mandato. Mas não é o que acontece na Assembleia Legislativa da Bahia. De acordo com os técnicos do TCE, em 2007 o Legislativo pagou R$ 4,229 milhões em diárias, sendo que R$ 4,123 milhões foram destinados aos 64 deputados "mediante empenho por estimativa, tendo como credor a própria Assembleia e não os credores finais, funcionários de deputados". Traduzindo: o presidente autorizava o pagamento sem que o parlamentar precisasse demonstrar que, efetivamente, viajou a trabalho. "Os auditores destacam que os mesmos valores e quantidades de diárias são concedidos todos os meses e indistintamente a todos os deputados." Na prática, os parlamentares baianos criaram uma forma de ter um salário indireto, sem que o TCE ou a Justiça interferissem.

Os técnicos registraram que "tais constatações (pagamento de diárias) vêm sendo apontadas pelas auditorias do TCE desde 1999, sem que as devidas providências sejam adotadas, comprometendo a avaliação e controles dos recursos aplicados". Segundo o relatório, Marcelo Nilo informou que a partir do exercício de 2011 passaria a individualizar a concessão de diárias. Mas o processo da prestação de contas desse período ainda não estava disponível publicamente em agosto de 2013.

As Assembleias Legislativas do país têm suas idiossincrasias e, na Bahia, isso não é diferente. Os deputados baianos têm poderes quase de chefe do Executivo. Graças a uma resolução da Mesa Diretora, os deputados podem escolher entidades privadas para direcionar recursos do Estado. A auditoria verificou que em 2007 foram celebrados 193 convênios, com 105 associações, que totalizaram R$ 20,1 milhões. Foram escolhidos para análise 68 processos e outros 16 para inspeção *in loco*. Os auditores queriam saber se o dinheiro direcionado pelos deputados contemplavam, realmente, instituições que faziam o que prometiam. O resultado foi desalentador e demonstrou uma prática comum em vários locais do país: criação de entidades que existem apenas no papel, só para receber dinheiro dos cofres públicos que, na verdade, é desviado para bolsos particulares. "Os auditores constataram que tais subvenções são incompatíveis com as competências constitucionais da Assembleia Legislativa, previstas nos artigos 70 e 71 da Carta Magna Estadual", escreveram os fiscais do TCE, para completar: "A consignação desta rubrica no orçamento da Assembleia avilta o princípio da legalidade, além dos princípios da moralidade e da eficiência, já que se configura desvio de poder e não produz resultados positivos para o serviço público."

E eles falavam com conhecimento de causa. Das entidades contempladas com subvenção constam a Agência de Desenvolvimento do Estado da Bahia (ADB) e a Agência Social de Saúde da Bahia, em Coração de Maria, município a 116km de Salvador. Os nomes são pomposos e, à primeira vista, parecem se tratar de entidades oficiais do Governo do Estado. Pura ilusão. No local onde deveriam estar as duas entidades funcionava, conforme constatação da auditoria, uma empresa particular que tinha como sócios os filhos do deputado

Ângelo Coronel (PSD). Foi o próprio Coronel quem propôs tornar de utilidade pública as duas agências geridas por sua família. Apesar de informar que distribuíam cestas básicas a pessoas carentes, as organizações não mantinham cadastro dos beneficiários, nem recibos, nada que comprovasse que, de fato, haviam entregue algum tipo de alimentação aos pobres. E mais: os auditores do TCE descobriram que as associações fizeram uma licitação para comprar as cestas básicas. Três empresas concorreram. As três funcionavam no mesmo endereço e a vencedora foi a Unisertão, dos filhos do deputado.

Coração de Maria tem um Índice de Desenvolvimento Humano Municipal (IDH-M) de 0,592, considerado um dos mais baixos da Bahia. Ângelo Coronel já foi prefeito da cidade e é deputado estadual desde 1995. Sua declaração de bens entregue à Justiça Eleitoral demonstra que é um homem de poucas posses. Em 2010, a soma de tudo o que tinha dava R$ 381 mil – R$ 200 mil dos quais em dinheiro vivo. Seu filho, Diego Henrique Silva Martins, foi eleito prefeito da cidade em 2008. Tinha 25 anos na ocasião e um patrimônio de fazer inveja ao próprio pai, embora nem tivesse concluído a faculdade ainda: R$ 1,071 milhão. Diego Coronel, como se apresenta aos eleitores, era sócio de três empresas – entre elas a Unisertão – e proprietário de uma casa no bairro de Stela Maris, em Salvador, avaliada em R$ 850 mil. O pai também tinha imóvel no mesmo local, mas fez uma avaliação bem mais modesta: R$ 168 mil. Casa, aliás, que o deputado ainda não havia comprado em 2006, quando também foi candidato. Pelo visto, o filho aprendeu com o pai, e o suplantou.

Outra entidade que se beneficiou de recursos públicos para atender os mais carentes foi a Fundação Lourival Silva, na cidade de Contendas do Sincorá, 450km de Salvador (IDH-M de 0,577, ou seja, mais carente que Coração de Maria). A associação foi criada pelo ex-prefeito Lourival dos Santos Silva e se tornou de utilidade pública em dezembro de 2006 graças a um projeto de autoria do deputado João Bonfim (PDT). Os técnicos descobriram que no local da entidade que deveria distribuir medicamentos funcionava uma escola de informática. Ninguém na cidade sabia que poderia retirar remédios naquele lugar. O presidente da Fundação era o filho do assessor do deputado João Bonfim. O ex-prefeito de Contendas do Sincorá foi condenado pelo TCU, em 2009, a devolver aos cofres R$ 293 mil e ao pagamento de multa de R$ 5 mil porque descumpriu um convênio pelo qual a Fundação Nacional de Saúde (Funasa) havia repassado ao município recursos para a reconstrução de 17 casas para evitar a doença de Chagas. Apesar de os valores terem sido sacados, o prefeito não realizou as obras.

Os problemas na prestação de contas de 2007 da Assembleia Legislativa da Bahia eram muitos e, por isso, os auditores sugeriram a aprovação, mas com ressalvas. Eles entenderam que os malfeitos apontados poderiam ser sanados. Os técnicos também recomendaram que as prestações de contas das entidades que receberam recursos públicos fossem encaminhadas à parte, para um julgamento em separado. Provocado, Marcelo Nilo afirmou que a Assembleia "guarda perfeita harmonia com os procedimentos adotados pela Câmara Federal, notadamente no que diz respeito à observância das resoluções expedidas pela Mesa Diretora" e informou que, a partir do exercício de 2008, a celebração de convênios para subvenções sociais nos moldes antigos estavam suspensos.

Mas as explicações não convenceram o procurador Danilo Ferreira Andrade, do Ministério Público de Contas. Para ele, "as supracitadas providências tomadas não apagam o fato de que, no exercício de 2007, tais benefícios eram concedidos aos deputados e funcionários da Assembleia em desacordo com a legislação de regência". Sobre as subvenções a entidades ligadas a parlamentares, o procurador foi contundente: "A auditoria forneceu elementos que sinalizam para a irregular aplicação de verbas públicas recebidas pelas referidas entidades. Há, em outros termos, claros indícios de que os aludidos recursos foram desviados, com possível locupletamento pessoal por parte daqueles que seriam os responsáveis pela gestão da verba recebida mediante convênio, o que, além de caracterizar possível ato de improbidade administrativa, também configura, em tese, crime contra a administração pública."

A prestação de contas de 2008 ainda tramitava pelo TCE em agosto de 2013, mas as de 2009 tinham ao menos o voto do relator, conselheiro Inaldo Araújo, ex-auditor de carreira do próprio TCE. Ele foi indicado para a vaga em maio de 2012 e, em novembro daquele ano, emitiu parecer favorável, com ressalvas, à aprovação das contas de Marcelo Nilo do ano de 2009. Na sabatina realizada na Assembleia Legislativa antes de ser aprovado, os deputados o questionaram sobre uma suposta amizade que ele teria com o presidente do Legislativo. Araújo negou:

– A palavra amizade tem várias conotações. Eu não sou amigo do presidente Marcelo Nilo. Tenho relação de respeito por ele ser um deputado bem votado na Bahia e presidente de um poder. Amizade não tem – declarou.

Os parlamentares da oposição também o questionaram se Marcelo Nilo havia conversado com ele sobre a tramitação das contas da Assembleia, que, na época, estava parada. Mas Inaldo Araújo negou.

– Você conhece Marcelo Nilo para saber que ele não me faria uma pergunta dessa natureza. (Quando tiver o julgamento) farei como tenho feito há quase 12 anos, com minha consciência, com as regras da Constituição e procurando ser justo – respondeu ao deputado Paulo Azi (DEM).

Os auditores do TCE voltaram a apontar irregularidades nas contas da Assembleia. A assessoria técnica chegou a sugerir a desaprovação das contas e o Ministério Público de Contas opinou pela aprovação com ressalvas, com aplicação de multa ao presidente do Legislativo baiano (o valor não estava definido).

Alguns problemas apontados pelos técnicos eram de conhecimento anterior dos conselheiros do TCE e dos próprios deputados: deficiência no controle da concessão e da comprovação das diárias concedidas aos parlamentares, não apresentação de documentos que comprovassem como foi realizada a contratação de pessoal pelo Regime Especial de Direito Administrativo (Reda) e até realização de despesas, no valor de R$ 480 mil, sem cobertura contratual, isto é, dinheiro pago sem que a Assembleia tenha assinado algum contrato para a realização do serviço ou da obra. Os auditores demonstraram que a farra das diárias sem justificativa continuava. Em 2009, a Assembleia Legislativa havia pago R$ 5,843 milhões de diárias para seus deputados, sem comprovação alguma. O Reda havia consumido R$ 14,494 milhões, e as subvenções sociais foram responsáveis por um gasto de mais R$ 2,635 milhões.

Mas o conselheiro Inaldo Araújo não viu nada demais nessas constatações. Ele pontuou que a execução orçamentária da Assembleia naquele ano foi de R$ 285,2 milhões, e o questionamento da auditoria atingia o montante de R$ 25,9 milhões, ou 9,1% do total. "Estou convicto de que os achados referem-se a falhas de natureza formal e de controle que não configuraram dano ao erário ou ao patrimônio público", escreveu Araújo, que negou ser amigo do presidente da Assembleia Legislativa. As contas foram aprovadas com ressalvas. Mas, em agosto de 2013, ainda estavam pendentes de votação a contabilidade dos anos de 2008, 2010, 2011 e 2012. Marcelo Nilo mantinha incólume seu mandato à frente da presidência da Assembleia Legislativa sonhando com o futuro – ser governador da Bahia.

Mas, a julgar pela pesquisa divulgada em julho de 2013 pelo Babesp – ou DataNilo –, o deputado terá de gastar muita sola de sapato e conquistar, em primeiro lugar, apoio entre os políticos, se quiser ser candidato ao governo em 2014. De acordo com o DataNilo, o DEM, do prefeito de Salvador, Antônio Carlos Magalhães Neto, estava na frente na disputa. Se o candidato fosse o próprio ACM Neto ou o ex-governador Paulo Souto, ambos venceriam os adversários com variação entre 24% e 30% na intenção de votos. O presidente do PMDB local, Geddel Vieira Lima, teria entre 17% e 19%. A senadora Lídice da Mata (PSB), que foi prefeita de Salvador, obteria a adesão de 11% ou 12% do eleitorado. Marcelo Nilo, segundo o instituto, seria a opção para 6%, à frente de Rui Costa (PT), que foi lembrado por 3%.

Em agosto de 2013, a pouco mais de um ano das eleições, os números representavam apenas uma tendência.

O QUE DIZ O DEPUTADO

Por meio de sua assessoria, o presidente da Assembleia Legislativa da Bahia disse que "a variação patrimonial se deve à diferença registrada nos preços de imóveis e da terra, pois sou produtor rural. Imóveis mais novos têm preço de mercado muito acima do fixado em unidades semelhantes incorporadas ao meu patrimônio anos atrás. Tudo descrito nas minhas declarações de renda".

Marcelo Nilo disse que possui outras fontes de renda "oriundas da pecuária e da agricultura que se incorporam ao subsídio de deputado estadual que recebo desde 1991. Recentemente passei a auferir ainda rendas oriundas de aluguéis, igualmente presentes em minhas declarações de Imposto de Renda".

O deputado também declarou que a doação do amigo e deputado federal Jutahy Magalhães Júnior (PSDB-BA) na eleição de 2010, embora estivessem em partidos que não eram coligados, se deu porque fizeram dobradinha em diversos municípios, como Antas, Sítio do Quinto, Novo Triunfo, Coronel João Sá, Mucuri e Nova Viçosa.

De acordo com o deputado, o TCE é um órgão autônomo e qualquer interferência seria absurda. "Tive até agora duas contas apreciadas e aprovadas naquela egrégia Casa, que dispõe de total autonomia para fixar seu cronograma de trabalho. Da parte da Assembleia Legislativa, asseguro que todos os documentos e informações foram encaminhados em tempo hábil. Acrescento que a auditoria do TCE já concluiu seus trabalhos sobre as contas de 2012. Coubesse alguma ação de minha parte, seria no sentido de solicitar celeridade na apreciação das contas do Legislativo da Bahia".

O parlamentar informou que mantém o Regime Especial de Direito Administrativo (Reda) "por absoluta necessidade". Para ele, "trata-se de um processo de contratação simplificado que permite o rápido preenchimento de vagas requeridas por novos serviços – notadamente nas áreas de informática, pessoal, contábil e de serviço medico. Estudos estão sendo finalizados para a realização de concurso público ainda em 2013 para preenchimento de vagas em diversas carreiras profissionais".

Marcelo Nilo esclareceu que "foi oficiado ao TCE toda a sistemática de pagamento das diárias aos deputados e espero uma mudança de paradigma naquela Corte de Contas. Friso que cabe ao parlamentar arcar com as despesas de seus acompanhantes de gabinete (motorista e assessores) em todos os deslocamentos e o recolhimento de recibos diversos é difícil. Ademais, lembro que o máximo de diárias permitidas em cada mês é de oito, portanto, não são expressivos os valores praticados. Os pagamentos de diárias só ocorrem quando há solicitação por escrito do interessado".

Sobre o fato de não ter informado em sua declaração de bens de 2010 que possuía um rebanho, o deputado confirmou o erro e alegou que fez uma retificação na declaração do Imposto de Renda daquele ano.

. Casa em Uberaba onde funciona a empresa Ouro Velho Empreendimentos, do deputado Aelton Freitas; . Escritório polítco do deputado Aelton Freitas, em Iturama; *3.* Sitio em Pilar (AL) onde o deputado Arhtur ira realiza vaquejadas: declarado em 2010 por R$ 30 mil;

4. Imóvel na rua Dr. Bruno Rangel Pestana, de 745 m2, adquirido em 2011 pela Aurélio Miguel Promoçõe
Esportivas por R$ 300 mil; *5.* Imóvel comprado em 2006 por Aurélio Miguel, cujo valor venal de referência e
R$ 1 milhão, mas foi adquirido por R$ 650 mil;

6

7

8

6. Casa na rua Padre Eugênio Lopes, adquirida em dezembro de 2009 por Aurélio Miguel: valor abaixo ao venal da prefeitura; *7.* As duas casas na rua Padre Eugênio Lopes são vizinhas; *8.* Casa na avenida Eliseu de Almeida declarada por R$ 400 mil;

9. Posto 500 Tingui, em Campo Grande, no Rio: sociedade do deputado Domingos Brazão com os irmãos; *10.* Apartamento na Barra, de propriedade de Domingos Brazão, pelo qual pagou R$ 120 mil: um ótimo negócio;

11. Predio na Barra da Tijuca onde Domingos Brazão tem um apartamento; *12.* Condomínio Santa Lúcia, onde Brazão tem uma casa com valor declarado de R$ 930 mil; *13.* Prédio onde funciona a Superplan Administração de Bens: investimento de R$ 5,4 milhões, mas declarado à Justiça Eleitoral por apenas R$ 45 mil;

14. Hipódromo onde Genecias realiza corridas de cavalos e vaquejadas em Parambu; *15.* Entrada de Parambu com Posto G ao fundo: inicial do deputado presente em toda a cidade; *16.* Frente da casa do deputado Genecias no centro de Parambu;

17

18

7. Casas recém-pintadas em Parambu, em outubro de 2012, na época das eleições municipais; *18.* Outdoor no
qual o deputado Mecias de Jesus parabeniza o aniversário de Boa Vista;

19. Fachada da Assembléia Legislativa de Roraima: Ministério Público acusa superfaturamento de obras n gestão de Mecias de Jesus; *20.* Edifício em Boa Vista onde o deputado Mecias tem um apartamento;

21

22

1. Fachada do Hotel Nacional, em Rondonópolis: verde é a cor padrão adotada por Wellington Fagundes;
2. Fachada da residência de Wellington Fagundes em Rondonópolis;

23. Fachada da Agroboi, que pertenceu ao pai do deputado Wellington, e é administrada pelo filho do parlamentar
24. TV Cidade, retransmissora da Rede Record em Rondonópolis: propriedade não é assumida pela família
25. Frente da casa do deputado Rigo Teles, em Barra do Corda;

'6. Sacolão em Barra do Corda que leva o nome do pai do deputado Rigo Teles: impessoalidade não existe no ⁄laranhão; *27.* Entrada de uma das fazendas do prefeito de Barra do Corda: riqueza à vista de todos;

28. Casa de barro num loteamento próximo da fazenda do pai do deputado: retrato do que é o Maranhão
29. Posto Alvorada que tem como sócia a sobrinha do deputado.

A praga das taturanas

Arthur Lira

A história de Alagoas é repleta de personagens conhecidos da maioria dos brasileiros pela atuação que tiveram em suas áreas e que, em alguns casos, mudaram os rumos do país. Entre seus conterrâneos estão os dois primeiros presidentes da República do Brasil, Deodoro da Fonseca e Floriano Peixoto; escritores da qualidade de Graciliano Ramos, Jorge de Lima, Lêdo Ivo e do homem que se tornou sinônimo de dicionário, o filólogo Aurélio Buarque de Hollanda; músicos renomados como Djavan e Hermeto Pascoal; e personagens que lutaram pela liberdade, como Zumbi dos Palmares. A história alagoana registra também o que é tido por alguns como um dos primeiros canibalismos que se tem notícia na terra *brazilis*: o do primeiro bispo do Brasil, Dom Pero Fernandes Sardinha, que em 1556, ao voltar da Bahia para Portugal, teve a infelicidade de ver seu navio naufragar na enseada que hoje é conhecida como Pontal do Coruripe – aliás, um dos pontos turísticos mais bonitos do Estado, para azar do bispo, que não pôde desfrutar da beleza do mar nem relaxar na areia. Dom Sardinha teria sido morto e devorado pelos índios caetés. Para vingar a morte do sacerdote, Jerônimo de Albuquerque comandou uma expedição e destruiu os comedores de gente quase completamente. A versão do canibalismo praticado pelos caetés, porém, é contestada por alguns historiadores, que veem na narrativa um pretexto da metrópole para reprimir os índios. Segundo esses estudiosos, não há evidências de que o bispo teria servido de refeição para os caetés. Há quem diga que ele morreu afogado mesmo, servindo de comida para os peixes. Fatos e versões – como na política.

A história de personagens ilustres de Alagoas também é feita por celebridades locais controversas. O próprio Deodoro da Fonseca, após proclamar a República, designou seu irmão, Pedro Paulino da Fonseca, para governar o novo Estado, num típico caso de nepotismo, prática escrachada desde a Colônia e que ainda tem seus adeptos nos tempos atuais. Fernando Collor de Mello (PTB), embora nascido no Rio de Janeiro, é lembrado por suas atividades alagoanas. Ele fez carreira política no Estado, onde foi nomeado prefeito de Maceió (1979-1982), eleito deputado federal (1982-1986), governador (1987-1989) e primeiro presidente da República depois do regime militar, sendo, também, o primeiro presidente a sofrer um processo de impeachment. Depois de um tempo no ostracismo, voltou triunfante, eleito senador (2007-2014). Há, ainda, para ficar apenas no mundo político, o atual presidente do Senado e do Congresso, Renan Calheiros (PMDB), que foi ministro da Justiça na gestão de Fernando Henrique Cardoso (PSDB). Renan renunciou ao cargo de presidente do Senado em 2007, após ser acusado de corrupção – uma das denúncias afirmava que ele se valia de um lobista para pagar a pensão da ex-jornalista Monica Veloso, com quem teve uma filha fora do casamento. Renan, que sabe manejar a arte da política como poucos – como José Sarney (PMDB-AP) e Romero Jucá (PMDB-RR), por exemplo –, soube calar no tempo das tormentas, falar ao pé do ouvido quando a tempestade passou, e depois usufruir da bonança, quando voltou a ser eleito por seus pares para novo mandato à frente do comando do Congresso Nacional.

Na política alagoana há também um ex-governador que, conta o diz-que-diz na boca do povo, apanhava de toalha molhada da mulher, para não ficar com as marcas; um deputado que tinha taras transexuais; e a ex-mulher de um senador que fazia questão de manter relações com vários homens – não se sabe ao certo se um de cada vez ou mais de um ao mesmo tempo – como forma de deixar no ex-companheiro a coroa dos cornos, embora ele já fosse casado com outra e tudo o que queria era que ela o esquecesse. Mas isso é do folclore político local, presente em todos os Estados brasileiros.

O que passa das versões aos fatos são ações desencadeadas por outros filhos ilustres das terras alagoanas, mas desconhecidos dos brasileiros em geral. São nomes como Antonio Albuquerque (PTdoB), Cícero Amélio (PMN), Manoel Gomes de Barros Filho (PSD), Cícero Ferro (PMN), Celso Luiz Tenório Brandão (PMDB), Arthur Cesar Pereira de Lira (PP) e por aí vai. Em comum: todos são ou foram deputados estaduais e foram denunciados em uma operação da Polícia Federal conhecida como Taturana, aquela lagarta que come as folhas pelas beiradas até não sobrar mais nada da planta. Mas esses políticos não comiam plantas, não. A folha da qual eles enchiam o bucho e o de suas famílias era a folha salarial da Assembleia Legislativa. Outro fato em comum: todos são acusados de movimentar milhões que, claro, não lhes pertenciam, mas que passaram a pôr nos bolsos, sem que ninguém saiba em quais bolsos está o dinheiro atualmente.

A política alagoana é repleta de idiossincrasias. A violência é uma delas. Um dos seus personagens históricos nascido em Alagoas foi Natalício Tenório Cavalcante de Albuquerque, ou simplesmente Tenório Cavalcante, vivenciado no cinema pelo ator José Wilker, numa atuação que lembra outros personagens nordestinos interpretados pelo mesmo ator. Nascido em Quebrangulo, no sertão alagoano, o "Homem da Capa Preta", como ficou conhecido, mudou-se para Duque de Caxias, no Rio de Janeiro, na década de 1920 e fez sua carreira política por lá. Sem cerimônia, mandava matar seus desafetos e andava pelas ruas da cidade com uma metralhadora a tiracolo, apelidada carinhosamente de Lourdinha. Quando um delegado enviado por Getúlio Vargas para atender aos reclamos da parte mais abastada do município quis lhe impedir o domínio em Duque de Caxias, Tenório não teve dúvidas: mandou metralhá-lo, o que gerou um problema político, já que, na época, Tenório era deputado. Cercado pela polícia, o alagoano valeu-se de suas amizades e influências políticas, como o ex-presidente da Câmara, Nereu Ramos, o ex-ministro da Fazenda, Oswaldo Aranha, e o então deputado e futuro senador Afonso Arinos de Melo Franco. Escapou sem ser preso. Em 1962, depois de acusar o então presidente do Banco do Brasil de desvio de verbas, enfrentou a ira do então deputado federal Antônio Carlos Magalhães. Tomando da palavra, conta a história, ACM saiu-se em defesa do executivo, de quem era conterrâneo, e ainda chamou Tenório Cavalcante de ladrão. Pra quê!?! Da tribuna, o "Homem da Capa Preta" sacou a arma e mirou no desafeto. ACM, segundo relatos, teria voltado atrás, e Tenório lhe teria poupado a vida. Em 1964, com o golpe militar, foi a vez de ACM se vingar, indicando o nome de Tenório Cavalcante para ser cassado. Ele perdeu seus direitos políticos e nunca mais voltou à vida pública.

Nas Alagoas de agora, a violência ainda é o cartão de visitas de muitos e a forma como se obtém votos e se conserva no poder. Pela Assembleia Legislativa do Estado, desfilam ou desfilaram autoridades acusadas de vários homicídios, entre eles seu atual vice-presidente, Antonio Cavalcante, e seus colegas Cícero Ferro (PMN), João Beltrão (PRTB) e o deputado federal Francisco Tenório (PMN), que frequentava a Câmara dos Deputados com uma tornozeleira eletrônica. Cavalcante, Beltrão e Tenório são acusados de serem os autores intelectuais do assassinato do ex-cabo da PM José Gonçalves da Silva Filho, em 1996. Ele levou 21 tiros enquanto abastecia o carro num posto em Maceió. O crime ficou esquecido nas gavetas até que, em 2008, a Polícia Federal entrou em ação e prendeu o ex-tenente-coronel Manoel Cavalcante como um dos mentores do crime. Por meio de delação premiada, ele apontou os parlamentares como os mandantes do crime. O motivo foi bizarro, segundo o juiz Maurício Breda: o ex-cabo havia se recusado a matar uma pessoa a mando de Beltrão. A desobediência acabou lhe custando a vida. Mesmo assim, a morosidade da Justiça e as amizades dos deputados lhe permitiram continuar onde estão: em liberdade, fazendo leis para os outros cumprirem e influenciando os rumos de Alagoas e do Brasil.

A disputa por um cargo na Assembleia Legislativa do Estado pode ser um caso de vida ou morte – mais para morte. O ex-deputado Cícero Ferro, por exemplo, foi acusado em 2012 de tramar a morte de dois colegas para conseguir voltar ao poder. As vítimas seriam Maurício Tavares (PTB) e Dudu Holanda (PSD), dos quais ele era suplente. O plano foi descoberto pela Polícia Civil de Alagoas, mas Ferro negou que pretendesse eliminar os amigos com o objetivo de voltar a desfrutar das benesses do poder. "É tudo uma arrumação", afirmou ao jornal *Extra Alagoas*. O ex-deputado é acusado de vários crimes no Estado, entre eles, o de mandar matar o primo, Jacó Ferro, e o vereador de Delmiro Gouveia, Fernando Aldo. Ele próprio foi vítima de um atentado, no qual levou oito tiros, mas sobreviveu para ver Jacó morto.

Em 2012, outro crime que ganhou repercussão nacional finalmente chegou a um veredicto. Depois de 14 anos de impunidade, o suplente a deputado federal Pedro Talvane Albuquerque foi condenado pela morte da deputada Ceci Cunha. Ela foi morta no dia de sua diplomação, a mando de Talvane, para que ele pudesse assumir o cargo. Além de Ceci, foram assassinados o marido dela, Juvenal Cunha da Silva, o cunhado, Iran Carlos Maranhão Pureza, e a mãe dele, Ítala Neyde de Maranhão.

TATURANAS

Quando não estão se matando ou matutando a morte de algum inimigo, alguns dos parlamentares alagoanos estão unidos em torno do bem comum – o deles. De acordo com o Tribunal Regional Federal (TRF) da 5ª Região, deputados, servidores, funcionários de bancos, da Receita Federal e até mesmo da Justiça local, entre eles um juiz, arquitetaram um plano que os tornaria milionários. Eles contraíam empréstimos bancários e quem pagava por isso era a própria Assembleia Legislativa por meio das verbas de gabinetes dos parlamentares – dinheiro que deveria ser utilizado para gastos com combustível, correios, hospedagem, alimentação e telefonia, por exemplo. Em outra investida, os deputados inchavam a folha de pagamentos da Assembleia com funcionários fantasmas – a maioria parentes – ou laranjas. O salário e o desconto para a Receita Federal eram informados a mais. O Departamento de Recursos Humanos, então, informava ao Fisco que esses funcionários teriam pagado Imposto de Renda a mais no exercício e, com isso, no ano seguinte, obtinham uma boa restituição – os deputados também se valiam da mesma artimanha. Até parente de juiz entrou na "boquinha". Graças à atuação da equipe do superintendente da Polícia Federal em Alagoas, José Pinto Luna, também veio à tona uma sigla pequena, mas grande em numerário: GAP (Gratificação de Apoio Parlamentar), que consistia no pagamento individual e mensal de R$ 50 mil a deputados e até mesmo a ex-parlamentares. Esse mimo foi criado pela Mesa Diretora da Assembleia, sob presidência de Antônio Albuquerque.

Em dezembro de 2007, a Polícia Federal, depois de um ano e meio de investigação, deflagrou a Operação Taturana. Com 79 mandados de busca e apreensão e de prisão, os 370 policiais que participaram da ação detiveram parlamentares e várias pessoas vinculadas ao esquema. Parecia que a casa tinha caído para aqueles que se alimentavam dos recursos públicos. A Justiça decretou a detenção de deputados e os ameaçou com a perda de mandato. Mas o estrago foi apenas momentâneo. Mesmo depois da repercussão do episódio, a maioria das taturanas flagradas com a boca na folha salarial alheia continuou por cima da plantação.

O processo que tramita na Justiça, no entanto, é bem detalhista sobre a participação de cada lagarta. Traz nomes, fantasmas, laranjas, valores. Tem ainda trechos de interceptações telefônicas autorizadas pela Justiça. Diz um trecho da ação a cargo da desembargadora convocada, Amanda Lucena: "A Receita Federal do Brasil, de posse do relatório do Banco Central, analisou a concessão de empréstimos consignados em nome de 149 supostos servidores da Assembleia Legislativa de Alagoas e concluiu pela regularidade nos contratos de apenas 18 pessoas, além de haver constatado que, dos casos analisados, apenas 55 pessoas constavam como servidores da

Assembleia Legislativa na Declaração de Imposto de Renda Pessoa Física informada e, mesmo assim, havia gritante incompatibilidade entre os salários reportados junto à Receita Federal e os declarados no banco Sudameris."

A lista de crimes na qual os deputados e afins incorreram também é grande: estelionato qualificado, peculato, falsidade, formação de quadrilha, crime de advocacia administrativa, lavagem de ativos, obtenção fraudulenta de financiamento perante instituição financeira e crime contra a ordem tributária. De acordo com o levantamento da Polícia Federal, os crimes teriam ocorrido entre 2001 e 2006, gerando um prejuízo de R$ 2,5 milhões para a Receita Federal e de R$ 200 milhões para a Assembleia Legislativa – somente entre 2006 e 2007, houve um aumento de 206% no gasto com pessoal, passando de R$ 25 milhões para R$ 78 milhões. Fantasmas com fome de dinheiro.

Todo o esquema, segundo a denúncia, tinha como "dirigente maior da estrutura criminosa" o então presidente da Assembleia Legislativa, Antônio Albuquerque. Ele montou um laranjal do qual faziam parte seus familiares, assessores e funcionários de sua fazenda, num total de oito pessoas. Conselho de Controle de Atividades Financeiras (Coaf) identificou, por exemplo, que somente em duas transações foram depositados em dinheiro vivo na conta do parlamentar R$ 206 mil – R$ 106 mil em 3 de maio de 2006 e mais R$ 100 mil em 20 de julho de 2006. Numa gravação, Antônio Albuquerque pede à sua assessora, de nome Daniela, que pegue R$ 75 mil em dinheiro, coloque em uma bolsa, e entregue a ele. Mas a soma que teria sido movimentada por ele é bem maior. Relatórios do Banco Central, Coaf e Receita Federal indicam que por suas mãos passaram R$ 8,9 milhões, entre 2003 e 2006 – R$ 12,674 milhões atualizados até julho de 2013 pelo Índice Nacional de Preços ao Consumidor (IPCA). Em 2012, sua declaração de bens no Tribunal Regional Eleitoral (TRE) informava que seu patrimônio era de R$ 1,495 milhão. Chama a atenção, por exemplo, o fato de ele ter declarado o mesmo valor para seu rebanho – R$ 173 mil – em 2006 e 2010, embora, naquele ano, ele contasse com 1.764 cabeças e, na última eleição, com 2.100.

Cícero Amélio, que depois do escândalo tornou-se primeiro secretário da Mesa Diretora da Assembleia Legislativa, também comeu bem pelas beiradas, de acordo com o processo que tramita no TRF da 5ª Região. Por suas contas passaram, somente em 2003, R$ 2,174 milhões – equivalentes a R$ 3,632 milhões em julho de 2013, de acordo com o IPCA. Naquele ano, informou o Ministério Público, seus rendimentos declarados haviam sido de apenas R$ 63 mil, "devendo-se ainda salientar que ele não possui quaisquer bens declarados em seu nome, embora no Renavam (Registro Nacional de Veículos Automotores) se tenha identificado alguns veículos a ele atribuídos", destaca uma parte da ação. A declaração de bens dele, em 2006, tinha um único item: um veículo Nissam XTerra ano de 2004, avaliado em R$ 110 mil. A influência de Cícero Amélio na Assembleia era tão grande que ele teria mandado incluir na folha de pagamento alguns fantasmas. Segundo a denúncia do Ministério Público, "Cícero Amélio ainda determina a inclusão de terceiros na folha de pagamentos, sendo que, coincidentemente, esse terceiro trata-se do cunhado do desembargador convocado do Tribunal de Justiça de Alagoas, James Magalhães, o que representa possível troca de favores entre membros dos poderes constituídos do Estado".

Numa interceptação telefônica ocorrida em 24 de outubro de 2007, James Magalhães pergunta ao deputado: "Cadê aquele negócio do meu cunhado (emprego na Assembleia)?". E Cícero Amélio responde: "Eu entreguei (a documentação do cunhado de James) ao Roberto (Menezes, diretor de Recursos Humanos da Assembleia) para fazer (incluir na folha de pagamento)". Mais à frente, o desembargador insiste: "Pergunta se pode garantir". E o parlamentar: "Tranquilo. Pode garantir".

Cícero tem costas largas e um bom trânsito no mundo jurídico de Alagoas. É cunhado, por exemplo, do desembargador estadual Orlando Manso, ex-presidente do Tribunal de Justiça do Estado. O relatório do Ministério Público afirma que "a investigação demonstra que, como é próprio de uma verdadeira Organização Criminosa, o grupo em foco mantém uma penetração nos poderes constituídos do Estado, junto a membros do Ministério Público Estadual, Tribunal de Justiça e Polícia Federal."

O ex-presidente da Assembleia Celso Luiz Tenório Brandão também se deu bem com o esquema. Ele era o principal mandatário da instituição quando foi firmado um dos primeiros contratos de empréstimo consignado com o banco Sudameris. De acordo com as investigações, ele mantinha nove laranjas para distribuir seus recursos. Quatro desses laranjas, da mesma família, teriam movimentado R$ 8 milhões entre 2004 e 2005 – ou R$ 11,763 milhões em julho de 2013. Nenhum deles tinha qualquer rendimento declarado. Apesar de todo esse dinheiro, a declaração de bens de Celso Luiz entregue à Justiça Eleitoral em 2012 registrava um patrimônio de apenas R$ 254 mil. Na ocasião, ele concorreu a mais um mandato na Prefeitura de Canapi, no sertão alagoano, terra que ficou conhecida pelo domínio da família Malta, da ex-primeira-dama do Brasil Rosane Collor.

Esses três personagens, apesar das contundentes denúncias, continuam na ativa. Antônio Albuquerque era, em julho de 2013, vice-presidente da Assembleia Legislativa e havia emplacado a própria irmã, Rosa Albuquerque, como conselheira do Tribunal de Contas do Estado (TCE), que, teoricamente, tem como função apurar desvios de recursos e malversação de verbas públicas. A indicação de Rosa se deu em 2007, depois da Operação Taturana já ser de conhecimento público em Alagoas. No mesmo ano, o deputado Cícero Amélio, que figurava como um dos beneficiários da praga das taturanas, também conseguiu sua cadeira vitalícia no TCE e, em dezembro de 2012, tornou-se presidente da instituição. Ex-presidente da Assembleia na época dos empréstimos, Celso Luiz conseguiu emplacar sua mulher, Cláudia Brandão, para outra vaga no TCE, em 2008. Em dezembro de 2012, Cláudia foi eleita pelos colegas para ser a corregedora do órgão.

DE PAI PARA FILHO

Arthur Lira não tem o mesmo poder local que esses notáveis amigos. Mas tem um pai que sempre está disposto a ajudá-lo e conhece muito bem como funciona a política de seu Estado. Trata-se de Benedito de Lira, eleito senador em 2010 e conhecido no Estado como Biu. O mote que o levou ao tapete azul do Senado foi o forró. Na propaganda política, seu marqueteiro criou um personagem em desenho animado que caiu no gosto popular e que se contrapunha à estridente Heloisa Helena (PSOL), então vereadora em Maceió e que tentava voltar ao salão que a tornou conhecida nacionalmente graças à sua verborragia que atacava tudo e todos. Nos comícios que frequentou, Biu sempre terminava dançando forró, uma forma de dizer que ele era um homem simples, do povo. "O Biu é diferente. A única coisa que se pode falar do Biu é que a dança dele não é lá essas coisas", dizia o locutor no horário eleitoral gratuito, enquanto na TV um homem franzino de bigode se sacolejava de um lado para o outro. "Mas que ele está praticando, ah, isso ele está", concluía a propaganda.

A mesma peça publicitária informava que ele havia sido responsável por levar para Alagoas mais de 23 mil casas populares, e "conseguiu recursos para hospitais, postos de saúde e ambulâncias". De ambulâncias, desconfiava-se, ele parecia entender. Benedito de Lira chegou a ser investigado no escândalo das sanguessugas, no qual parlamentares faziam emendas para destinar ambulâncias ou equipamentos médicos para municípios, beneficiando o empresário Luiz Antonio Vedoin. Os parlamentares, claro, recebiam uma gratificação pela indicação. Foi o escândalo que envolveu o maior número de deputados e senadores: 72 no total. Mas ninguém foi cassado por causa disso.

Benedito de Lira foi citado como um dos parlamentares que receberam recursos do esquema pela ex-servidora do Ministério da Saúde Maria da Penha Lino, apontada como braço da quadrilha no Executivo. A Planam, a empresa de Vedoin, dispunha da senha dele para acompanhar o andamento das emendas ao Orçamento. Ele negou qualquer irregularidade e disse que Maria da Penha havia se referido apenas a um Benedito, sem especificar quem. Benedito chegou a ser indicado por seu partido para participar da Comissão Parlamentar de Inquérito (CPI) que investigou os sanguessugas, mas acabou pedindo para sair. No final, foi inocentado por seus pares.

Benedito de Lira é um político experimentado. Aliás, não seria exagero dizer que é um profissional. Ele nasceu em 1942 e desde os 24 anos está na ativa – nunca perdeu um mandato para o Legislativo. Sua carreira começou como vereador da pequena cidade de Junqueiro, onde nasceu. Depois, foi vereador por dois mandatos em Maceió pelo Arena – o partido da sustentação da Ditadura Militar –, na sequência, deputado estadual por três mandatos e, em seguida, federal, por mais três mandatos, até tornar-se senador. O sonho agora é chegar ao governo do Estado. Em 1998, ele tentou alcançar o Executivo, concorrendo pelo então PFL como vice na chapa de Manoel Gomes de Barros (PTB). Acabaram perdendo a disputa para Ronaldo Lessa (PSB), que levou no primeiro turno e foi reeleito em 2002, mas perdeu para Teotônio Vilela (PSDB) em 2010, ao tentar voltar ao comando do governo. Em 2012, Lessa foi considerado ficha-suja e nem conseguiu chegar ao fim da campanha.

Benedito, segundo suas declarações de bens, não ostenta um patrimônio muito grande. Pelo contrário. A cada eleição, publicamente, a soma de seus bens diminui. Em 2002, somava R$ 810,3 mil; em 2006, eram R$ 578,8 mil e, em 2010, R$ 551,9 mil. A documentação entregue por ele em 2002 ao TRE demonstra que, em 2001, de acordo com seu Imposto de Renda Pessoa Física (IRPF), ele teve três fontes de renda do poder público. Naquele ano, seus rendimentos somaram R$ 159,4 mil brutos e foram pagos, segundo declarou, pela Secretaria da Fazenda do Estado, a Assembleia Legislativa e a Prefeitura de Maceió. Além de algumas propriedades rurais, ele informou que possuía um rebanho com 850 cabeças de gado, avaliadas em R$ 170 mil. Já em 2006, o gado havia sido reduzido a 300 cabeças. Ainda de acordo com sua declaração, ele morava num apartamento em Ponta Verde, bairro nobre de Maceió, a uma quadra da praia. Mas esse apartamento não constava como sua propriedade na declaração entregue ao TRE. A maioria dos imóveis informados em 2002 continuava sob seu domínio em 2006, e ele também declarou que possuía contas bancárias que, somadas, representavam pouco mais de R$ 40 mil. O total de todos os bens informado era de R$ 578,8 mil. Em

2010, o patrimônio caiu para R$ 551,9 mil, mas o então candidato a senador havia alterado o perfil de sua relação de bens. Deixou o interior e passou para o litoral, adquirindo quatro lotes em Barra de São Miguel, a 30km ao sul de Maceió, onde o senador Renan Calheiros e outros endinheirados têm casas. O bem mais caro declarado era uma fazenda no município de Quipapa, em Pernambuco, com uma participação de R$ 300 mil. Terrenos no bairro de Serraria, em Maceió, e outras propriedades rurais sumiram de seu nome. Ele não declarou, porém, a sociedade que mantinha com o filho, Arthur Lira, na D'Lira Agropecuária e Eventos, empresa criada em 22 de outubro de 2007 e que tinha uma atividade muito diversificada, segundo a Receita Federal: consultoria em gestão empresarial, artes cênicas e apoio à pecuária. A empresa funcionava num prédio em Pajuçara, de frente para o mar, e foi constituída dois meses antes da Operação Taturana da Polícia Federal. Por causa dessa ação, os bens de Arthur, de Benedito e da própria D'Lira chegaram a ser bloqueados pela Justiça que, meses depois, revogou a decisão apenas para que a D'Lira pudesse movimentar a conta bancária para pagar os funcionários e fornecedores.

Ao contrário do pai, Arthur Lira é um homem de posses. Muitas posses. E, a julgar por sua declaração de bens entregue à Justiça Eleitoral, faz multiplicar os bens à medida que se somam processos na Justiça e acusações de enriquecimento ilícito e agressão. Desde que entrou para a política, em 1993, quando concorreu à Câmara Municipal de Maceió, o filho do senador só fez engordar seu patrimônio. Em 1996, quando terminou seu primeiro mandato eletivo, a soma de tudo o que possuía, segundo cópia de seu Imposto de Renda, era de R$ 79 mil. Em 1998, quando postulou uma vaga na Assembleia Legislativa, os bens atingiam R$ 131,8 mil. Na eleição seguinte para deputado estadual, em 2002, tinha R$ 100 mil a mais e, em 2006, quando concorreu à terceira reeleição para deputado estadual, o patrimônio já somava R$ 695,9 mil. Mas o grande salto ocorreu em 2010, quando seus bens ultrapassaram o valor de R$ 2 milhões. Tudo isso, a julgar pelo documento oficial que entregou ao

TRE, sem ter nenhuma empresa registrada em seu nome até aquele ano – ele deixou de informar a D'Lira Agropecuária e Eventos, por exemplo.

De 2006 a 2010 a descrição de seus bens mudou totalmente. Enquanto em 2006 ele tinha 240 cabeças de gado, aplicação de R$ 20,6 mil no Bank Boston, apartamento do edifício Alfredo Volpi, em Maceió, e uma casa no bairro de Serraria, também na capital alagoana, na eleição seguinte tudo isso se modificou. Em 2010, nenhum desses bens constava mais da declaração dele. Outros 11 itens apareceram, incluindo a fazenda Taguari, em Quipapá, Pernambuco – mesmo local onde seu pai possui uma propriedade –, avaliada em R$ 1,2 milhão, mais um terreno em Maceió que foi declarado por R$ 508 mil, e um sítio, denominado Nicodemos, em Pilar, a 35km de Maceió. Essa propriedade abriga o parque Arthur Filho, que promove vaquejadas e shows – em dezembro de 2012, entre os artistas que eram atração do local, destacava-se Aviões do Forró. A propriedade chama a atenção pelo tamanho, mas, segundo o deputado declarou à Justiça Eleitoral, o terreno está avaliado em apenas R$ 30,1 mil. Foi uma multiplicação de valores. O deputado também gosta de cavalos. Em 7 de dezembro de 2012 ele adquiriu o macho New Rick Toro, por R$ 78 mil. Mas o patrimônio milionário de Arthur não se limita a esses bens. Na declaração de 2010 ele deixou de informar à Justiça Eleitoral que era proprietário de um apartamento no edifício Dom Miguel de Cervantes, em Jatiúca. O imóvel tem quatro quartos, sendo duas suítes e uma área privativa de 190,58 metros quadrados, de acordo com certidão do 1º Registro de Imóveis e Hipotecas de Maceió. Em 3 de fevereiro de 2009, a Justiça determinou a indisponibilidade do imóvel. E assim continuava até agosto de 2013.

Arthur é guiado pelo pai. Graças aos contatos de Benedito, o filho sobe com mais facilidade os degraus do poder. Quando era deputado estadual, tornou-se primeiro-secretário da Assembleia Legislativa, função que cuida da administração da Casa. Uma vez deputado federal, embora estivesse em primeiro mandato em Brasília, foi eleito líder do PP – um salto e tanto para quem estreava na capital federal. Como líder de uma legenda que integra a base aliada, ele participa de reuniões com a presidente Dilma Rousseff, negocia liberações de emendas para si e para os seus com a ministra de Relações Institucionais, Ideli Salvatti, e coordena uma bancada de 37 deputados. Arthur chegou a esse posto com um empurrãozinho de Benedito, senador discreto, que praticamente não discursa em plenário, mas que sabe muito bem como fazer boas negociações para si e para os seus. Em outubro de 2013, Arthur deixou a liderança do partido na Câmara. Foi substituído por Eduardo da Fonte (PE)

Quem vê Arthur Lira correndo de uma reunião para outra na Câmara, dando palpites sobre a reforma política e outros assuntos de interesse da nação, não imagina que ele responde a vários processos – um deles por infringir a Lei Maria da Penha porque agrediu sua ex-mulher Jullyene Cristine Lins Rocha, e outro por agressão contra um oficial de Justiça que foi lhe entregar a notificação. Ele escapou de ser condenado neste processo graças à morosidade da Justiça. Em 27 de setembro de 2012, o ministro Luiz Fux, do Supremo Tribunal Federal (STF), acatou sugestão do Ministério Público que opinou pelo arquivamento porque o crime de desacato, que teria ocorrido em 11 de março de 2008, estabelece uma pena de dois anos de detenção. Mas o prazo prescricional é de quatro anos. Como até 10 de março de 2012 a Justiça não havia se pronunciado, Arthur Lira safou-se dessa, mas ainda tramitava em setembro de 2013 a ação por agressão contra sua ex-mulher. O processo corre em segredo de Justiça. Arthur escapou de ser preso pela agressão ao oficial de Justiça porque os deputados estaduais amigos impediram que fosse cumprido o mandado de prisão expedido contra ele pelo desembargador Orlando Manso. Por unanimidade, a Assembleia Legislativa votou pela revogação da decisão do magistrado. Orlando Manso não se conformou e escreveu em seu despacho: "A prerrogativa de imunidade parlamentar não é sinônimo de impunidade, bem como ninguém, no estado democrático de direito, mesmo encoberto pelo manto da imunidade parlamentar, está acima da lei. Basta! Chega!"

Arthur parece ser um homem de pavio curto, embora seja fonte de vários jornalistas de Brasília, que o têm como um homem cordial e atencioso.

Na função de primeiro-secretário da Assembleia Legislativa de Alagoas, Arthur movimentou irregularmente, segundo o Ministério Público, R$ 13,1 milhões entre 2001 e 2006 – ou R$ 18,7 milhões em julho de 2013, atualizados pelo IPCA. O processo que trata da Operação Taturana tem um capítulo dedicado a ele. Segundo constatou a investigação, o filho de Benedito de Lira utilizava três servidores como laranjas. Diz um trecho da denúncia: "Arthur Lira é ex-primeiro secretário da Mesa Diretora da ALE/AL e foi beneficiado com os esquemas de manipulação da folha de pagamento e descontos indevidos de cheques da ALE/AL, bem como na obtenção fraudulenta de empréstimos bancários consignados".

Como explicado anteriormente, o esquema dos Taturanas consistia na obtenção de empréstimos pelos deputados junto aos bancos Bradesco, Rural e Sudameris, por exemplo. No entanto, o pagamento não saía do bolso deles, mas das verbas de gabinete – ou seja, da própria Assembleia Legislativa. É elucidativa a descrição da participação do então primeiro-secretário no esquema: "De seu turno, o mencionado parlamentar se notabilizou pela retirada de empréstimo consignado junto ao Banco Bradesco, sendo que o ônus das parcelas foi suportado pela verba de gabinete paga pela ALE/AL. Em um dos casos verificados em face de interceptações telefônicas, autorizadas judicialmente, Arthur Lira apresentou falso comprovante de renda da ALE/AL no valor de R$ 35 mil – enquanto se sabe que o salário de um deputado estadual alagoano é de aproximadamente R$ 8 mil – para retirada de um empréstimo de R$ 230 mil, sendo tal empréstimo completamente irregular, pois não houve respeito ao valor legal de prestação de, no máximo, 30% sobre o salário auferido. Resultado: apropriação de recursos utilizando a verba de gabinete, o que é pressentido diante do número de parcelas para quitação do empréstimo: 10 parcelas de R$ 26.492,53."

Em um trecho de gravação realizada com autorização judicial, e transcrita no relatório da Polícia Federal, Arthur Lira deixa claro que, durante sua gestão como primeiro-secretário, foram feitos mais de 200 empréstimos consignados fraudulentos. Informa o documento da PF: "Arthur Lira reclama pela demora de liberação do empréstimo, comenta que já fez muito pelo Bradesco, comenta que 'só vale de Antônio Albuquerque pra frente'. Eliane diz que vai esperar resposta de Renan. Arthur Lira diz que até ontem não precisava de Renan. Eliane diz que é a primeira operação no modelo de Arthur, que não saiu nenhuma operação nesse modelo. Arthur Lira diz que saiu 200 (sic) na gestão dele. Eliane diz que era diferente, que o modelo era diferente, que não era esse modelo, que ele sabe, pois acompanhou tudo. Arthur completa: 'acompanhei mesmo, de pertinho', que pegou R$ 60 mil em 36 meses, para pagar 4, se for assim pega em qualquer *factoring*, inclusive na dele. Eliane diz que vai esperar um pouco pela resposta do Renan." O Renan citado na gravação não é o Calheiros, presidente do Senado, mas Renan Mascarenhas, que era superintendente de gestão pública do Banco Bradesco, em São Paulo, e teria autorizado a celebração dos contratos. Ele foi absolvido por falta de provas de que tivesse se beneficiado do esquema. Maria Eliane Lima, também funcionária do Bradesco, foi denunciada por gestão temerária pelo Ministério Público ao conceder empréstimos a clientes que não tinham renda nem bens suficientes e com um histórico de restrição cadastral.

Os parlamentares também descontavam cheques de forma irregular. O Ministério Público descreve da seguinte maneira esse jeitinho do deputado Arthur Lira e seus asseclas: "No que concerne ao referido desconto de cheques, constam dos autos, em especial de relatório elaborado pelo Coaf, que os principais assessores de Arthur Lira, os senhores Eudásio Gomes da Silva e George Melo de Araújo Loureiro, cediam suas contas correntes para que, por meio delas, transitassem recursos destinados ao deputado, razão pela qual a movimentação financeira desses assessores foi constatada como altíssima, completamente incompatível com as suas capacidades financeiras".

A movimentação, realmente, era grande. Eudásio, segundo as investigações, movimentou em sua conta corrente, em 2004, R$ 2,922 milhões e, entre fevereiro e novembro de 2006, mais R$ 1,476 milhão. Eudásio também sacou da conta de George R$ 212 mil, em 28 de dezembro de 2005 – um Natal gordo, sem dúvida. Apesar de todas essas transações milionárias, Eudásio praticamente não tinha bens. Em 2010, quando se candidatou a deputado estadual, seu patrimônio informado à Justiça Eleitoral era de R$ 103 mil – em seu nome constava somente um veículo e um imóvel.

George, aponta o Ministério Público, também teve uma movimentação financeira totalmente incompatível com sua renda. Os promotores não têm dúvida: "George Melo seria, igualmente, responsável pela movimentação financeira ilícita de Arthur Lira, constando do relatório do Coaf que George Melo sacou em espécie a quantia de R$ 100 mil em 2 de agosto de 2005, e que sua movimentação financeira entre novembro de 2003 e fevereiro de 2005 foi de R$ 6,428 milhões – R$ 9,873 milhões em julho de 2013.

A conclusão dos promotores é clara sobre a participação de Arthur Lira no esquema dos Taturanas: "Em face de seu envolvimento com as ilicitudes em tela, constatou-se que concerne a Arthur Lira elevada movimentação financeira entre 2001 e 2006, no montante de R$ 13,168 milhões (R$ 18,752 milhões em julho de 2013), completamente incompatível com os rendimentos declarados junto à Receita Federal do Brasil, levando-se à ilação de que os recursos, provavelmente, foram provenientes da pilhagem aos cofres públicos. Entre os bens declarados constam imóveis no valor total de pouco mais de R$ 2,5 milhões e alguns veículos".

Apesar de ter sido acusado de ter agredido sua ex-mulher, ele teria utilizado o nome dela como uma das laranjas no esquema. É o que se apreende numa interceptação telefônica entre Djair Marcelino da Silva, assessor parlamentar do deputado e o próprio parlamentar. Jullyene teria ameaçado contar tudo à Polícia Federal, caso sua casa fosse alvo de buscas e apreensão. A transcrição do diálogo está assim no processo: "Deputado Arthur Lira liga para Djair questionando onde esse estaria. Djair responde que está passando pela Ponta Verde (bairro nobre de Maceió) e indo para o Banco Rural pegar uma documentação para o deputado Arthur Lira assinar. Deputado Arthur Lira pede para Djair pegar outro documento de saque e outro de transferência. Djair (alternando o tom de voz) menciona: 'outra coisa, viu. Anote aí. Tá registrado em meu telefone, viu? Jullyene ligou para mim e ameaçou você e a mim.' Arthur Lira: 'Por quê?' Djair: 'Ela disse: vocês vão se arrepender. Quando diz isso é uma ameaça, ou não?' Arthur Lira: 'O que que eu posso fazer? Foi? Comunica isso aí, né?' Djair: 'É que pra gente ter isso aí como um ponto. Ela disse que ia se arrepender, que ela ia amanhecer com a polícia na porta da casa dela e blá blá blá, e que ia colocar a boca no trombone e vire-e-mexe e pronto.' É que é pra gente ficar prevenido. Arthur Lira: 'Por que você não disse: dona Jullyene, é só pegar o passaporte de maneira amigável.'"

Em depoimento à Polícia Federal, Jullyene confessou que foi nomeada funcionária fantasma da Assembleia Legislativa quando era casada com o deputado. Em pouco tempo, seu salário passou de R$ 2 mil para R$ 4 mil. Mesmo após a separação, ela continuou recebendo. Em seu depoimento, a ex-mulher de Arthur Lira disse que ele possuía cinco fazendas em Pernambuco e outras duas em Alagoas, todas registradas em nome de laranjas. A Polícia desconfiava que algumas dessas propriedades estariam em nome do deputado estadual Joãozinho Pereira (PSDB) ou do ex-prefeito de Junqueiro João José Pereira, primo e tio de Arthur respectivamente.

Em 4 de setembro de 2012, uma força-tarefa que envolveu os juízes Alexandre Machado de Oliveira, André Avancini D'Ávila, Carlos Aley Santos de Melo e Gustavo Souza Lima aceitaram a denúncia do Ministério Público contra Arthur Lira, Manoel Gomes de Barros, Paulo Fernando dos Santos, Maria José Pereira Viana, Celso Luiz Tenório Brandão, João Beltrão Siqueira, Cícero Amélio da Silva, José Adalberto Cavalcante Silva, José Cícero Soares de Almeida e o Banco Rural. Além disso, também foi aceita a denúncia contra Antonio Ribeiro Albuquerque, Isnaldo Bulhões Barros

Júnior, Edwilson Fábio de Melo Barros, Cícero Paes Ferro, Gervásio Raimundo dos Santos, Cosme Alves Cordeiro, Gilberto Gonçalves da Silva e Fábio César Jatobá.

Ao acolher a denúncia contra Arthur Lira, os magistrados realçaram os supostos crimes que ele teria cometido: "Assim, as provas colhidas na fase inquisitorial, aliadas ao conjunto de elementos apurados até o presente momento, revelam sérios indícios de irregularidades nos empréstimos efetuados junto ao banco Rural, de modo que, ainda em juízo de cognição sumária, verifica-se que a conduta praticada pelo réu Arthur César Pereira de Lira, a princípio, amolda-se no artigo 9, incisos VII e XI, artigo 10, inciso I, II, VI e XII, e artigo 11, caput e inciso I da Lei 8.429/92 (Lei da Improbidade Administrativa, que trata de enriquecimento ilícito). Existem, portanto, evidências de ocorrência de improbidade administrativa com dano ao erário, enriquecimento ilícito e violação aos princípios da administração pública."

Os magistrados fizeram uma conta para mensurar o valor do prejuízo à sociedade alagoana causada pelo desvio de dinheiro. "Apenas as movimentações financeiras dos três membros da mesa diretora da Assembleia Legislativa perfazem um total de R$ 46,9 milhões, quantia que representa um terço de todo o montante supostamente desviado com o intitulado mensalão objeto de julgamento no Supremo Tribunal Federal (STF). O referido valor daria para construir 51 escolas públicas (...) tomando por base o valor de R$ 918 mil por escola, com área construída de 854 metros quadrados, conforme licitação realizada pelo governo federal para a construção das escolas públicas dos municípios de Quebrangulo, Viçosa, São José da Laje, Santana do Mundaú, Rio Largo, Matriz do Camaragibe, Atalaia, Cajueiro, Capela e Jacuípe, atingidos pela enchente."

Arthur Lira já estava bastante encrencado com a Justiça quando, em fevereiro de 2012, Jaymerson José Gomes de Amorim foi flagrado no aeroporto de Congonhas com uma quantia em dinheiro vivo tentando embarcar para Brasília. As passagens de ida e volta dele haviam sido custeadas pelo deputado. O inquérito já estava para ser julgado na 2 Vara Criminal Federal de São Paulo, mas o juiz declarou-se incompetente sobre qualquer medida investigativa envolvendo o parlamentar e, por isso, o processo foi parar no STF. Em 18 de março de 2013, o ministro Marco Aurélio Mello mandou dar publicidade ao nome do envolvido, que figurava apenas com as iniciais A.C.P.L., dificultando sua identificação. "Nada, absolutamente nada, justifica o lançamento apenas das iniciais do nome do envolvido. O princípio da publicidade lastreia a administração pública, permitindo, assim, o acompanhamento pelos contribuintes", escreveu o ministro em seu despacho, no qual autoriza diligências solicitadas pelo Ministério Público para esclarecer de quem era o dinheiro. O inquérito apura crimes de corrupção ativa e lavagem de dinheiro que teriam sido praticadas por Arthur Lira. Jaymerson foi secretário de Administração no município de Marechal Deodoro, distante cerca de 30km de Maceió. Ele também foi assistente parlamentar no Senado, lotado na liderança do PMDB entre maio de 2010 e fevereiro de 2011. Jaymerson gosta de exercer seu direito de dar palpites. É frequente sua participação como comentarista de notícias de blogs, por exemplo. Em abril de 2013, com a Justiça no seu calcanhar, ele elogia uma informação não confirmada de que o ex-vice-governador do Distrito Federal Paulo Octavio estaria disposto a voltar à vida pública. Paulo Octavio renunciou ao mandato durante o escândalo do mensalão do DEM em Brasília, que custou a perda do mandato também do governador José Roberto Arruda. Disse Jaymerson sobre a notícia: "Seria muito interessante ver Paulo Octavio retornando à cena política. Afinal de contas, o mesmo contribui bastante com o desenvolvimento de nossa cidade." Sobre outra informação, em 13 de maio de 2013, de que o secretário de Saúde do DF prometia construir mais quatro hospitais, ele afirmou: "É só chegar o período eleitoral que o povo começa a anunciar obras e mais obras. Por que será?"

Enquanto não há um veredicto transitado em julgado sobre todas as acusações a que responde, Arthur Lira continua a liderar bancadas. Ficará cada vez mais difícil que os recursos que supostamente ele desviou voltem aos cofres públicos, e Alagoas permanecerá entre os dois Estados mais pobres do país – posição que divide com o Maranhão da família Sarney.

O canibalismo atual não é feito por selvagens, mas por poderosos. Talvez esteja na hora de outros autores com brilho intelectual para maracutaias escreverem suas *Memórias do Cárcere*.

O QUE DIZ O DEPUTADO

O deputado federal Arthur Lira (PP-AL) foi procurado pela primeira vez em 6 de setembro de 2013 no gabinete da liderança do PP. A assessora forneceu o e-mail da própria liderança para que eu pudesse encaminhar as perguntas. E assim foi feito. Uma semana depois, tornei a fazer contato com a assessoria para cobrar as respostas. A informação que obtive é que Arthur Lira estaria analisando as questões e daria uma resposta. No dia 17 de setembro, mais um contato, em que a assessora tornou a dizer que o parlamentar responderia e afirmou, inclusive, que algumas das perguntas enviadas estavam equivocadas, como a informação de que ele teria agredido sua ex-mulher e um oficial de Justiça. A assessora declarou, ainda, que a própria ex-mulher havia feito uma declaração voltando atrás na denúncia.

No entanto, o inquérito 3156, que tramita no Supremo Tribunal Federal (STF), não deixa dúvidas de que Arthur César Pereira de Lira responde a um processo por agressão contra sua ex-companheira. O relator é o ministro Marco Aurélio. A pauta de votação de 1 de julho, por exemplo, dizia textualmente: “Denúncia que visa a apurar ocorrência de delito previsto no artigo 129, parágrafo 9, do Código Penal (lesão corporal, com aumento de pena se a lesão for praticada contra ascendente, descendente, irmão, cônjuge ou companheiro; detenção de três meses a três anos). O investigado alega, em síntese, a nulidade dos atos praticados na fase extrajudicial por desrespeito à sua prerrogativa de foro, afirmando, inclusive, a ocorrência de prejuízo, "eis que este se viu indiciado em um inquérito no qual sequer foi ouvido". No mérito, nega a agressão à sua ex-companheira, afirmando que o laudo de exame de corpo de delito e as declarações da vítima e da testemunha são insuficientes para comprovação da autoria e da materialidade do fato delituoso". A Procuradoria Geral da República, no entanto, manifestou-se pelo recebimento da denúncia contra o parlamentar.

No dia 18 de setembro, a assessoria informou que o deputado iria me atender, e que entraria em contato. Não o fez mais. As perguntas encaminhadas para ele e que ficaram sem resposta foram:

1- A que o deputado atribui essa expressiva variação patrimonial?
2- Em 2006, ele não informou ser sócio de nenhuma empresa. Ele era sócio de algum empreendimento e esqueceu-se de informar?
3- Por que o deputado não informou em 2010 que era proprietário de um apartamento no edifício Dom Miguel de Cervantes, na avenida Álvaro Otacílio, 6.491, em Jatiúca, Maceió, adquirido por ele em 2007?
4- Ele comprou ou herdou o imóvel?
5- Em 2006, ele informou que era proprietário de 240 cabeças de gado. Em 2010, esse rebanho já não existia. Ele vendeu o rebanho ou se esqueceu de informar?
6- Por que o deputado não informou a propriedade em Pilar do local conhecido como Parque Arthur Filho?
7- O deputado é criador de cavalos de raça? Ele comprou, em 7 de dezembro de 2012, um desses animais, por R$ 78 mil?
8- Em 2010, ele informou que era proprietário da Fazenda Taguari, em Quipapa, Pernambuco, avaliada em R$ 1,2 milhão. Como pagou pelo imóvel?
9- Ele ainda é proprietário do apartamento 401 no edifício Alfredo Volpi?
10- Como está o processo que ele responde na Justiça sobre o chamado escândalo Taturana? O que ele tem a dizer sobre as

acusações do Ministério Público, que o denunciou por desviar mais de R$ 13 milhões na época em que era deputado estadual?

11- Como está o processo em que ele agrediu sua ex-esposa?

12- Como está o processo em que ele agrediu um oficial de Justiça?

13- O que o deputado tem a dizer sobre o fato de seu assessor Jaymerson José Gomes de Amorim ter sido flagrado com dinheiro tentando embarcar em Congonhas?

14- Quanto era o dinheiro? Jaymerson era assessor dele? Se não era, por que ele pagou a passagem aérea?

Direto ao ponto G

Genecias Noronha

A estrada de Fortaleza para Parambu alterna trechos de bom asfalto com outros onde a pavimentação é substituída por buracos, e trafegar pela contramão, por vezes, é mais atrativo que seguir a mão correta. Pela BR-020, são pouco mais de 400km até a cidade. Um caminho que conduz das belezas das praias à seca ocre dos rios que morreram de sede e condenam os moradores ao ciclo da água salobra dividida com animais. Até Canindé, distante aproximadamente 120km, caminhões são uma ameaçadora companhia. Depois, segue-se para Boa Viagem e chega-se a Tauá, a Princesa dos Inhamuns. O portal de entrada da cidade é ladeado por dois carneiros de cerca de três metros cada. É a maior cidade da região, com mais de 55 mil habitantes. Do lado direito de quem vai, logo depois de passar pela entrada principal, há um lixão à beira da rodovia. Urubus alternam seus voos entre os detritos e um açude moribundo do outro lado da pista. Pousam ao redor do que restou de água, no calor do início de outubro de 2012, como quem está à beira da praia para conversar com amigos e se refrescar. A vegetação há muito não sabe o que é verde. Árvores com galhos secos sustentam-se pela teimosia. O vento forte faz um redemoinho de poeira, derruba cadeiras e mesas de plástico no restaurante e pizzaria Quinamulu Dois Irmãos, um dos poucos abertos por volta das 15h de um dia qualquer da semana, quando o sol forte retira as últimas forças do viajante desacostumado com o sertão e com a dança que o carro é obrigado a fazer ao fugir de uma cratera para não cair no buraco. De Tauá para Parambu, mais 60km, saindo por uma outra estrada à direita. As casas pobres, pequenas, com uma porta dividida ao meio, sempre aberta, e uma janela apenas, deixam ver que, dentro, pouca coisa há. As cercas são feitas de paus que se vão amontoando em feixes, amarrados do jeito que dá. Na maioria das residências, uma bandeira vermelha com o número 15, do PMDB, ainda tremulava nos dias seguintes à eleição. Apesar de simples, as casas estão recém-pintadas. Nos terreiros, pilhas de tijolos aguardam a compra de cimento para se transformarem em paredes. Aqui e acolá, telhados novos. Aqui e ali e mais além, cartazes com a foto de Keylly Mateus Noronha, por vezes acompanhada de Genecias Mateus Noronha, seu tio, padrinho, quase pai. Ela é a prefeita da cidade de 31.309 habitantes, que faz divisa com Pio IX, no Piauí. Em outubro de 2012, havia sido reeleita para mais quatro anos de mandato, garantindo o domínio da família Noronha que, desde 2000, se mantém no poder continuamente, com incursões em mandatos anteriores.

Keylly é muito agradecida ao tio. Na página oficial da prefeitura de Parambu, sua biografia é um tributo ao deputado: "É sobrinha e afilhada do deputado federal Genecias Mateus Noronha, homem probo, sempre preocupado com os parambuenses mais humildes, e essa sua preocupação e responsabilidade com seu povo refletiu em cada município cearense, que o retiraram (sic) de gestor da prefeitura de Parambu e o conduziram para a Câmara Federal, tendo sido o primeiro deputado federal mais votado do seu partido, o PMDB, e o terceiro mais votado no Estado do Ceará. Devido a essa relação (sic) político-familiar é que Keylly aprendeu a cuidar bem do seu povo, a administrar com responsabilidade o seu município, a construir a sua vida com fé em Deus e Parambu no coração. Tem a quem puxar."

O texto continua em tom de acalento aos moradores que parece terem sofrido com a partida de seu líder máximo para Brasília: "Genecias vai, mais (sic) Keylly fica, honrando e dando continuidade a uma proposta de governo que tem mudado de forma visível a fisionomia deste município, que durante décadas viveu à margem do desenvolvimento e atualmente é reconhecido e considerado por todos como um dos municípios que mais cresceu (sic) no estado do Ceará."

Em 2002, Genecias foi eleito vice-prefeito da cidade na chapa de Manoel Gomes Neto (PPS), concorrendo contra o primo, o médico Francisco José Ferreira Noronha (PSDB). A diferença entre eles foi de apenas 210 votos – o eleito obteve 8.509 votos, contra 8.299 do segundo colocado. Quatro anos depois, foi a vez do próprio Genecias lançar-se candidato contra o primo. A vitória dele foi mais robusta: somou 11.327 votos, enquanto Francisco José conseguiu 8.057. Naquela eleição, ao contrário da anterior, só os dois concorreram; em 2000 havia quatro candidatos. Foi a terceira derrota seguida do médico, que administrara a cidade entre 1989 e 1992. Genecias seria reeleito em 2008, com 15.196 votos e deixaria a prefeitura nas mãos da sobrinha e afilhada Keylly, sua vice-prefeita, em março de 2010 para candidatar-se a deputado federal. Obteve 176.286 votos. Nada mal para quem tentava, pela primeira vez, chegar a Brasília pelo voto. Em 2012, para manter a hegemonia em Parambu, fez um acordo com o primo médico: Francisco José desistiria de concorrer na cidade e, ao invés disso, se candidataria a prefeito de Trairi, com o apoio de Genecias. A jogada deu certo para o deputado federal, mas não para o primo, que perdeu por 2.920 votos para Regina Nara Batista Porto (PSDB).

A ascensão política de Genecias, com a conquista de cada vez mais votos, coincide com o aumento de sua riqueza. Em sua biografia oficial, disponível em seu site (www.geneciasnoronha.com.br), o parlamentar é apresentado como um retirante que deixou sua terra natal para "buscar em terras estranhas construir sonhos que ali julgava não serem possíveis". Filho de uma família de agricultores, o pai, Raimundo Gonçalves, conhecido na cidade como "seu Dodô do Riachão", era um homem simples e vivia da roça na década de 1980. A mãe, Luiza Gomes Noronha, ajudava o marido e cuidava da casa. Segundo a apresentação do site do deputado, Genecias "venceu obstáculos e construiu uma brilhante carreira como empreendedor comercial". Como um messias ou na encarnação do personagem "pai dos pobres", sonhava voltar à sua cidade para "dar sua contribuição para que o povo de Parambu tivesse uma vida com mais dignidade". E foi assim que, em 2000, pouco depois de retornar, ele se candidatou a vice-prefeito, depois prefeito e prefeito novamente, até se tornar um dos deputados federais mais votados do Estado.

Naquele ano, ao debutar na política eleitoral, Genecias tinha posses que iam muito além do padrão da maioria dos moradores de sua cidade, mas não chegava a ser nenhum milionário. A soma dos bens declarados por ele ao TRE do Ceará somava R$ 99.800. Era um cidadão classe média, com uma casa no centro da cidade, avaliada em R$ 20 mil, um imóvel rural de R$ 15 mil, um terreno que tinha valor de R$ 2 mil, mais R$ 26 mil em dinheiro, somadas a conta corrente e a poupança. Ah, sim, e um telefone celular, de R$ 800. Apesar de a biografia o descrever como um "empreendedor comercial" de sucesso, não havia, na documentação oficial assinada por ele em 1998, nenhuma menção a qualquer empresa de sua propriedade. Tampouco algum veículo registrado em seu nome.

Em 2004, ao se candidatar a prefeito pela primeira vez, a sorte parece lhe ter sorrido com dentes de ouro. De classe média, virou, agora sim, empresário de sucesso. Num intervalo de quatro anos, transformou-se em milionário, com bens avaliados em R$ 2,965 milhões. Da relação anterior de propriedades, só mantinha uma casa na rua da Matriz. Mas o imóvel tinha recebido benfeitorias e foi declarado, naquele ano, por R$ 100 mil – muito além dos R$ 20 mil da eleição anterior.

Na cidade, todos conhecem a casa do deputado Genecias. Ocupa 1/4 de quarteirão, toda amurada de amarelo, com guarda na porta. Aliás, a família Noronha tem predileção pela cor amarela. As residências dos parentes são todas da mesma cor, para dar uniformidade visual sobre quem manda na cidade. O cunhado dele, por exemplo, Antonio Soares Barreto, conhecido como Adriano, tem um imóvel ao lado do posto de combustível SB. Uma guarita suspensa observa quem entra para abastecer e garante a segurança da casa. Ao lado da dele, outra residência de mesma tonalidade, pertencente à mãe da prefeita, Iranilde Noronha Bastos, irmã do deputado.

Antonio é irmão da mulher de Genecias, Maria Aderlania Soares Barreto Noronha, que tentou se candidatar a deputada estadual em 2010 mas teve o registro impugnado pelo TRE. Em agosto de 2012, o TSE desaprovou suas contas porque ela desrespeitou a Lei Eleitoral que manda todo candidato abrir uma conta bancária específica para receber recursos de campanha, mesmo que depois a candidatura seja impugnada ou haja desistência. A defesa de Maria Aderlania recorreu, alegando que não seria necessário tal procedimento porque ela não foi candidata. Mas o TRE considerou que "a omissão em relevo é de natureza grave e conduz, na esteira de precedentes deste Tribunal, à desaprovação das contas". O ministro do TSE, Arnaldo Versiani, confirmou a decisão do TRE.

A declaração de bens de Genecias em 2004 detalha participação do deputado em algumas empresas, como a Parambu Combustíveis (Posto G), com capital de R$ 100 mil; 50% da concessionária Honda Maranhão Motos, equivalentes a R$ 1 milhão, e mil cabeças de gado avaliadas em R$ 300 mil. Genecias também investiu em imóveis: Fazenda Umbuzeiro, com 700 hectares, avaliada em R$ 150 mil; casa em Belém do Pará, declarada por R$ 250 mil; terreno em Ananindeua, também no Pará, de R$ 100 mil; um apartamento na praia de Iracema, em Fortaleza, avaliado em R$ 400 mil, e dois lotes também em Fortaleza, no condomínio Alphaville, por R$ 120 mil. Em mãos, o parlamentar informou que mantinha R$ 250 mil. Tinha também uma Pajero 0km, avaliada, na época, em R$ 180 mil.

POBRE PARAMBU

Em 2005, quando Genecias assumiu a prefeitura pela primeira vez, o Produto Interno Bruto (PIB) da cidade, soma de tudo que se produz ali, era de R$ 77 milhões. A renda *per capta* de Parambu, naquela época, era de R$ 2,5 mil, a metade da do Estado e bem menor que a média do país que, em 2005, era de R$ 11 mil. De acordo com dados do IBGE, 58% da população viviam na zona rural. O Cadastro Único do Governo Federal apontava que, em 2005, 7.000 famílias (73% do total) possuíam renda familiar *per capta* de apenas meio salário mínimo. Destas, 6.500 (92%) viviam com menos de R$ 120 mensais.

Numa terra onde a pobreza é traduzida em números e vista sobretudo fora do centro da cidade, quem tem dinheiro tem poder. Quem tem muito dinheiro, então, tem muito poder. Parambu é uma cidade de trabalhadores rurais e poucos da área de serviço. Informalmente, sem registro em carteira assinada, os assalariados do comércio da rua Manoel Alexandre, a mais movimentada na cidade – especialmente até por volta de 11h30 – recebem às vezes menos de um salário mínimo. Depois do fim da manhã, a cidade vive uma calmaria. O vai e vem de pessoas que saem dos sítios para fazer compras diminui. Nesse horário, os adolescentes já subiram no caminhão e tentam um lugar nos bancos de madeira improvisados que os levarão de volta a suas casas. Mulheres idosas esforçam-se para conseguir colocar sobre a carroceria sacos de compras de mantimentos. Alguns homens ajudam. Mas nem todas conseguem subir. Quem tem sorte, arruma um lugar na boleia. Quem não tem, há que se esforçar mais. Um banquinho às vezes ajuda.

O transporte público na cidade é na base do improviso. Ninguém reclama. Ônibus é carro para a cidade grande. No sertão, adequa-se às circunstâncias e sobrevive-se com o que dá e com o que o governo dá. Mães seguram os filhos de colo; outras os protegem do sol com sombrinhas. Nos bares ao redor da praça da Matriz, um ou outro toma um coco para refrescar. Mas o calor não passa. Está com mais de quatro meses que a chuva abandonou a cidade. As nuvens são miragens do passado.

À noite, no centro da cidade, casais de namorados ficam pela praça da Matriz, idosos e jovens permanecem do lado de fora das casas por causa do calor e para falar dos últimos acontecimentos ou das últimas cenas da novela da vez, *Avenida Brasil*, que dominava a audiência nacional naquele outubro de 2012. No Posto G, o primeiro à vista para quem entra na cidade, dois casais chegam em um EcoSport, abrem o porta-malas, ligam o som no volume máximo e a banda Chicabana ataca de "Tome Amor": "Um beijo inocente na porta da escola entre você e eu/ dois adolescentes descobrindo o amor, olha no que deu/ já faz 18 anos/ já somos de maior/ juntos fizemos planos/ pra não ficarmos só...". Motocicletas vêm e vão e os pilotos desconhecem a necessidade de capacetes. Nestes rincões do país, a lei é um arremedo. Um sapo para diante de uma das mesas, como se estivesse gostando do som. Depois de uns vinte minutos, começa a saltar e vai embora, para voltar mais tarde. O Posto G tem várias atividades. Além de fornecer combustível – a razão social é SB Soares Barreto, o mesmo do cunhado do deputado Genecias – tem a Pousada G e a Churrascaria G, onde um latão cortado ao meio serve de churrasqueira. Os quartos da pousada estão detonados. A fronha, no dia 19 de outubro de 2012, tinha sangue de mosquito (melhor pensar que era de algum inseto). O jeito é improvisar com uma camiseta. O colchão está forrado com um lençol que parece não ver água há bom tempo. O banheiro não tem luz e a água é fria. Para dormir, melhor fazer da toalha de banho a fronha. Dorme-se de roupa mesmo. Não é preciso se cobrir porque o calor é grande. Um ventilador de teto ameniza a temperatura, embora o vento desça quente.

A letra G do deputado Genecias está em cada ponto da cidade. Além do posto, do restaurante e da pousada, há o Haras G. Para quem desce pela rua principal, uma placa na esquina à direita indica o caminho. Na verdade, o Haras G ocupa mais de um terreno. O mototaxista Daniel da Rocha acelera pela estrada de terra e a poeira se levanta na rabeira do veículo, escondendo, por segundos, o que se deixou para trás. O primeiro haras é grande. Logo na entrada – a porteira estava aberta – dá pra ver cinco baias e outras mais adiante. Em um curral em frente, três cavalos soltos. Na entrada da propriedade, dois avestruzes.

– É do cunhado do deputado, o Adriano – informa Daniel.

Há um outro haras ao lado do Hipódromo Pedro de Souza Feitosa Neto, cuja propriedade também é frequentemente atribuída a Genecias – como o hipódromo em si. No local, há cinco canchas para corridas de cavalo, numa pista de 500 metros. Tudo parece recém-acabado, a pintura está nova, toda em vermelho e branco. Aos domingos, montadores locais procuram ganhar um dinheiro extra montando animais dos patrões. O deputado gosta de animais. Num leilão realizado em 19 de maio de 2012 pelo Haras Santo Angelo, no Jockey Clube de Sorocaba, foi um dos maiores compradores. Adquiriu duas fêmeas muito elogiadas pelos colecionadores: Jasmin Gold, filha de Gather The Roses (Mr Eye Opener), pelo valor de R$ 147,2 mil, e uma das raras filhas de Corona For Me colocada à venda, a alazã Justina For Me SA (mãe: Can Can Bryan, por Blazen Bryan), por R$ 144 mil.

Em julho de 2012, vestindo camiseta polo azul e bermuda branca, Genecias presenciou a vitória de Dulce Ryon Ril, com 18s14. O sol estava alto, mas, mesmo assim, a multidão não arredou pé do espetáculo. Com microfone na mão, o deputado fez uma saudação ao público, agradecendo à prefeita Keylly Noronha pelo incentivo ao esporte, e terminou expressando bons augúrios:

– Espero que aqui, no futuro, seja nosso Maracanã das corridas de cavalo.

O vencedor da corrida recebeu um cheque do Haras G no valor de R$ 30 mil. De acordo com o deputado, proprietários de várias partes do Estado estiveram presentes no certame. Ele agradeceu a Raimundo Filho por lhe ter cedido um animal para participar da disputa.

O Haras G também é utilizado para uma atividade muito comum na região: a vaquejada. Nesse esporte, dois vaqueiros seguem a cavalo atrás de um boi, levando-o até as duas últimas faixas de cal da arena, distante dez metros da largada, para derrubá-lo pelo rabo. Cada vaqueiro tem uma função: um é o batedor de esteira (o que deve tanger o boi até o lugar onde será derrubado) e o outro é o que derruba o animal. A vaquejada teria surgido na cidade de Currais Novos, no Rio Grande do Norte.

A vaquejada no Haras G tem até uma música própria, em ritmo de forró: "Quem quiser brincar comigo/ pode entrar no caminhão/ vamos brincar com os amigos/ na festa de apartação. Domingo a festa termina/ a ressaca vai passar/ com troféu de campeão/ feliz eu já vou voltar. Despedida dos amigos/ meu coração vai sofrer/ ano que vem tô de volta/ na festa do Haras G." A canção foi criada e cantada por Neto Gonçalves.

Apesar de ser um frequentador assíduo do Haras G, Genecias não declarou possuir nenhum equino. Em 2008, quando concorreu à prefeitura pela segunda vez, seu patrimônio havia minguado, conforme sua declaração de bens registrada na Justiça Eleitoral. Em quatro anos, havia "perdido" R$ 2 milhões. Seus bens somaram, em junho de 2008, R$ 960 mil. Ele anotou que era proprietário de um apartamento em Fortaleza, dois imóveis rurais, uma casa, 500 bovinos, 500 ovinos e 500 caprinos. Não havia, segundo informou, mais nenhuma empresa em seu nome. A concessionária Honda também desaparecera, embora, para a Junta Comercial, continuasse ativa e tendo o então candidato a prefeito como sócio. Genecias não informou, por exemplo, a sociedade na Atenas Comércio Atacadista de Armarinhos, empresa sediada inicialmente em Ananindeua, no Pará – no endereço que, em 2004, ele havia dito tratar-se de "um terreno urbano situado na rua Osvaldo Cruz, na cidade de Ananindeua". A Receita Federal informa que a empresa foi constituída em 24 de outubro de 2010. Mas, de acordo com a Receita, estava situada bem longe do Pará – a localização registrada era a rua Coronel Pompeu, 479, em Aracati, município localizado a 145km de Fortaleza. Genecias e a mulher dele, Maria Aderlania, aparecem em várias reclamações trabalhistas como "reclamados" em nome da Atenas Comércio Atacadistas. Em um dos processos, de 26 de setembro de 2012, no TRT da 8ª Região (Pará e Amapá), ele diz que não é nem nunca foi sócio da empresa, mas a Justiça não lhe deu razão e o condenou a pagar direitos trabalhistas a uma ex-funcionária.

A mulher do deputado é sua parceira em outros empreendimentos, embora o nome do parlamentar não apareça. Ela é tesoureira da Fundação Educativa e Cultural José Onilson Lima. O presidente é Francisco Nilson Freitas (PSD), prefeito de Palhano reeleito em 2012 para mais quatro anos de mandato. Em 4 de julho de 2006, a Fundação obteve a concessão para explorar uma estação de rádio educativa em Parambu. Em 15 de fevereiro de 2008, a Portaria 16 autorizou a rádio a utilizar o nome fantasia Novo Tempo FM. A página da prefeitura de Parambu na internet tem um link para a "nossa rádio". No dia 26 de setembro de 2012, a rádio anunciava a realização da segunda rodada do campeonato parambuense de futsal masculino, que ocorreu no ginásio Edvaldo Mateus Noronha.

Em novembro de 2007, o Ministério Público do Estado do Ceará ajuizou uma ação civil pública contra o então prefeito Genecias por ceder um terreno público municipal para a Fundação. Para os promotores, houve "ofensa aos princípios constitucionais da impessoalidade e moralidade administrativa por esta fundação possuir em sua direção pessoas extremamente ligadas ao prefeito Genecias Mateus Noronha". A área em questão foi utilizada para a rádio Novo Tempo FM erguer sua sede, que fica próxima ao fórum da cidade. Como em outras propriedades da família, o prédio da emissora é pintado de amarelo. Em setembro de 2012, a ação estava conclusa para o juiz – mas não havia ainda uma decisão do magistrado.

O sobrenome Noronha é uma presença constante nos logradouros e prédios municipais. Na cidade há o estádio Noronhão, o ginásio Edvaldo Mateus Noronha, a escola Ana Noronha dos Santos, a rua Maria do Socorro C. Noronha, o bairro Horácio Alves Noronha, e por aí vai. Sem contar a participação do sobrenome na política. O irmão de Genecias, Robson Mateus Noronha, foi reeleito vereador em 2012 – até aquele ano, era o presidente da Câmara. Também foram eleitos no mesmo pleito outros parentes mais distantes do parlamentar, Roberto Noronha, e Elton Noronha. Todos pelo PMDB. Na prefeitura, o secretário de Cultura era naquele ano José Mateus Noronha, e a da Educação, Maria Elza Noronha dos Santos.

CARTÃO G

O deputado gosta de deixar sua marca registrada por onde passa – a letra G, que o identifica. Embora o município já seja atendido pelo programa Bolsa Família do governo federal, em 24 de abril de 2006 o então prefeito, Genecias Mateus Noronha, criou o Bolsa Família municipal. Para implementar os pagamentos, desenvolveu o Cartão Gente, deixando em destaque a letra G. Os beneficiários do Cartão G, como ficou conhecido na cidade, eram famílias com renda *per capta* de até R$ 50 e que não fossem atendidos por nenhum outro programa social federal.

A ação municipal previa o pagamento de R$ 40 mensais às famílias carentes que mantivessem seus filhos na escola. Mas o Ministério Público Estadual viu na iniciativa uma promoção pessoal e, em maio de 2007, ajuizou uma ação de improbidade administrativa contra o prefeito. Para os promotores, "a situação descrita é típica de improbidade, por não ser um ato isolado, mas corriqueiro na administração do atual gestor, sendo público e notório que nominar o benefício de cartão Gente ou Cartão G é fazer promoção pessoal, inclusive em sintonia com posto de gasolina na entrada da cidade de Parambu, de propriedade do prefeito, e denominado Posto G. A letra G é usada como símbolo do prefeito, sendo a letra inicial do seu nome, motivo pelo qual o uso do Cartão Gente ou Cartão G é ato de promoção pessoal".

Antes de o Ministério Público ajuizar a ação, já havia alertado o prefeito, em 14 de junho de 2006, de que ele não poderia manter o cartão como estava. Mas Genecias não deu ouvidos aos reclamos e aprovou na Câmara Municipal uma lei legalizando a denominação de Cartão Gente. Sua defesa alegou que o fato de o Bolsa Família do município ser apresentado com um cartão que traz a inicial do nome do prefeito era "mera coincidência". Além disso, argumentou que o Posto G não estava mais sob os cuidados do então prefeito, que o havia arrendado, desde março de 2004, a Antonio Soares Barreto, o Adriano – não por acaso, o cunhado dele. Apesar de Genecias tentar se desvincular do Posto G, na sua declaração de bens entregue à Justiça Eleitoral em 30 de junho de 2004 o empreendimento aparecia como sendo de sua propriedade, com participação de R$ 100 mil.

Em 29 de janeiro de 2010, o juiz titular da Comarca de Parambu, Willer Sóstenes de Sousa e Silva, condenou Genecias por improbidade administrativa, e fixou como penas: "a) ressarcimento integral do dano consubstanciado na reposição dos cartões entregues por outros sem promoção pessoal e no custo que existir para retirar eventual propaganda existente no site do município na internet em relação ao Cartão G; b) perda da função pública e a suspensão dos direitos políticos por três anos; c) multa civil de 24 vezes o valor da remuneração percebida pelo réu no exercício do cargo de prefeito municipal de Parambu; d) proibição de contratar com o poder público ou receber benefícios ou incentivos fiscais ou creditícios, direta ou indiretamente, ainda que por intermédio de pessoa jurídica da qual seja sócio majoritário pelo prazo de três anos." Em 27 de março de 2010, Genecias deixou a prefeitura e, como a Lei da Ficha Limpa ainda não estava valendo em sua plenitude, obteve registro para candidatar-se à Câmara Federal.

Genecias recorreu da decisão do juiz Willer Sóstenes de Sousa e Silva ao Tribunal de Justiça. Em 7 de junho de 2013, o desembargador Teodoro Silva Santos, de forma monocrática, acatou os argumentos do deputado e derrubou a sentença de primeiro grau. Para o desembargador, "no caso específico destes autos, a mera denominação do programa assistencial como "Cartão Gente" ou "Cartão G" não tem o condão de configurar ato de improbidade. A quebra da impessoalidade denota um ato no qual a identificação do gestor seja quase que automática, e que não dependa de um elevado grau de subjetividade. Não é, contudo, o que ocorre *in casu*. A ligação apontada pelo juízo singular advém de suposições e conclusões de cunho unicamente subjetivo", escreveu o magistrado na sentença.

Apesar de o desembargador não ver ligação entre o "Cartão G" e o parlamentar, a impessoalidade é uma característica que não existe em Genecias. A prefeitura de Parambu só compra combustível dos postos da família – seja no próprio Posto G, ou no SB Soares Barreto. Na prestação de contas de 2007, disponível no Tribunal de Contas dos Municípios do Ceará, a prefeitura havia gasto R$ 969 mil na A. Soares Barreto Combustíveis e mais R$ 372 mil no J. Soares Barreto. A empresa Maria Soares Barreto havia recebido dos cofres municipais naquele ano R$ 77 mil. Em 2008, ainda com Genecias prefeito, foram mais R$ 1,093 milhão para um posto e outros R$ 409 mil para o outro. De 2007 até setembro de 2012, os postos de combustíveis dos parentes de Genecias ganharam R$ 8,561 milhões. Chama a atenção o fato de que as notas fiscais da A. Soares Barreto têm como endereço o Posto G – aquele que o deputado diz ter arrendado para o cunhado em 2004, mas que aparecia como de sua propriedade em sua declaração de bens. O registro na Receita Federal também atesta que o A. Soares Barreto está localizada no Posto G.

A J. Soares Barreto, além de fornecer combustível para a prefeitura, também vende gêneros alimentícios para a merenda escolar dos alunos da rede municipal. Em fevereiro de 2012, a prefeitura promoveu um pregão e o único concorrente foi a J. Soares Barreto, que passou a ofertar alimento lácteo, por R$ 241,9 mil; temperos e condimentos, por R$ 63,6 mil; biscoitos e massas, por R$ 89 mil, pães, por R$ 35,2 mil; carnes e aves, por R$ 215 mil; e gêneros diversos, por R$ 153,9 mil. A responsável pela licitação foi Sandra de Menezes Noronha.

Na hora em que a prefeitura tem de comprar algum terreno para fazer uma obra, a família também é beneficiada. Antonio Soares Barreto, o cunhado, vendeu por R$ 150 mil uma área de 5.970m^2, em 2010, para construção de obras públicas não especificadas. Em 2012, se desfez de outro terreno, com 10 mil metros quadrados, para a prefeitura erguer um estabelecimento de ensino. O custo foi menor: R$ 50 mil. Os Noronha também "contribuíram" para o bem do município. Joaquim Noronha Mota se desfez de um imóvel de 10.400 m^2 por R$ 150 mil para a construção de escola em 2008. Luiz Alves Noronha, em 2009, também ajudou o município a erguer mais escolas. Vendeu por R$ 250 mil um terreno de 12 mil m^2.

A prefeitura de Parambu também tem predileção por manter negócios com empresas recém-criadas. Em fevereiro de 2007, durante o primeiro mandato de Genecias como prefeito, contratou a Nordeste Construções e Locações para aluguel de veículos. Na concorrência pública ela foi a única a apresentar proposta. Criada em dezembro do ano anterior, ganhou o contrato pelo valor de R$ 791.801 anuais. A FV Locações e Construções, constituída em novembro de 2010, recebeu, em 2011, R$ 832 mil da prefeitura. A Planorte Serviços e Construções, estabelecida em 30 de outubro de 2007, em 2008 ganhou R$ 2,097 milhões de Parambu. E a Atlanta Locação de Veículos, que começou a funcionar em setembro de 2008, em 2009 recebeu R$ 788 mil.

GENECIAS DEPUTADO

Quando se dispôs a deixar o sertão cearense para tentar caminhos pelo Salão Verde da Câmara dos Deputados, Genecias sabia que a máquina administrativa da prefeitura seria muito importante para manter seu nome e seu prestígio. Deixou a sobrinha-afilhada em seu lugar. Ela o havia acompanhado na década de 1990 quando ele foi tentar a vida no Pará, em Castanhal e Ananindeua, municípios próximos a Belém – a primeira fica a 75km da capital paraense, e a segunda, mais próxima, 19km, na região metropolitana; Helder Barbalho, filho do senador Jader Barbalho (PMDB), foi prefeito do município.

Quando se candidatou à reeleição de prefeito em Parambu, em 2008, Genecias informou gastos no total de R$ 99.478. Uma campanha prá lá de modesta. A maior doadora foi a Cosampa Projetos e Construções – deu R$ 49.978 a ele, e mais R$ 30 mil para o comitê único de campanha. Naquele ano, ela receberia R$ 1,176 milhão da prefeitura. No ano anterior, tinha obtido R$ 1,551 milhão. A empresa toca a obra do estádio Noronhão. O cunhado Antonio Soares Barreto contribuiu com R$ 3.500.

Em 2010, como o voo necessitava de mais combustível para chegar a Brasília, Genecias gastou oito vezes mais que dois anos antes. Foram, segundo informou ao TSE, R$ 830,5 mil. Ele próprio se autofinanciou com R$ 180 mil. A Comercial de Alimentos e Transportes Parambu, empresa da Bahia que pertence a Roberto Noronha, deu mais R$ 200 mil. Roberto foi eleito vereador em Parambu, em 2012, com 1.265 votos. Outra companhia que ajudou a campanha de Genecias, com mais R$ 200 mil, foi a Confederal Vigilância e Transporte de Valores, que tem entre seus sócios o senador Eunício Oliveira (PMDB-CE), que sonha ser governador do Estado em 2014. Das doadoras, além da Transportes Parambu, que não é estabelecida no Ceará, somente uma era de outro Estado: a Pontual Serviços de Locação e Construtora, de Manaus, doou também R$ 200 mil. Ela atua na área de limpeza pública, mas até outubro de 2012 não mantinha contratos com nenhuma prefeitura do Ceará.

Em 2010, ao fazer sua declaração de bens, Genecias demonstrou publicamente que era um homem milionário, embora, dois anos antes, tenha afirmado que perdera R$ 2 milhões em posses. As informações públicas do candidato têm uma exatidão de matemática torta, quando dois mais dois não somam quatro. Em uma das eleições, declarou que era agricultor; na outra, comerciante. Em 2008, dizia que seu grau de instrução era ensino fundamental incompleto. Dois anos depois, ensino médio completo.

Quando decidiu concorrer à Câmara dos Deputados, o patrimônio informado por Genecias Mateus Noronha era de R$ 4,664 milhões – um aumento expressivo de 390% em relação a 2008. Somente em depósitos bancários e aplicações ele disse ter R$ 2,148 milhões. Os 500 bovinos, 500 ovinos e 500 caprinos da declaração anterior não apareceram mais no pasto do deputado. Mas ele havia adquirido um avião Beech Aircraft modelo F90, com capacidade para até sete passageiros. Pagou pelo brinquedo aéreo R$ 900 mil, segundo informou. As cotas na empresa Maranhão Motos, de Santa Inês, no Maranhão, haviam sido reduzidas à metade: R$ 500 mil. Em imóveis, ele tinha R$ 1,115 milhão.

A eleição de Genecias surpreendeu muita gente. Ele superou políticos de seu partido com carreiras mais antigas que a sua, como Paulo Henrique Lustosa – filho do ex-secretário executivo do Ministério das Comunicações durante a gestão de Eunício Oliveira, Paulo de Tarso Lustosa – que tentava a reeleição para a Câmara. Lustosa filho juntou 80.606 votos. Mario Feitoza de Carvalho, que conseguiu 82.804 votos, também ficou de fora. Assumiu por pouco tempo uma suplência. Genecias obteve 176.286 votos – mais que a soma dos dois correligionários.

Na Câmara, Genecias engrossa a turma do baixo clero, deputados federais que não têm muito destaque. Poucos projetos apresentou. A maior parte de sua atuação parlamentar até 2012 era voltada para homenagens – votos de congratulações pelos 80 anos do voto feminino, pelos 78 anos da Ordem dos Advogados do Brasil, seção Ceará, pelos 75 anos de fundação do jornal *O Estado do Ceará*, pelos 176 anos da criação da Polícia Militar do Ceará... Uma das raras proposições de sua autoria contraria os servidores públicos: assim como outros parlamentares que apresentaram proposta no mesmo sentido, Genecias quer que o funcionário público que viaje a trabalho não tenha direito às milhas oferecidas pelas empresas aéreas aos passageiros. Ao invés disso, ele propõe que o benefício seja revertido para a unidade orçamentária que custeou a viagem do servidor.

Em sua estreia no mundo das emendas orçamentárias, o deputado destinou R$ 2 milhões, dos R$ 15 milhões a que cada parlamentar tem direito para projetos, para a construção da primeira etapa do Hospital Municipal de Parambu. Até 1 de novembro de 2012, nenhum centavo havia sido sequer empenhado (o empenho é uma espécie de reserva do recurso, primeira etapa para o pagamento de um serviço ou obra). Em maio de 2012, a prefeitura de Parambu fez uma licitação para a contratação de empresa especializada para elaboração do projeto básico de engenharia e arquitetura do hospital. Ou seja: quando Genecias fez a emenda, em 2011, para o Orçamento de 2012, o hospital era apenas um plano de boa intenção, não havia ainda projeto a ser construído. A empresa vencedora do certame foi a Geopac Engenharia e Consultoria, pelo valor de R$ 125 mil.

O deputado também fez emendas genéricas, muito comuns entre os parlamentares: R$ 2 milhões para obras de infraestrutura hídrica, R$ 3,6 milhões para estradas vicinais e patrulha mecanizada, R$ 2 milhões para infraestrutura para esporte educacional, R$ 1 milhão para eventos de divulgação do turismo interno e mais R$ 4,4 milhões para projetos de infraestrutura turística. Todas essas indicações não têm um município como destinatário, o que torna o acompanhamento da emenda mais difícil para quem não está habituado à burocracia do Sistema Integrado de Administração Financeira do Governo Federal (Siafi), por onde é possível detectar quanto foi pago a quem.

Em seu primeiro ano de mandato, Genecias foi um dos deputados que pouco faltaram às sessões deliberativas da Câmara. Em 2011, das 107 sessões, ausentou-se em 28 (26,2%) para atender obrigações político-partidárias. Em 2012, no entanto, ano eleitoral, tornou-se mais distante do plenário. Até 1º de novembro a Câmara havia realizado 73 sessões, e o parlamentar faltara a 36 delas (49,3%) – três sem justificativas.

Apesar de omitir de sua declaração de bens que possui negócios no Pará, o deputado voa frequentemente para o Estado, valendo-se de sua cota parlamentar. Em agosto de 2012, por exemplo, dos 13 trechos voados, oito tiveram como partida ou destino a cidade de Belém. Em maio, dos oito trechos, seis foram para a capital paraense. Raramente ele passa um mês sem ir a Belém. Às vezes, vai mais para lá do que para seu Estado natal, o Ceará.

A vida em Brasília não fascina o deputado do sertão cearense. Ele gostaria mesmo é de voltar a ser prefeito – e já se prepara para 2016, quando a sobrinha deixará a prefeitura de Parambu e não poderá concorrer a um terceiro mandato. Nos planos de Genecias, Brasília serviria apenas como trampolim para tentar atuar novamente no Executivo. Pensou até em candidatar-se em outra cidade, enquanto esperava Keylly cumprir seu mandato em Parambu. Foi com esse pensamento que, em novembro de 2011, encaminhou ao TSE uma consulta. Queria saber se um prefeito eleito em 2004, reeleito em 2008, que tivesse deixado o mandato em abril de 2010 para candidatar-se a deputado federal, poderia lançar-se candidato a prefeito em 2012 em outra cidade não contínua – os chamados prefeitos itinerantes. A descrição feita na consulta era, na verdade, um resumo de sua carreira política. O ministro Arnaldo Versiani determinou o arquivamento da questão. Para ele, isso caracterizaria um terceiro mandato, vedado pela Constituição Federal. O gosto pelo Executivo fez o deputado pensar em lançar sua mulher, Maria Aderlania, a prefeita de Quiterianópolis, cidade natal dela, distante 75km de Parambu. Na verdade, a "notícia" foi um balão de ensaio divulgada em agosto de 2011 pela rádio Novo Tempo FM, aquela que tem a própria Maria Aderlania como parte da diretoria.

Nas eleições de 2012, Genecias se empenhou em ampliar sua influência entre os prefeitos. Além de eleger a sobrinha-afilhada – chegou a apostar que ela venceria o adversário por uma diferença de 10 mil votos, mas, no final, Keylly obteve 12.852 votos, e Ivan Zacarias (PP), 6.245 –, dos 40 candidatos que apoiou, elegeu 28, tornando-se uma das maiores lideranças do sertão cearense. A maior disputa dele é com o colega de Câmara, Domingos Neto (PSB). Filho do vice-governador do Ceará, Domingos Filho, Neto é um jovem parlamentar, com 23 anos, e foi o mais votado do Estado em 2010 – obteve 246.591 votos. A mãe dele, Patrícia Gomes de Aguiar (PMDB), é prefeita reeleita de Tauá. O objetivo de Genecias é superar a influência de Domingos Filho na sua região, para cacifar-se a ambições mais altas.

O QUE DIZ O DEPUTADO

O deputado respondeu, suscintamente, aos questionamentos encaminhados para ele por e-mail. Sobre sua expressiva variação patrimonial disse apenas que ela está "devidamente declarada à Receita Federal do Brasil, estando de acordo com a minha participação nos lucros da empresa Maranhão Motos, na qual tenho parte como sócio".

Genecias confirmou que já manteve negócios no Pará, mas não informou quais nem quando deixou de tê-los; disse apenas que não é sócio de mais nenhum empreendimento naquele Estado.

Embora em Parambu os moradores atribuam a ele a propriedade do Haras G (que, por sinal, tem sua letra inicial como título), ele negou ser o dono do parque. "O Haras G trata-se de um pequeno parque de vaquejadas, pertencente a um dos meus irmãos. Não consta declarado por não ser empresa nem ser patrimônio meu", informou ele.

Genecias admitiu que é sócio da Parambu Combustíveis (Posto G), que não foi informado por ele à Justiça Eleitoral em 2008 e 2010. "Pode ter havido um equívoco da não inclusão da mesma à Justiça Eleitoral. Porém, ela está devidamente declarada à Receita Federal", afirmou.

O deputado admitiu que sua esposa foi sócia da empresa Atenas Comércio e Atacadista, mas disse que ela não mantém mais vínculos com a mesma. Ele negou que tenha participado dessa sociedade.

O filho de Dona Santinha

Rigo Teles

A ampla sala do primeiro andar do Palácio dos Leões, sede do governo do estado do Maranhão, em São Luís, estava abafada e quente naquele 3 de dezembro de 2012. Ventiladores instalados nas paredes não davam conta de resfriar o ambiente. Eram 13h00 e os convidados começavam a chegar para a cerimônia que se desenrolaria em seguida. A principal atração, a presidente Dilma Rousseff, que naquela tarde receberia a medalha Manoel Bequimão, outorgada pela Assembleia Legislativa, e a Ordem dos Timbiras, concedida pelo governo do Estado, estava a caminho, avisaram os seguranças. Enquanto ela não chegava, rodinhas de deputados estaduais se faziam e desfaziam. Gargalhadas, tapinhas nas costas, conversa ao pé do ouvido deixavam o clima político ameno. Garçons permaneciam estrategicamente parados nos cantos do salão, oferecendo água, suco, água de coco. Do lado de fora, afastados pela polícia com um cordão de isolamento, populares suavam na tentativa de ver a presidente. A temperatura atingia 32 graus. Algumas pessoas, mais previdentes, usavam sombrinhas. Outras procuravam sombra, que estava em extinção àquela hora. Vendedores ambulantes ficavam mais afastados, com um olho no freguês e o outro no movimento de carros oficiais.

Os jornalistas que aguardavam a presidente e as demais autoridades estavam restritos a um cercadinho, afastados dos demais convivas e supervisionados pela segurança da Presidência para que dali não saíssem. De vez em quando, algum político local ou deputado federal de baixa patente, mas de potencial nos subterrâneos, como Francisco Escórcio (PMDB-MA), aparecia para dar uma palavrinha ou para tentar ser entrevistado. A maioria não tinha nada de relevante a falar.

– Eu queria ser jornalista, porque fica aí sem necessidade de colocar isto aqui num calorão deste – afirmou o secretario estadual de Saúde, Ricardo Murad, em referência ao paletó e à gravata que envergava, fazendo-lhe suar o rosto e o pescoço. Murad é cunhado da governadora Roseana Sarney e sonha um dia suceder-lhe; no primeiro dos quatro mandatos dela, lhe fez oposição. Alguns repórteres aproveitaram a presença da ilustre autoridade para lançar-lhe perguntas sobre os problemas de saúde no Estado, que eram muitos, como nos demais. Murad respondeu rapidamente e deu um jeito de retirar-se antes que a saia ficasse mais justa.

O deputado Rigo Teles (PV) chegou ao salão principal acompanhado de outros colegas. Vestia um terno azul-marinho, camisa azul e gravata vermelha. Tinha os cabelos curtos, pintados de preto na tentativa de fazê-lo mais jovem que seus 49 anos, e penteados com algum gel. O senador Edison Lobão Filho (PMDB-MA) veio cumprimentar-lhe e perguntou por seu pai, o prefeito de Barra do Corda (a 450km de São Luís), Manoel Mariano de Sousa, o Nenzim. Rigo limitou-se a dizer que estava tudo bem. A preocupação manifestada pelo senador tinha um motivo: Nenzim acabava, em 2012, seu terceiro mandato de prefeito, mas, em fevereiro do ano anterior, só não foi preso pela Polícia Federal porque ficou foragido até obter um *habeas corpus*. A Justiça tentava alcançar-lhe, mas a mão da deusa grega Têmis mostrava-se curta. Lobão Filho é amigo da família Teles. O senador tem uma rádio na cidade – a rádio Guajajara, uma das três informadas por ele à Justiça Eleitoral – além de um terreno.

O deputado tomou água e foi posicionar-se à frente do pequeno palco improvisado, onde Dilma receberia suas condecorações. As demais autoridades procederam da mesma maneira e procuraram algum lugar onde pudessem ver e ser vistas pela principal mandatária do país. Dilma chegou ao evento ladeada por José Sarney (PMDB-AP) e pela governadora, filha dele, além de três ministros. A quantidade de gente que se formou atrapalhou a visão dos fotógrafos e cinegrafistas que, como é comum em situações como essas, não tiveram dúvida na hora de apelar:

– Sai da frente; abaixa a cabeça; sai...

Os convidados entreolharam-se espantados; Dilma, como também é comum em eventos dessa natureza, procurou fuzilá-los com seu olhar de poucos amigos, bastante conhecido dos que com ela convivem. Mas os fotógrafos foram salvos do abate ocular da presidente, justamente por causa da parede humana que se formara entre eles e ela. Dilma fez cara de quem não estava gostando, mas os pedidos de "dá licença" continuaram.

No discurso em homenagem à presidente, a governadora falou da riqueza do Estado que sua família – e os aliados dela – governa há 40 anos:

– Somos uma terra rica, e um povo também rico. Nossa maior riqueza é nosso povo – afirmou.

Dilma desenrolou-se em elogios à família e, sobretudo ao chefe do clã, o senador José Sarney. Ela fez questão de lembrar que o presidente do Congresso era membro da Academia Brasileira de Letras (ABL), dando um verniz de intelectualidade ao cacique.

– Eu vou utilizar, com a licença do presidente Sarney, eu vou utilizar uma citação dele, que ele escreveu num recente artigo sobre os 400 anos de São Luís: "Cognominada Atenas brasileira, colecionou para o país os seus maiores escritores, desde Gonçalves Dias, o maior, até Souza Andrade, o construtor do nosso Modernismo. Dos patronos e membros fundadores da Academia Brasileira de Letras, dez eram do Maranhão". E eu queria acrescentar que, entre eles, está o senador José Sarney.

Terminada a cerimônia, as autoridades queriam apertar a mão da presidente e, se possível, sair em alguma foto ao lado dela. Ela procurou ser gentil à sua maneira, sempre cerimonial e formal. Rigo Teles mal conseguiu se aproximar, mas ainda obteve um toque da mão presidencial. Era o bastante. A presidente se retirou para um salão reservado, para almoçar com a governadora, com Sarney e mais os ministros que a acompanhavam.

No salão da cerimônia ficaram os deputados, jornalistas, e autoridades de segundo escalão, que não foram convidados para o almoço presidencial. Garçons e garçonetes surgiram com bandejas de prata e salgadinhos com camarão, caranguejo, queijo e alguns com nomes que nem eles se atreviam a dar. Tudo de bom gosto e gosto bom. Logo que chegavam, os garçons eram cercados e atacados, como caminhão de mantimentos na seca do Nordeste na década de 1980. Deputados mais formais pegavam um e fingiam conversar com seus pares para não transparecer que a fome era mais forte que os bons modos. Rigo Teles foi mais direto: pegou três. Do lado de fora do Palácio dos Leões, o grupo de cerca de 200 pessoas ainda se mantinha em pé. O sol e a fome castigavam quem pelas autoridades esperava.

Rigo Teles é deputado estadual há quatro mandatos. Elegeu-se pela primeira vez em 1998 e foi ganhando mais votos à medida que a experiência e o conhecimento da política maranhense aumentavam. A multiplicação do número de eleitores que confiaram nele só não foi maior do que o incremento em seu patrimônio. Em 1998, Rigo obteve 18.061 votos. Na eleição seguinte, em 2002, quase dobrou a quantia, somando 30.850 votos. Em 2006, foram 42.556 e, em 2010, 46.598 simpatizantes acreditaram nas promessas do deputado e lhe permitiram ficar mais quatro anos na Assembleia Legislativa. Nessas quatro legislaturas, passou por três partidos: PFL (que se tornou DEM), PSDB e PV. Quase sempre foi do grupo de apoio aos Sarney, com exceção do terceiro mandato, quando apoiou Jackson Lago (PDT). Porém, com a cassação de Lago, voltou aos braços dos Sarney num estalar de dedos.

O deputado gosta de estar entre famosos. Em junho de 2012, o apresentador Faustão, da Rede Globo, cumprimentou, em seu programa dominical, o parlamentar, a mulher dele, Abigail Cunha, e seus filhos Livian Maria Teles e Rian Teles. A família havia encontrado o artista global em São Paulo, no Shopping Cidade Jardim, um dos mais chiques da cidade. Faustão deixou-se fotografar pelo parlamentar e a família e, no Domingão do Faustão, mandou um abraço para "os amigos de São Luís e do Maranhão". A foto foi divulgada em vários blogs na cidade e mostra Rigo de camisa polo listrada, o apresentador com uma camisa amarela, ao centro, e o filho do parlamentar ao lado direito de Faustão. Em discurso proferido por ele em 4 de junho de 2012, o deputado fez questão de contar aos colegas que o apresentador global havia citado seu nome no programa transmitido em 3 de junho. O parlamentar mostrou-se ao mesmo tempo orgulhoso e feliz com a homenagem.

– Nós fomos surpreendidos em pleno Programa do Faustão (sic), ontem, domingo à tarde, mandando um abraço aos amigos de São Luís. Ele ainda chamou: amigos de São Luís, Rigo Teles, minha esposa Abigail, meus filhos Yan, Lívia. Então isso é bom para a gente ser lembrado, realmente pelo maior apresentador da televisão do momento, o apresentador Fausto Silva da Rede Globo, me mandar um alô, me mandar um abraço, num programa ao vivo da Rede Globo, um programa que além de ser transmitido para todo o Brasil, é também para 123 países. Então, eu fiquei muito lisonjeado, satisfeito, feliz com o gesto do apresentador Faustão, o Fausto Silva, ontem no seu programa. E quem é que não gosta de ser lembrado? – discursou.

Num aparte, o colega Magno Bacelar, do mesmo partido que Rigo, o PV, ainda o provocou jocosamente:

– Deputado Rigo Teles, eu também estava assistindo o Faustão (sic), e fiquei feliz quando vi o seu nome e o da sua esposa, Abigail, não é? E fiquei muito feliz com aquela dança dos famosos ali, porque a gente descontrai bastante, não é? O deputado Edilázio está perguntando se V. Ex.ª não vai participar da Dança dos Famosos, porque tem que ser craque para dançar.

Embora goste de forró, Rigo Teles não dança bem, mas faz muita gente rebolar. Os embalos do deputado são de outra cultura. De uma família pobre – o pai era alfaiate e, depois de ser prefeito, tornou-se milionário –, o deputado cresceu com tino para negócios. Em sua cidade, quem o conhece diz que, no início, ele fazia bingo de carros. Outros o apontam como agiota, como era o caso do jornalista Décio Sá, assassinado em abril de 2012, por denunciar a atuação de vários contraventores no Estado e colecionar inimigos políticos e a antipatia de vários colegas. Décio Sá colocava em sua lista de agiotas também o irmão de Rigo, Pedro Alberto Teles de Sousa. A fama de Rigo Teles nesse tipo de crime é tão corrente no Maranhão que, em junho de 2012, ele veio a público negar qualquer atuação nesse sentido.

Em 3 de abril de 2012, em um discurso em homenagem ao empresário Valdeci da Melodisc, que havia falecido, o parlamentar observou que em 1995 tinha três lojas de revenda de veículos em Barra do Corda, Presidente Dutra e Dom Pedro. No entanto, em nenhuma de suas declarações de bens esses empreendimentos são citados. Em São Luís e em Barra do Corda, o deputado é considerado milionário. Não é para menos. Os números apresentados pelo parlamentar em suas declarações de bens entregues à Justiça Eleitoral não deixam dúvidas sobre isso. Desde que foi eleito pela primeira vez, Rigo Teles viu seu patrimônio multiplicar-se 48 vezes: passou de R$ 117.690 para R$ 5.663.271 de 1998 a 2010, um intervalo de 12 anos, ou 4.812%. Nenhuma aplicação bancária renderia tanto.

Em 1998, ele tinha seis terrenos e um prédio comercial em Presidente Dutra, mais cinco linhas telefônicas, duas delas celulares. Uma das glebas adquiridas por Rigo Teles em 20 de outubro de 1997, de 1.288 hectares, equivale a 1.717 campos de futebol. A aquisição de toda essa área foi mais um dos bons negócios do político. Ele declarou que, na época, pagou R$ 10 mil por tudo, o que equivale a R$ 0,13 o hectare. O imóvel, no povoado da Passagem Rasa, fica à margem direita do rio Corda, um dos dois rios que cortam a cidade – o outro é o Mearim. Na época, quando fez esse negócio em Barra do Corda, seu pai estava no primeiro mandato de prefeito da cidade.

Em 2002, Rigo manteve os bens que possuía e acrescentou uma casa em São Luís, construída sobre dois lotes adquiridos em maio de 1999 por R$ 50 mil. Na declaração de Imposto de Renda do ano-calendário de 2001 a residência estava avaliada em R$ 250 mil. Rigo ampliou ou fez benfeitorias em seus outros imóveis, acrescentando valor ao patrimônio. Assim, quando disputou sua segunda eleição, seus bens somavam R$ 566 mil, conforme cópia do IRPF entregue à Justiça Eleitoral. Mais uma vez, não há menção a nenhuma empresa em nome do parlamentar. Com um patrimônio de pouco mais de R$ 550 mil, ele não hesitou em gastar metade disso – R$ 271.183 – com a própria campanha. Certeza de vitória e de que a sorte lhe poderia sorrir com dentes de ouro no próximo mandato.

A vida do deputado-empresário melhorou ainda mais quando ele se apresentou para o terceiro mandato. Os R$ 566 mil transformaram-se em R$ 2,215 milhões. A casa de R$ 250 mil havia dobrado de valor, graças a mais investimentos. Em depósitos e aplicações ele informou possuir R$ 526 mil. Pela primeira vez, declarou possuir um veículo em seu nome: uma Toyota Land Cruiser, avaliado em R$ 160 mil. Os outros imóveis dos quais ele já era proprietário receberam novos investimentos. E, uma vez mais, Rigo não informou ser sócio de empresas. Mas isso não o impediu de contribuir para si mesmo com R$ 200 mil.

Essa situação de empresário sem empresa só foi resolvida na eleição de 2010. Naquela época, o deputado declarou que era sócio da Bonanza Empreendimentos e Participações, com cotas no valor de R$ 530 mil. A empresa foi constituída em dezembro de 2009 e tinha como sócias, além do próprio parlamentar, a mulher dele, Abigail Cunha de Almeida Sousa, e a sobrinha Nakyoane Cunha Andrade. Ela foi criada por Rigo desde que a mãe, Joanilca Aparecida Cunha Andrade, morreu. O parlamentar a considera uma filha – e sócia em outro estabelecimento.

De acordo com a Junta Comercial do Maranhão, a Bonanza tem como objeto social a compra e venda de imóveis próprios, administração de fundos por contrato ou comissão, incorporação de empreendimentos imobiliários e construção de edifícios. Ainda segundo os documentos da Junta, Rigo Teles entrou na sociedade com a integralização de R$ 80 mil em dinheiro e mais um imóvel no valor de R$ 450 mil. A mulher dele, Abigail, tinha uma participação de R$ 50 mil, e a sobrinha-filha, de R$ 5 mil. O terreno em questão era da União Federal, e o parlamentar tinha o domínio útil da área, que mede 9.260 metros quadrados, ou seja, pouco maior que um campo de futebol. Fica localizado no bairro de Areinha, em São Luís. O parlamentar só o declarou quando se candidatou à reeleição em 2006. Anotou o valor de R$ 350 mil.

Em novembro de 2010, já eleito para o quarto mandato, Rigo fez alterações na sociedade. A sede passou a ser na avenida dos Holandeses, uma das mais chiques de São Luís, no bairro Calhau, caminho para a praia e para apartamentos luxuosos e onde está situada a maioria dos hotéis, próximo da Lagoa do Jansen, um dos cartões postais de São Luís – em que pese o cheiro de esgoto que às vezes incomoda os frequentadores dos bares ao seu redor. O capital social passou de R$ 585 mil para R$ 1,4 milhão. Seu cunhado, Fábio Cunha de Sousa, ingressou na empresa, como sócio, com um aporte de R$ 100 mil. Deu como participação um imóvel em São Luís, no Parque Calhau. O parlamentar também aumentou sua participação. Integralizou mais R$ 150 mil em dinheiro e mais dois terrenos, com valor total de R$ 350 mil. Os dois imóveis também nunca constaram das declarações de bens do deputado – um terreno avaliado em R$ 150 mil, e um outro, de R$ 200 mil, ambos no Calhau. Abigail, a mulher, ingressou com mais R$ 75 mil na sociedade, na forma de uma casa no bairro São Francisco, uma área de vários comércios. A sobrinha-filha ajuntou mais R$ 140 mil graças a um prédio comercial de dois andares. A alteração contratual registrada na Junta Comercial, porém, traz um erro: na hora da descrição pormenorizada da participação de cada sócio, Abigail aparece como dona do prédio comercial que, no preâmbulo, constava como sendo de propriedade de Nakyoane. A sobrinha-filha também surge, na sequência, como proprietária do mesmo imóvel. Ainda assim, a Junta Comercial arquivou o documento. Apesar de Fábio Cunha de Sousa apresentar-se como morador de Barra do Corda, cidade distante 450km de

São Luís, é ele quem aparece como sócio-administrador da empresa, com sede na capital do Maranhão.

Fábio também é o administrador do Posto Free Center Alvorada, em Barra do Corda, embora não seja sócio do estabelecimento. É dele a responsabilidade de abertura de contas, aquisição de talões de cheques, retiradas em dinheiro, empréstimo, aplicações financeiras. O posto está localizado próximo à rodoviária intermunicipal da cidade, que tem pouco movimento. É pequeno. No seu terreno, há uma lanchonete e uma farmácia. Em dezembro de 2012, o estabelecimento estava promovendo um sorteio de uma moto Biz e uma outra Bros, ambas da Honda. Em janeiro de 2008, quando foi criado, o posto era um empreendimento individual em nome de Nakyoane, que aparecia na Junta Comercial como cotista de R$ 150 mil – ela é farmacêutica de formação. Assim permaneceu até janeiro de 2011, quando Rigo Teles entrou formalmente no negócio. Na declaração de bens entregue à Justiça Eleitoral em junho de 2010, o parlamentar informou que possuía R$ 600 mil de crédito sobre empréstimo a Nakyoane. Em janeiro de 2011, é a sobrinha quem lhe transfere R$ 107.500 em cotas, ficando com apenas R$ 42.500 na sociedade. Rigo integraliza, então, mais R$ 700 mil em moeda corrente. O posto de combustível passa a ter um capital social de R$ 850 mil. Outra alteração registrada permitiu que o Posto Free Center Alvorada pudesse fazer transporte de produtos perigosos, como é o caso de combustível. Um caminhão com o logotipo Alvorada estava estacionado ao lado do estabelecimento na noite de 5 de dezembro de 2012. Moradores de Barra do Corda atestaram que o veículo pertence ao deputado.

O patrimônio total declarado pelo deputado em 2010 chegava a R$ 5,6 milhões, um aumento de 155,6% em relação a 2006. Em 2010, como fez nas últimas três eleições, Rigo pagou do próprio bolso R$ 687,4 mil para sua campanha. Naquele ano, gastou R$ 738.4 mil, mas o pai contribuiu com R$ 10 mil, e o posto de combustível Nakyoane, com outros R$ 40 mil. A participação da família na campanha do deputado estendeu-se à prestação de serviço. O cunhado e sócio Fábio Cunha Almeida foi responsável, segundo a prestação de contas, por publicidade em carro de som e, para tanto, recebeu um cheque de R$ 30 mil. O posto de gasolina, além dos R$ 40 mil que doou, recebeu R$ 49.5 mil pelo combustível gasto pelo então candidato.

BARRA DO CORDA

Localizada no centro do Maranhão e distante 450km de São Luís, Barra do Corda é uma cidade de divisões. O município é cortado por dois rios – o rio Corda e o Marim. O primeiro tem águas mais claras e frias, o segundo, mais escuras e mornas. O povo se divide entre católicos e protestantes, com predomínio dos primeiros. Índios das etnias guajajaras e canelas frequentam o centro da cidade disputando espaço com os brancos e negros. E, na política, há a família Sousa Teles e os adversários dela.

A região era dominada pelos guajajaras e canelas, da linha Tupi. Atribui-se ao cearense Manoel Rodrigues de Melo Uchoa a fundação do que hoje é Barra do Corda. Segundo a história local, Uchoa foi incentivado pelo cônego Machado, de São Luís, a formar uma nova comunidade no centro do Maranhão, entre a Chapada – atual Grajaú – e Bons Pastos. O motivo era político: evitar que eleitores tivessem de percorrer grandes distâncias para exercer suas obrigações. A fundação é datada de 3 de maio de 1835.

De São Luís a Barra do Corda é praticamente uma reta, pela BR-135 e, em seguida, pela BR-226. Na beira da estrada, sobretudo próximo a Matões do Norte, há muitas mulheres e crianças vendendo milho assado, jacas, mangas e artesanatos de barro de gosto duvidoso. Os postos de combustível têm restaurantes sofríveis, mas a estrada não é das piores. Durante todo o trajeto até Barra do Corda, de cerca de seis horas, uma paisagem pobre acompanha o olhar: casas de barro, cobertas com sapé. É a tradução visível dos índices sociais que não deixam esquecer que o Maranhão é um dos estados mais pobres do país, em que pese a governadora Roseana Sarney e o pai dela, o senador José Sarney, estufarem o peito, frente à presidente da

República, para dizer que o estado que governam há décadas é um dos mais ricos do país. Algumas casas têm como cobertura folhas de zinco. No calor do sertão nordestino, o lar acaba se tornando um forno de barro. Por isso entende-se porque, ao meio-dia, com o sol a pino, adultos e crianças permanecem do lado de fora.

O censo de 2010 atestava que Barra do Corda tinha uma população de 82.830 habitantes. O PIB *per capta* era, na ocasião, de R$ 5.972, mas o valor do rendimento médio mensal *per capta* era de R$ 106,80 (para a população rural), ou R$ 255,00 (para os que vivem na cidade). Da população branca acima de 10 anos que estava economicamente ativa em 2010, havia mais empregados sem registro em carteira (1.999 assalariados) do que com carteira assinada (1.020). A maioria (2.669) trabalhava por conta própria e havia outras 278 pessoas que, embora declarassem que trabalhavam, não recebiam nada por isso. Entre os negros, a situação era ainda pior. Somente seis declararam-se empregadores – entre os brancos, eram 134. Os indígenas estavam abaixo dos negros e, claro, dos brancos – 102 disseram trabalhar, mas não tinham carteira assinada; 116 mantinham-se por conta própria e 75 não ganhavam nada pelo trabalho que realizavam.

A religião tem suas peculiaridades na cidade, que é amplamente católica, com 66.529 declarados seguidores. Os evangélicos, que somam 11.947 crentes, são, em sua maioria, pentecostais (8.331 fiéis). E só há quatro espíritas assumidos. Além disso, embora o Terecô, religião africana surgida na cidade maranhense de Codó, seja bem comum por lá, ninguém admitiu praticá-la, nem frequentar terreiros de Candomblé.

A BR-226, que corta a cidade, dividindo-a, tem um movimento constante de caminhões e motos. A entrada para o centro é meio confusa. Não há muitas placas indicativas e quem está na rodovia e quiser chegar à rodoviária, por exemplo, tem de perguntar a algum morador. Um dos caminhos passa diante de um CIAC (Centro Integral de Apoio à Criança e ao Adolescente), os escolões criados pelo ex-presidente Fernando Collor de Mello. A pintura do prédio é original, isso é, nunca foi repintada e, por isso, as faixas azuis e amarelas estão cada vez mais desbotadas. O mato ao redor e os vidros quebrados sugerem que o local está abandonado, mas é ilusão de quem acredita que escolas devem ter boa qualidade estrutural e de ensino para receber os alunos. Próxima dela fica a rodoviária intermunicipal e o posto de combustível do deputado.

A vida noturna não oferece muitas opções. Poucas lanchonetes atraem os moradores. No meio da semana, estão praticamente vazias. Ao lado da rodoviária está o Bar do Zé, autointitulado "o rei da picanha". Mas na noite de 5 de dezembro de 2012 o principal prato da casa estava em falta. Um homem trajando camiseta vermelha e uma bermuda escura de tão encardida movimentava-se freneticamente de um lado para o outro, e trocava algumas palavras com o Zé, o dono do bar. O personagem batia à mesa como quem quer abater mosquitos, de forma atabalhoada, às vezes com força, outras sem muita convicção. Sem motivo aparente, jogava fora o que sobrou das garrafas com cerveja e, meio cambaleando, as derrubava. Zé, pacientemente, aproximava-se, trocava algumas palavras com o freguês, recolhia os vasilhames. Uma menina de cabelo loiro, com tranças, aparentando cinco anos, entrava na cozinha, escolhia uma garrafa de cerveja gelada e saia correndo para outra mesa, para atender o cliente. Ganhava como pagamento um afago na cabeça. Às 21h, os fregueses abandonavam o local.

Pela manhã, o centro de Barra do Corda tem trânsito de cidade grande. Pela rua Tiradentes, alguns índios parecem desocupados, desolados. Na região, há lojas de grandes rede, como Paraíba, Novo Mundo e Rabelo. E um mercado popular, com produtos chineses, roupas, frutas, legumes e de tudo um pouco, que sufoca e deixa uma sensação de claustrofobia. Os espaços são estreitos para andar e, no interior, quase não há luz solar. No prédio da Prefeitura, onde também funciona a Câmara Municipal, havia um entra e sai constante de moradores. O prefeito não estava; os vereadores também não. Do lado de fora, duas índias seguravam os filhos no colo e os amamentavam. A Secretaria Municipal de Assuntos Indígenas, mais à frente, estava fechada.

Na região de Barra do Corda, que compreende os municípios de Grajaú, Arame, Jenipapo dos Vieiras, Fernando Falcão, Itaipava do Grajaú e Barra do Corda, o Censo 2010 do Instituto Brasileiro de Geografia e Estatística (IBGE) contou 8.671 indígenas. Os problemas são grandes. De vez em quando, eles ganham o noticiário por promover protestos, como em março de 2012 quando fecharam a BR-226 entre Barra do Corda e Grajaú para reivindicar o direito de ter água tratada nas aldeias e a construção de poços artesianos. Em 2010, durante outro protesto, desta vez para pedir transporte escolar e merenda, a coisa ficou séria. O delegado regional de Barra do Corda, Edmar Gomes Cavalcanti, que tentou furar o bloqueio – ele disse que os índios estavam cobrando pedágio, e não protestando –, envolveu-se numa confusão que resultou numa troca de tiros. O delegado foi atingido por duas balas, uma no peito e outra no abdômen, mas sobreviveu. Ele acertou oito índios. Ninguém morreu. Vira e mexe, as manifestações resultam em reféns, que ficam dias sob poder dos índios até que a Fundação Nacional do Índio (Funai) consiga reverter a situação.

Apesar de Barra do Corda não ser uma cidade grande, teve uma participação importante na queda do então ministro do Turismo da presidente Dilma, Pedro Novais (PMDB-MA), que ficou famoso depois que o jornal *O Estado de S. Paulo* noticiou que ele havia utilizado R$ 2.156 da verba de seu gabinete para pagar diária no motel Caribe, em São Luís. Com 80 anos de idade em 2010, o ministro fogoso teria gastado o recurso com uma festa em uma das suítes, como informou o repórter Leandro Colon.

A participação de Barra do Corda na demissão de Novais se deu por conta de uma emenda parlamentar de autoria dele para a construção de uma ponte que liga o centro aos bairros de Vila Canadá, Tamarindo, Vila Juá e Incra. De acordo com a *Folha de S. Paulo*, Novais havia conseguido R$ 1 milhão em emendas para a obra, que foi tocada sem licitação. A empresa contratada foi apontada como fantasma pelo jornal e teria ligações com Pedro Teles, o irmão do deputado Rigo Teles. Com mais uma denúncia, somada a outras de desvio de recursos por ONGs em sua Pasta, o ministro sentiu que não tinha mais como permanecer em pé no cargo e acabou caindo. A ponte foi inaugurada em 11 de fevereiro de 2012 pelo prefeito Nenzim. Da tribuna da Assembleia Legislativa, Rigo Teles desqualificou a reportagem e disse que a entrega da obra comprovava que a construtora existia de fato.

FAMÍLIA DA PESADA

A família Sousa Teles criou raízes em Barra do Corda há cerca de 50 anos. O patriarca da família, Manoel Mariano de Sousa, o Nenzin, nasceu em Passagem Franca em março de 1939 e chegou à cidade no início da década de 1960, com pouco mais de 20 anos. Estreou na política em 1992, elegendo-se vereador e, apesar de ser neófito, foi presidente da Câmara Municipal entre 1993 e 1994. Em 1996, candidatou-se a primeira vez a prefeito, elegendo-se. Foi derrotado na reeleição em 2000, mas tornou a vencer em 2004 e 2008. O gosto pela política e a facilidade que demonstrou na multiplicação de bens foi transmitida aos filhos, sobretudo a Rigo Teles. O patriarca, que era alfaiate, passou a ser empresário e agropecuarista muito bem sucedido. Alinhavou apoios com destreza na política e transformou capim em fazendas, joias e rebanhos. Que o diga a Polícia Federal, que em fevereiro de 2011 deflagrou a Operação Astiages, prendendo 10 pessoas – o prefeito e a primeira-dama, Francisca Teles de Sousa, contraditoriamente conhecida na cidade como Santinha, escaparam do cerco e evitaram se hospedar na carceragem da PF.

A Polícia Federal acusou o prefeito e os filhos de desviarem R$ 50 milhões dos cofres públicos. Nenzin, como se soube depois, é um homem de família, preocupado com o bem-estar dos seus. Sob as asas acolhedoras e protetoras do executivo municipal, filhos, netos e noras se refestelavam. Pedro Teles, o filho, por exemplo, era secretário de Finanças; Sandra Teles, a filha, tesoureira; a Dona Santinha, secretária de Ação e Promoção Social; a sobrinha-filha de Rigo Teles,

Nakyoane, cuidava de uma regional de saúde; a mulher do deputado, Abigail, havia sido tesoureira da prefeitura no primeiro mandato do sogro. No legislativo municipal, a família também dominava: a mulher de Pedro, Nilda Barbalho, e o cunhado do deputado, Antonio Marcos Cunha de Almeida, eram vereadores, revezando-se na presidência e vice-presidência da Casa.

Em 2006, quando Rigo Teles era ligado ao ex-governador José Reinaldo Tavares – que foi eleito com apoio da família Sarney e depois rompeu com ela –, conseguiu nomear Nakyoane como secretária-adjunta de apoio institucional na Casa Civil. Com Roseana no poder, o parlamentar obteve outro cargo para a sobrinha-filha: diretora de saúde da regional Barra do Corda. Ela foi exonerada em novembro de 2011. Na verdade, só mudou de função: no mesmo dia, virou gestora da regional.

A mulher do deputado, Abigail, tesoureira do sogro na prefeitura de Barra do Corda, foi condenada pelo Tribunal de Contas da União (TCU) em agosto de 2010, juntamente com o sogro e a então secretaria de Saúde do município na primeira gestão de Nenzim (1997-2000), Olinda Costa Trovão, a ressarcir aos cofres públicos R$ 2.529.989, cujo valor atualizado em 2010, quando foi publicado o acórdão 5023/2010, já estava em mais de R$ 9 milhões.

O processo no TCU ilustra bem o descaso da família Sousa Teles com o dinheiro público e com a fiscalização da aplicação dos recursos. A Diretoria Executiva do Fundo Nacional de Saúde havia instaurado uma tomada de contas especial para apurar irregularidades na aplicação de verba repassada pelo Sistema Único de Saúde (SUS) a Barra do Corda. O pedido de fiscalização partira do senador Eduardo Suplicy (PT-SP) porque Nenzin havia se recusado a prestar depoimento a uma Comissão Parlamentar de Inquérito (CPI) que apurava justamente desvios de recursos. Os técnicos identificaram, no período de julho de 1999 a dezembro de 2000, que não havia justificativa para gastos na ordem de R$ 2.529.989. O Departamento Nacional de Auditoria do SUS concluiu que "não há comprovação da entrada dos produtos no almoxarifado da

Secretaria de Saúde de Barra do Corda, pois as fichas de controle de estoque referem-se aos exercícios de 1998 e 1999, não identificando o fornecedor e o número da nota fiscal na maioria dos lançamentos. No que se refere ao exercício de 2000, foram apresentadas apenas as solicitações para requisição dos produtos". Ou seja: a prefeitura recebia verba do SUS para comprar remédios, mas não a utilizava para essa finalidade.

Os advogados do prefeito não cumpriram o prazo para apresentar a defesa e requisitaram mais tempo, o que foi concedido. Porém, alegaram que a defesa estava sendo cerceada, porque documentos que seriam importantes para provar a inocência de Nenzim haviam sumido dos autos. O TCU, no entanto, rejeitou essa argumentação com base numa declaração anterior da própria defesa, que havia informado que embora o prefeito não mais estivesse na administração do município, manteve em seu poder a documentação referente à sua gestão porque receava que seu adversário, que havia ganhado a eleição, pudesse sumir com a papelada.

A ex-secretária de Saúde, em sua defesa, apresentou apenas um pedido para dilatação do prazo, o que foi negado. Abigail, mulher do deputado, nem isso fez. Simplesmente não se manifestou nos autos. Por conta disso, o TCU condenou os três a ressarcirem os cofres públicos. Essa atuação familiar rendeu aos Sousa Teles uma alcunha: reportagem da revista *IstoÉ* a qualificou de "Família Metralha". Na Operação Astiages, a PF enumerou pelo menos 100 imóveis em nome do prefeito, embora ele só tenha declarado cinco para a Justiça Eleitoral.

À beira da BR-226, a Fazenda Alvorada IV chama a atenção de quem passa. Somente de frente, são cerca de 500 metros e, da pista, não se vê até onde vai a propriedade. Uma escultura de barro de um boi branco, marcado com NT (Nenzin Teles), deixa claro que a propriedade é do prefeito. Há também as fazendas Alvorada I, II e III. Perto dali, o recém-loteado bairro Alvorada não recebe o mesmo brilho do sol que irradia para o prefeito e seus familiares. As ruas são todas de terra e não há equipamentos públicos. Algumas casas ainda são cobertas com taipa e só há uma escola no lugar.

Na Operação Astiages, além de propriedades e bens do prefeito e dos irmãos do deputado Rigo Teles, a Polícia Federal também descobriu que o parlamentar estadual tinha muito mais do que havia declarado publicamente quando se recandidatou ao cargo, em 2010. A PF descobriu, por exemplo, que ele havia adquirido um avião bimotor EMB 810-C, que estava registrado em nome de Moacir Mariano Silva, um dos presos na operação, apontado como laranja. Silva reside numa casa simples e, na época da operação da PF, tinha renda mensal de R$ 1,2 mil. A Polícia Federal o acusa de emprestar sua conta bancária para Pedro Teles, irmão do parlamentar, movimentar R$ 4,5 milhões entre 2008 e 2009. O deputado também era proprietário do helicóptero PR-VVA, que estava em nome da sobrinha-filha Nakyoane.

Em Barra do Corda, os Sousa Teles têm residências pintadas da mesma cor e construídas no mesmo estilo – como os familiares do deputado federal Genecias Noronha (SDD-CE). Enquanto o cearense tem predileção pelo amarelo para padronizar as residências dos seus, os políticos da cidade do Maranhão optaram pelo bege. A casa do prefeito e de Pedro Teles ficam à beira da BR-226. A de Rigo Teles fica mais afastada, no bairro Altamira. Tem dois andares, toda amurada, com segurança em uma guarita para evitar olhares de intrusos. Depois que assumiu o segundo mandato, em 2008, o prefeito e o filho reformaram as residências. De acordo com moradores da cidade, a obra durou mais de um ano.

Para agradar a família Sarney, uma das obsessões dos prefeitos do Maranhão, Nenzim mudou o nome da avenida principal do bairro Trizidela que, de Amazonas, passou a se chamar Governadora Roseana Sarney, com direito a um portal no meio da rodovia para que todos possam ver. A mudança da denominação da via deixou a oposição irritada porque, no bairro, as outras ruas têm nomes de rios. Na mesma calçada da mansão do prefeito está a distribuidora Alvorada, também de sua propriedade e não registrada na Justiça Eleitoral. A filha do prefeito, Sandra Maria Teles de Sousa Medeiros, e a mulher dele, a Santinha, figuram como sócias. Em 2011, segundo a Polícia

Federal, a distribuidora não apresentava registros de vínculos trabalhistas no Cadastro Nacional de Informações Sociais (CNIS). De acordo com as investigações, entre dezembro de 2008 e fevereiro de 2010, a Alvorada recebeu R$ 17,4 milhões da prefeitura que Nenzin administrava – dinheiro público para o cofre privado.

A família também possui postos de combustível que, claro, têm a prefeitura como uma das principais clientes. O posto de combustível Free Center Alvorada, que pertence a Rigo Teles, por exemplo, abastece os veículos da prefeitura. Dona Santinha, que não é boba, é dona da empresa Francisca T. de Sousa Comércio. O Coaf identificou que em 16 de outubro de 2008, por exemplo, o estabelecimento recebeu R$ 156 mil em espécie. O dinheiro teria saído do comitê financeiro do PV, partido do prefeito, mas não aparece na prestação de contas do partido naquele ano, quando Nenzin se reelegeu prefeito. Porém, há pagamentos que somam R$ 161.098 com combustível do posto da Santinha. Naquele ano, Nenzim informou gastos totais de R$ 691.503 em sua vitoriosa campanha. Ele próprio doou para si mesmo R$ 112.800.

Além de homenagear autoridades do Estado, o prefeito Nenzin gostava de ver seu nome e de seus familiares estampados pela cidade. Um complexo educacional erguido próximo à sua residência, que consumiu mais de R$ 8,5 milhões, leva seu nome; o mercado público, do outro lado da BR-226, também tem seu nome na fachada; a praça de alimentação é denominada Francisca Teles de Sousa, e o deputado Rigo Teles dá nome a uma escola – por sinal, muito mal avaliada. Dados do Censo Escolar de 2011 demonstravam que dos alunos matriculados no quinto ano naquele estabelecimento, apenas 11% tinham aprendizado adequado em português e somente 4% eram considerados aptos em matemática. Para se ter uma ideia, a média de alunos no Brasil na mesma série que conseguem ler e entender um texto era de 37%, enquanto no estado do Maranhão era de 15%. A escola que homenageia Rigo Teles é a pior entre as quatro do município de Barra do Corda nesse quesito.

O complexo escolar que leva o nome do então prefeito foi, naturalmente, alvo de denúncias de irregularidades. O contrato com a Prediolar Locação de Veículos e Máquinas, que fez o serviço, foi celebrado em agosto de 2009, mas só foi publicado no Diário Oficial em 15 de fevereiro de 2012. O dono da empreiteira, José Orlando Aquino, foi denunciado em 2007 pelo Ministério Público, juntamente com o prefeito e mais cinco pessoas, por desvio de recursos. O complexo escolar Manoel Mariano de Sousa tem quatro andares, 63 salas, dois elevadores e previsão de acomodar 3.600 estudantes – mas não tem quadra esportiva. Antes de deixar a prefeitura, Nenzin fez questão de entregar o prédio com seu nome.

A família Sousa Teles é considerada violenta no Estado. O irmão do deputado, Pedro Teles, é réu em uma ação na qual é acusado de ser o mandante da morte do líder comunitário sem-teto Miguel Pereira Araújo, o Miguelzinho, em 1997. Em abril de 2012, a defesa dos pistoleiros Moises Alexandre Pereira e Raimundo Pereira, acusados de serem os executores do crime, pediu a transferência do júri para São Luís, ao invés de Barra do Corda. O motivo, segundo a defesa, era a influência da família na escolha dos jurados. Das 25 pessoas selecionadas para integrar o júri popular, pelo menos 20 tinham ligação com o próprio Pedro Teles, com o pai dele ou com o deputado. Um dos jurados era irmão de um assessor do parlamentar e outro foi presidente do bloco de carnaval Lisos Dando Shok, patrocinado anualmente por Rigo Teles. O júri acabou transferido para a capital do Estado, e os jurados, trocados. Mas em dezembro de 2012, quando parecia que o irmão do deputado seria finalmente julgado, a sessão foi adiada porque nem o advogado dos pistoleiros nem o de Pedro Teles compareceram. E assim a família segue, já se preparando para a próxima eleição.

O QUE DIZ O DEPUTADO

O deputado Rigo Teles foi procurado três vezes, mas não respondeu aos questionamentos enviados para ele. No dia 27 de agosto de 2013, o chefe de seu gabinete, Ornilo Sousa Melo, sugeriu encaminhar as perguntas para o e-mail pessoal do parlamentar. E assim foi feito. Como o deputado não respondia, outro contato foi feito no gabinete, no dia 11 de setembro. Ornilo disse que havia conversado com Rigo Teles e que ele já estava informado. No mesmo dia, fiz outro telefonema diretamente para o celular do parlamentar. Ele atendeu e disse que havia recebido as perguntas, mas estava em São Paulo e não podia responder naquele momento. Comprometeu-se a analisar as questões e responder. Outro e-mail foi enviado para o deputado, mas um mês depois, ele ainda não havia respondido. Abaixo, as perguntas que foram encaminhadas para o parlamentar:

1- A que o senhor atribui sua variação patrimonial?
2- Verifiquei que o senhor não era sócio formal de empresas até 2010, segundo suas declarações. O senhor mantinha alguma empresa nesse período que esqueceu de informar à Justiça Eleitoral? Que outras fontes de renda possuía, além do salário de deputado?
3- Na Operação Astiages, da Polícia Federal, os policiais listaram entre seus bens um avião e um helicóptero que não haviam sido declarados anteriormente. Quando o senhor adquiriu as aeronaves e quanto pagou por elas?
4- Por que o helicóptero está em nome de sua sobrinha?
5- O que o senhor tem a dizer sobre essa operação da PF que acusa o senhor e sua família de desviarem R$ 50 milhões da Prefeitura de Barra do Corda?
6- Como está, atualmente, o processo que resultou da Operação Astiages?
7- Em São Luís, alguns políticos e jornalistas locais dizem que o senhor e seu irmão Pedro Teles são agiotas. Isso é verdade?
8- A Polícia Federal e a imprensa local dizem que sua casa tem 2.090 metros e que o senhor teria gasto, somente em porcelanato, R$ 200 mil. Isso é verdade?

Verde como marca registrada

Wellington Fagundes

O deputado federal Wellington Fagundes (PR-MT) gosta das verdinhas. É sua cor preferida. Uma marca reconhecida por quem trata cotidianamente com ele, fazendo política ou negócios (ou os dois), e por quem o encontra de vez em quando. As camisas verdinhas utilizadas por ele nem sempre combinam com as gravatas ou os ternos. Mas ele não liga para a moda, não. De cabelos penteados cuidadosamente para trás, segurados a força de gel e que deixam à mostra a calvície que abre caminhos pelas têmporas como um máquina de cortar grama, Wellington tem um rosto arredondado e parece estar sempre sorrindo. Está de bem com a vida, e a vida lhe proporciona muitos bens. Veterinário de formação, casado com uma cirurgiã-dentista, deixou a profissão para entrar com tudo na prática política. E teve uma carreira meteórica, trilhada não apenas pelos desvios que lhe permitiram cortar caminhos e chegar à frente de adversários, mas também pelo sucesso na área empresarial, na qual expandiu sua presença, sobretudo em Rondonópolis, cidade onde cresceu e que lhe deu todo sucesso – à exceção da conquista da Prefeitura.

A carreira política de Wellington Fagundes teve início antes mesmo de ele se candidatar a um cargo eletivo para a Câmara Municipal, caminho comum a quem sonha em chegar ao panteão federal ou mesmo ao mais alto nível municipal – o cargo de prefeito. Depois de ter se formado, em 1980, pela Faculdade de Medicina Veterinária do Mato Grosso do Sul, em Campo Grande, ele retornou a Rondonópolis e abriu, segundo sua biografia oficial, disponível no site da Câmara dos Deputados, um comércio no setor de agropecuária. Recém-chegado, mas com muitos planos, elegeu-se presidente da Associação Comercial e Industrial da cidade por dois mandatos seguidos, entre 1983 e 1986, demonstrando que tinha tino e faro para oportunidades. E fez dali seu trampolim político e empresarial.

No ano seguinte, em 1987, o então prefeito Hermínio J. Barreto o convidou para ser seu secretário de Planejamento. J. Barreto e Wellington Fagundes entabularam uma amizade que se estendeu a uma sociedade numa rádio local, a Rádio Clube. Três anos depois de ser secretário, Wellington Fagundes candidatou-se pela primeira vez à Câmara dos Deputados e, embora não fosse ainda nenhum medalhão da política local, obteve vitória. A Câmara mostrou-se sua casa. Desde que lá chegou, em 1991, ali permaneceu por mais cinco mandatos consecutivos, enfrentando acusações das mais diversas, mas, também, reconhecendo o terreno onde poderia fincar estacas e lançar-se em expedições mais proveitosas.

A mesma sorte nas urnas que o levou a Brasília não o aboletou na cadeira de prefeito. Não foi por falta de tentativa. Foram duas. Perdeu em ambas. Em 2000, tentou chegar lá pelo PSDB, mas perdeu para Percival Muniz (PPS) – que voltaria ao cargo em 2012. Na eleição municipal seguinte, em 2004, outra incursão, desta vez pelo antigo PL (atual PR), e mais uma desventura: perdeu para o empresário Adilton Sachetti (sem partido), que contava com o apoio de Muniz, que deixava o cargo, e do então governador Blairo Maggi (PR).

Mas isso não significa que tenha abandonado de vez o plano de dominar a prefeitura. Uma das características de Wellington Fagundes, reconhecem os adversários, é que ele é muito aguerrido no que quer, entra de frente, mesmo que tenha que esbarrar e pôr para fora do gramado quem está no jogo. Ao mesmo tempo, e pensando nas possibilidades imediatas, não tem o mínimo embaraço em procurar antigos desafetos e tentar obter alguma vantagem. Fez isso no início de 2013, depois que Percival Muniz impôs uma derrota a Ananias Filho (PR), apoiado por Wellington. O deputado federal procurou o prefeito eleito para dizer que as eleições tinham ficado para trás e que ele estava à disposição para o que precisasse. Muniz agradeceu.

Em 2008, Wellington não concorreu. Em vez de ele próprio tentar ganhar o executivo municipal, fez uma articulação política e emplacou seu primogênito, João Antonio Fagundes Neto, como vice na chapa de Adilton Sachetti (PR), para quem o próprio deputado havia perdido na eleição anterior – mais uma demonstração de que Wellington vê oportunidades com olhar certeiro de um gavião. Sachetti tentava a reeleição, mas não ganhou – o vencedor foi o deputado José Carlos Junqueira de Araújo (PMDB), o Zé do Pátio, que contou com o apoio do deputado federal e ex-presidente do INSS nos primeiros anos do governo Lula (2003-2007), Carlos Bezerra (PMDB).

Mas Zé do Pátio não chegou ao fim de seu mandato. Em abril de 2012, o TRE o cassou sob acusação de abuso de poder econômico – ele teria distribuído 2.857 camisetas para que eleitores usassem no dia da eleição. A defesa ainda alegou que as vestimentas eram para os fiscais, mas, por cinco votos a um, os magistrados entenderam que se tratava de aliciamento, puro e simples. A camiseta trazia na estampa a foto de Zé do Pátio fazendo um V de vitória, que seria, mais tarde, quase uma vitória de Pirro.

Com a cadeira vazia de prefeito da segunda cidade mais rica do Mato Grosso, a Câmara Municipal teve de fazer uma eleição indireta, e o eleito foi o presidente do legislativo municipal, Ananias Filho (PR), seu aliado. O deputado chegava, assim, de forma indireta, ao cargo que nunca conquistara diretamente das mãos dos eleitores. E, como havia pouco tempo para permanecer no poder – menos de oito meses –, tratou logo de ocupar espaços. Para a Secretaria de Governo, o então prefeito nomeou a nora do deputado, a jornalista Eulália Souza Oliveira. Argumentou que ela o assessorava havia sete anos e nada mais justo do que tê-la ao seu lado num momento tão difícil e importante para a cidade. Eulália ganhou poderes que competiam ao próprio prefeito, como assinar decretos e autorizar pagamentos.

O filho de Wellington, João Antonio, embora tenha sido derrotado para o cargo de vice-prefeito, aproveitou a oportunidade e passou a despachar da sede do executivo municipal. E o contador do deputado, Jean Carlos Lino, virou diretor-presidente do Serviço de Saneamento Ambiental de Rondonópolis (Sanear). Mesmo assim, Ananias esforçou-se em fazer crer que o parlamentar não exercia influência alguma em seu governo.

"Lógico que ele vai aconselhar. Não quer um filiado do partido causando vergonha. Agora, falar que um deputado esteja influenciando, isso não", disse o então prefeito à mídia local em maio de 2012.

Essa fidelidade de Ananias a Wellington permitiu que ele fosse o candidato do PR à prefeitura naquele ano. Mas a mão do deputado, embora seja de Midas em certos negócios, parece afastar os eleitores de Rondonópolis quando o assunto é deixar a família Fagundes e seus aliados assumirem o poder local. Ananias perdeu.

A presença constante de João Antonio na prefeitura causou mal-estar. Em setembro de 2012, o ex-secretário de Saúde do município Valdecir Feltrin acusou o filho do deputado de ocupar o lugar de Ananias.

"Em quase todas as reuniões na prefeitura, quem conduz tudo é o nome de João Antonio Fagundes (Neto). É ele quem manda. O Ananias é um pau mandado do Wellington e todo mundo sabe disso lá dentro", disse o ex-secretário em entrevista ao *Notícias de Mato Grosso*.

O nome de João Antonio Fagundes Neto, o filho do deputado, foi uma homenagem que Wellington fez ao pai, João Antonio, conhecido como João Baiano, e considerado um dos pioneiros de Rondonópolis na segunda fase de expansão da cidade. Ele nasceu em Oliveira dos Brejinhos, na Bahia, em 1916, e, em 1952, chegou à cidade matogrossense – embora já vivesse no estado desde 1937. A cidade, que antes se chamava Rio de Pedra e havia sido renomeada em 1918 em homenagem ao Marechal Rondon, que por lá passara para fazer levantamentos para instalação de linhas telegráficas, começava a se desenvolver e atraía migrantes de toda parte do Brasil, especialmente do Nordeste, Minas Gerais e São Paulo. Para estimular a povoação e a expansão econômica da cidade, o governo dava lotes a quem estivesse disposto a desbravar a região. Uma vez estabelecido, seu João Baiano montou um comércio de secos e molhados e ferragens e de lá tirou seu sustento e conseguiu dar estudo aos sete filhos. Ele era uma pessoa muito estimada na cidade e virou título de condecoração: a medalha ao Mérito João Baiano. Depois de morto, em 2001, seu nome batizou a rodovia MT-270 e um conjunto habitacional na cidade construído pelo programa federal "Minha Casa, Minha Vida", com 1.500 casas. Quando morreu, deixou alguns bens para os filhos, mas nada que os tornassem milionários.

Rondonópolis, aliás, tem seus milionários – o próprio Wellington é um deles. Mas não o único. Como segunda força econômica do estado, a cidade deve sua pujança ao agronegócio e à política. A família Maggi, do ex-governador e senador Blairo Maggi, considerado o rei da soja, escolheu a cidade para ser o quartel-general do Grupo André Maggi (nome do patriarca, falecido em 2001). Até 2012, era de Rondonópolis que saíam as decisões que fizeram o conglomerado faturar US$ 3,7 bilhões em 2011. Em 2012, a sede transferiu-se para Cuiabá, mas a matriarca Lúcia permaneceu na cidade. Em Rondonópolis também fez carreira o deputado federal, ex-prefeito da cidade, ex-governador, ex-senador e ex-presidente do INSS Carlos Bezerra (PMDB), com patrimônio declarado de R$ 3,3 milhões em 2010, praticamente o mesmo valor informado na eleição de 2006, com uma diferença de R$ 100 mil a menos.

Bezerra e a mulher dele, Teté Bezerra, contribuíram para tornar a cidade conhecida para além das divisas estaduais – infelizmente, de uma maneira não muito positiva. Em 2006 e 2007, o Ministério Público denunciou o casal por formação de quadrilha, corrupção passiva e lavagem de dinheiro. O STF, no entanto, não acatou a denúncia contra o então deputado. Outra ação do Ministério Público o acusa de desviar recursos quando presidia o INSS. Na eleição de

2010, ele conseguiu se reeleger. Em março de 2013, seu nome ganhou destaque de forma positiva: foi dele a iniciativa de tornar lei a equiparação de empregados domésticos a outros trabalhadores, com direito a hora-extra, FGTS, aposentadoria e todos os benefícios comuns a todos que trabalham com carteira assinada. De cabelo tingido de preto retinto, foi aplaudido quando entrou no Senado e elogiado pelos colegas. Teté Bezerra, que foi deputada federal, foi acusada, em 2004, de participar da Máfia dos Sanguessugas. Por conta das denúncias, ela não concorreu nas eleições de 2006, mas voltou a se candidatar em 2010, a deputada estadual, elegendo-se com 22.964 votos. Em julho de 2013, o Tribunal Regional Federal da 1 Região (TRF-1) absolveu-a da acusação de corrupção passiva por apresentar emendas parlamentares para compra de ambulâncias com preço superfaturado. Em agosto, no entanto, o Ministério Público Federal recorreu da decisão.

Rondonópolis tem cerca de 202 mil habitantes e ocupa uma área de 4.159km^2. Está distante 215km da capital, Cuiabá, mas o tempo de viagem de um local ao outro não pode ser medido apenas com base nesses poucos quilômetros. As rodovias BR-364, BR-070 e BR-163 são abarrotadas de caminhões. Via duplicada é uma realidade apenas num pequeno trecho, com direito a concreto. Para piorar, em Jaciara, 72km antes de chegar em Rondonópolis, havia, em fevereiro de 2012, uma cratera ocasionada pelo desgaste do asfalto, o que obrigava as carretas – muitas delas, duplas – carregadas de produtos agropecuários a reduzir a velocidade a praticamente 10km por hora, aumentando ainda mais o congestionamento. Viajar a Rondonópolis é um exercício de paciência. E não há outra saída. Às vezes, comenta um frentista, uma viagem chega a durar 10 horas por causa dos buracos, que não permitem uma aceleração superior a 40km por hora. Na BR-364 dá para entender um pouco mais sobre o famigerado "custo Brasil", que faz com que as mercadorias daqui custem bem mais que as concorrentes internacionais. O desgaste dos veículos, o tempo gasto na viagem, o custo do combustível, tudo isso contribui para aumentar significativamente o preço dos produtos. Dos 4.159km² de Rondonópolis, somente 129km estão em área urbana, o que demonstra a aptidão do município para a produção agropecuária – que o diga Blairo Maggi, o rei da soja.

Outro filho famoso por colocar Rondonópolis no centro das manchetes negativas é João Arcanjo Ribeiro, o Comendador. Ex-policial civil, de origem humilde, na década de 1980 tornou-se o maior bicheiro do estado e um empresário bem-sucedido, o que o levou a ganhar um título da Assembleia Legislativa do Mato Grosso – daí o apelido de "Comendador". Na década de 1990, relembra um cuiabano, a palavra "Comendador" era sinônimo de "bicho-papão"; todos tinham medo dele. Seus negócios eram variados – além da jogatina propriamente dita, também tinha construtora e uma empresa de *factoring*, o que facilitava a lavagem de dinheiro. O fórum de Rondonópolis, aliás, foi erguido pelo Grupo JAR, acrônimo de João Arcanjo Ribeiro, e há, inclusive, uma placa em alusão ao seu nome. O shopping Rondon Plaza, inaugurado em maio de 2001, foi outra obra do Comendador. Em dezembro de 2002, a Polícia Federal desencadeou a Operação Arca de Noé (nome que seria utilizado em outras ações da PF com objetivo de desbaratar ações do jogo do bicho) que tinha João Arcanjo como um dos principais alvos. No entanto, ele conseguiu fugir, mas foi detido no ano seguinte, portando documento falso em Montevidéu. Apesar de preso, ele continuava controlando seus negócios, que são gerenciados pelo genro, Giovanni Zem – este também detido, em 2007, durante a Operação Arrego, mas depois colocado em liberdade. Mensalmente, uma funcionária do grupo o visita na cadeia para despachar com ele e prestar contas da movimentação de seus negócios. Em setembro de 2012, o Grupo JAR fez um informe publicitário de seis páginas em uma revista de Rondonópolis para demonstrar que está ativo, o que gerou críticas do Poder Judiciário, que considerou a propaganda uma afronta.

O deputado Wellington Fagundes também integra esse seleto grupo de milionários de Rondonópolis. A casa dele na cidade, ao contrário da de outros políticos, não chama tanto a atenção, e não é pintada de verde. Mas o patrimônio do parlamentar, em 2010, quando se candidatou novamente a uma vaga na Câmara dos Deputados, tinha mais de 40 itens, totalizando R$ 7,2 milhões. Um aumento muito expressivo em relação ao pleito anterior, de 2006, quando declarou ao Tribunal Superior Eleitoral (TSE) que tinha R$ 681 mil em bens – 31 itens – ou em relação a 2004, quando tentou se eleger prefeito e disse ter um patrimônio de R$ 585 mil. No período de quatro anos, Wellington se tornou um grande criador de gado – adquiriu 4.802 cabeças de bovinos, que, segundo informou, somavam R$ 3,3 milhões. Em 2004, quando se candidatou à prefeitura da cidade, ele não disse que era dono de um rebanho com 6.195 cabeças de gado; a informação, porém, constava de declaração de Imposto de Renda do parlamentar, conforme noticiou o jornal *Diário de Cuiabá*, em 1 de setembro de 2004.

Em 2010, o deputado também passou a ter dinheiro em conta corrente, um patrimônio que, em outras declarações, não havia sido informado. Somente em uma aplicação mantinha, na época, R$ 986 mil, além de R$ 518 mil em uma conta corrente no Bradesco e outros R$ 195 mil no Banco do Brasil.

O deputado, que na eleição de 2006 não informara ser sócio de nenhuma empresa, resolveu tornar-se empresário. Em 2008, criou, juntamente com os dois filhos, João Antonio, com 22 anos, e Diógenes de Abreu Fagundes, na época com 20 anos, a WAF Gestão e Investimentos Ltda., com sede em Rondonópolis mesmo. Diógenes, a exemplo do irmão, também recebeu o nome em homenagem ao avô, mas por parte de mãe. A companhia era pequena e tinha um capital social de apenas R$ 45 mil, sendo que o deputado era o sócio majoritário com participação de R$ 43.200 – os outros filhos tinham apenas R$ 900 cada um na sociedade. O objetivo da empresa era ter participação societária em outros empreendimentos e a administração ficava por conta do primogênito do deputado.

Dez meses depois de constituída, a WAF ganhou uma injeção de recursos. O capital social passou a ser de R$ 1,270 milhão, integralizado em moeda corrente desde março daquele ano. Na declaração de bens de 2010, Wellington informou o valor de sua participação na sociedade: R$ 1,219 milhão. Em dezembro daquele ano, porém, a empresa ganhou novos recursos e o capital foi aumentado para R$ 3,115 milhões. Desse valor, R$ 1,635 milhão foram integralizados em dinheiro vivo, em diversas parcelas durante o ano. Outros R$ 209 mil vieram da alienação de 16 imóveis, todos pelo mesmo valor declarado de quando o parlamentar os adquiriu – um deles, um lote de 360 metros quadrados, por R$ 277,59. Há, entre esses imóveis, seis lotes, com valor informado de R$ 4.071,31 cada, que não estavam na relação de bens de Wellington em 2006 nem em 2010. Se foram adquiridos depois que o parlamentar entregou a declaração ao TSE, o preço está muito abaixo do mercado. Se já eram de propriedade dele, os terrenos não foram informados, o que constitui uma ilegalidade que poderia levá-lo a perder o mandato.

Apesar de não constar na declaração de bens do parlamentar, ele também é sócio, por meio da WAF Gestão e Investimentos, do Balneário Thermas Juscimeira. O hotel, que pertencia à família de Ademar Manoel da Silva e tinha como denominação social Ademar Manoel da Silva & Cia. Ltda., passou às mãos do deputado e dos dois filhos em 25 de março de 2010. Os herdeiros de Ademar, que morrera em 30 de julho de 2008, venderam suas partes para o político. A WAF Gestão e Investimentos ficou com a maior fatia no negócio: R$ 633.800, enquanto a João Antonio e a Diógenes coube R$ 27.560 cada um. O administrador do hotel passou a ser o primogênito do parlamentar. Wellington não declarou a participação na nova sociedade à Justiça Eleitoral em 2010. João Antonio, quando concorreu a vice-prefeito em 2008, informou que era sócio da pousada.

A família é dona também de outro hotel em Rondonópolis. O Hotel Nacional tinha até junho de 1998 como sócia majoritária a mulher do deputado, Mariene de Abreu Fagundes. Ela detinha 99% do capital social, avaliado, à época, em R$ 152.100. Naquele ano, o pai dela, Diógenes de Abreu, passou a ser sócio da filha, com 1% da sociedade – R$ 1.521. Em junho de 2004, Mariene passou suas cotas para João Antonio, que acabara de completar 18 anos. Ela voltaria a ser sócia do filho em 2006, quando ficou com a parte do pai, aumentada para R$ 1.800. O Hotel Nacional tem a fachada verde e está localizado no centro da cidade. É simples, mas os quartos, embora pequenos, têm ar-condicionado, uma TV e um banheiro limpo. Ao lado há uma agência dos Correios. O estacionamento, porém, é na rua lateral.

O Hotel Nacional também aparece como sócio de outro empreendimento: o Rondistur Hotel, um edifício de 12 andares, no centro de Rondonópolis. O Nacional, do qual a mulher e o filho do deputado figuram como acionistas, detém 51% do capital social do Rondistur. Mas o deputado também não informou esse investimento em sua declaração de bens, apesar de ser casado em regime de comunhão de bens com Mariene – então, automaticamente, 50% de tudo o que ela possui pertence a ele, e vice-versa.

Essa tática de não informar à Justiça Eleitoral o patrimônio que está em nome da mulher é muito utilizada por vários políticos. O governador de Goiás, Marconi Perillo (PSDB), por exemplo, deixou de declarar vários imóveis que estavam em nome de sua esposa, Valéria Perillo, entre eles um terreno de 1 milhão de metros quadrados (área equivalente a aproximadamente 120 campos de futebol, utilizando-se a maior medida), que tem entre os adquirentes um ex-sócio do contraventor Carlinhos Cachoeira, o empresário Marcelo Limírio. Mas a Justiça Eleitoral sempre faz olhos de catarata para essas irregularidades e, por isso, nunca pune ninguém que esconde o patrimônio. O artigo 350 do Código Eleitoral proíbe o candidato de "omitir, em documento público ou particular, declaração que dele devia constar ou nele inserir ou fazer inserir declaração falsa ou diversa a que devia ser escrita, para fins eleitorais". A pena para o descumprimento da lei é a reclusão de cinco anos, acrescida de multa. Mas, num país cujas cadeias estão abarrotadas de delinquentes e criminosos de alta periculosidade, contraventores com *pedigree* político passam ao largo das grades, e a vida segue.

Na eleição de 2004, o Movimento Cívico de Combate à Corrupção Eleitoral e mais 11 partidos propuseram uma ação contra

Wellington por falsidade ideológica. Em novembro de 2005, porém, o STF arquivou o processo porque a Procuradoria-Geral da República (PGR) não enxergou ilegalidade. A PGR argumentou que o hotel havia sido declarado pela mulher do parlamentar em seu Imposto de Renda – embora ela não tenha sido candidata a nada –, informando, inclusive, o CPF do marido, e, por isso, não se podia falar em falsidade ideológica.

FAMÍLIA EMPREENDEDORA

O filho mais velho da família é um empreendedor. Além de participação nos hotéis e na empresa de investimentos do pai, João Antonio entrou em uma sociedade com Carlos Celio Fialho, em janeiro de 2008, na CCJ Comércio de Produtos Agropecuários, que tem como nome fantasia o título de Agroboi. Firma pequena, com capital social de R$ 50 mil, dos quais o filho do deputado tem uma parcela de apenas R$ 500, ou 1% do total. O estabelecimento comercial vende produtos agropecuários, como rações, suplementos minerais, adubos, defensivos, sementes e produtos veterinários.

Em janeiro de 2008, João Antunes entabulou outra sociedade com Carlos Célio. O empreendimento tinha um capital social maior, R$ 60 mil, dos quais o primogênito ficou com R$ 45 mil, e Carlos Célio com os demais R$ 15 mil. O ramo de comércio é praticamente idêntico ao negócio anterior: atacado e varejo de rações, concentrados, suplementos minerais, sementes e armazenamento de grãos.

Apesar de Wellington ter aumentado consideravelmente seu patrimônio, sua declaração de bens atesta que ele só é sócio em uma única empresa. Na cidade, todos comentam, com certeza, que o parlamentar é proprietário de várias emissoras de rádio e TV. Oficialmente, nada aparece em seu nome. Mas os filhos – sempre eles – receberam uma outorga para explorar uma emissora de rádio, a Ondas Médias em Primavera do Leste em 3 de julho de 2012. Por meio da Portaria

319, o ministro das Comunicações, Paulo Bernardo, autorizou a alteração contratual da outorga, que pertencia originalmente a Gonçalves e Marcheti Ltda., para que passassem a figurar como sócios os irmãos João Antonio e Diógenes de Abreu Fagundes. Cada um detém R$ 7 mil na emissora. Oficialmente, é a única empresa de comunicação em nome de membros do clã Abreu Fagundes.

Os filhos não são os únicos depositários da confiança de Wellington quando se trata de negócios. Ele tem um sobrinho, João Rômulo Fagundes de Freitas, que está sempre à disposição do tio e que já foi sócio em diversos empreendimentos que tiveram Wellington ou alguém do clã como contraparte. O sobrinho foi sócio, juntamente com Edgar Donizetti Pacheco da Silva, de algumas emissoras de rádio e TV, entre elas a TV Bororos, em Rondonópolis; a TV Vale do São Lourenço, em Jaciara; e a TV Tainá Biú, em Barra do Garças – todas com o nome comercial de TV Cidade. Edgar, aliás, fez parte do conselho de administração do Rondistar Hotéis e Turismo S/A, do qual o Hotel Nacional, da família Fagundes, é o principal acionista.

João Rômulo envolveu-se em algumas transações comerciais polêmicas na cidade. O advogado Humberto Queiróz foi autor de várias ações trabalhistas contra o deputado nas quais apontava João Rômulo como laranja do tio. Wellington e a mulher dele eram sócios da JAF (João Antonio Fagundes) Produtos Agropecuários. Em 1999, a empresa foi transferida para Otaviano Vieira dos Santos e Ermelinda Esmeria de Souza. Os CPFs dos dois estavam cancelados na Receita Federal. Com a "venda", todas as dívidas da JAF, incluindo as trabalhistas, passaram para os novos donos. Porém, quando o oficial de Justiça foi ao local para penhorar bens para pagar os encargos devidos aos funcionários, foi informado de que a empresa havia sido vendida e a matriz transferida para outro Estado. No local onde funcionava a JAF, passou a existir a JRFF (João Romulo Fagundes de Freitas) Indústria e Comércio de Produtos Agropecuários, com o mesmo estoque e equipamentos da anterior. Para o juiz Paulo Roberto R. Barrionuevo, a ação serviu para fraudar a execução. Na sentença, anotou o magistrado: "Na tentativa de fraudar a execução, os antigos sócios da JAF (Wellington Fagundes e Mariene Fagundes) procederam uma simulação ao entregar bens do ativo imobilizado a seu sobrinho, gerente-geral da executada, que tinha poderes de gestão, como faz prova a procuração de folhas 81/82 do processo 1156/96 e atual sócio da embargante, quando já transitado em julgado a sentença que apreciou o mérito da lide". Barrionuevo também anotou que "a simulação é facilmente constatada quando cotejamos a certidão expedida pela Junta Comercial do Mato Grosso (folhas 15/16 do processo 1748/98) e a alteração contratual, juntada às folhas 130/137 destes autos, demonstrando que a embargante e a JAF Produtos Agropecuários exercem a mesma atividade comercial no mesmo ponto e sob o mesmo nome fantasia de Agroboi". Essa empresa, aliás, tem o filho mais velho do deputado como sócio.

Uma outra empresa que pertenceu a Wellington também foi transferida para o sobrinho. Trata-se da WAF Serviços Postais, que virou Freitas e Cardoso. É uma agência dos Correios que funciona ao lado do Hotel Nacional. Em setembro de 2004, o *Diário de Cuiabá* noticiou que o sobrinho do deputado havia sido beneficiário de uma operação do Fundo do Centro-Oeste (FCO), no Banco do Brasil, no valor, à época, de R$ 1,8 milhão. Como garantia para a transação, João Rômulo deu alguns imóveis, entre eles uma área de 5 mil metros quadrados, no centro de Rondonópolis, que havia sido transferida por Wellington para o sobrinho em dezembro do ano anterior, pelo valor de R$ 540 mil. Outra propriedade do parlamentar, uma fazenda de 102 hectares, denominada Lagoa Azul, também entrou na transação.

A ação por apropriação indébita do dinheiro dos funcionários da Agroboi que deveria ter sido repassado para o INSS foi parar no STF porque Wellington era deputado. Mas, graças à morosidade da Justiça e aos bons advogados, o parlamentar, a mulher dele e o sobrinho saíram ilesos. Isso porque o crime de apropriação indébita e de falsidade ideológica (ter repassado a empresa para possíveis laranjas) prescreve em 12 anos. Como o delito foi praticado entre maio de 1996 e agosto de 1997, a punição não poderia ocorrer depois de agosto de 2009 e o processo só chegou às mãos do Supremo depois desse prazo. Por conta disso, em 11 de outubro de 2010, quando a ação foi a julgamento, o procurador-geral da República, Roberto Gurgel, pediu o arquivamento do inquérito, livrando o deputado de uma condenação na Justiça.

Wellington, embora não seja advogado, frequenta os corredores da Justiça com uma certa frequência. O parlamentar foi um dos envolvidos no caso da Máfia dos Sanguessugas. A empresa Planam, do Mato Grosso, procurava parlamentares dispostos a fazer emendas para que municípios adquirissem suas ambulâncias e seus equipamentos hospitalares. Numa licitação de cartas marcadas, a empresa era contratada por prefeituras que recebiam as verbas das emendas, e os parlamentares ganhavam comissão por a terem indicado. Um dos sócios da Planam, Luiz Antonio Vedoin, acusou Wellington de receber 10% de comissão de cada emenda que viesse a ser executada. Ele afirmou que havia conhecido o parlamentar em 2001. Disse mais: que teria entregado R$ 100 mil em espécie para o deputado, uma parte diretamente a ele, e outra a um assessor. Maria da Penha Lino, que atuava no Ministério da Saúde e era outro braço do esquema para liberar as emendas, também citou o nome do deputado como um dos envolvidos nas irregularidades. O caso veio à tona em 2006, em pleno ano de eleição, e, mesmo assim, Wellington conseguiu se eleger.

Na época, houve também o vazamento de um dossiê contra o então candidato a governo de São Paulo, José Serra (PSDB). O documento teria sido adquirido por petistas que atuavam na campanha do candidato do PT ao governo paulista, Aloizio Mercadante, e o intermediário na venda do material – que depois se mostrou falso – também foi Vedoin. O tal dossiê acusava Serra de ter ligação com o esquema dos Sanguessugas. Quando questionado por repórteres sobre a compra do tal dossiê, o então presidente Luiz Inácio Lula da Silva afirmou que nunca utilizara tal artimanha e classificou os envolvidos na desastrosa transação como aloprados. Nesta época, os principais jornais do país – *O Globo*, *Folha de S. Paulo* e o *Estado de S. Paulo*, além do *Correio Braziliense* e da rádio CBN, entre outros – enviaram repórteres para Cuiabá para cobrir os escândalos. Os jornalistas passavam boa parte do dia na sede da superintendência da Polícia Federal, que fica em frente ao Hotel Taiamã, na Avenida Historiador Rubens de Mendonça. Numa manhã, enquanto os repórteres procuravam uma sombra como quem busca um oásis no deserto para escapar do calor cuiabano, um investigador da PF chegou com a notícia de que o deputado Wellington Fagundes havia sido assaltado por dois homens numa moto e que haviam levado um pacote com dinheiro, mas não havia registro de Boletim de Ocorrência. Wellington tem um apartamento no hotel Taiamã e o utiliza com frequência quando está na capital. Os jornalistas sabiam que ele estava na cidade e o procuraram em seu quarto, por telefone, mas ninguém atendeu. Fausto Macedo, repórter veterano de *O Estado de S. Paulo*, que é conhecido pelos colegas como aquele que invariavelmente se dirige aos amigos chamando-os de "elemento", "canalha", "meliante", e "criança", para as mulheres, resolveu tentar o celular do parlamentar. Fausto tem um humor cínico e, ao mesmo tempo, mordaz que faz a alegria de quem o conhece. É capaz de fazer a pergunta mais cabeluda como se estivesse querendo saber apenas se o interlocutor havia dormido bem:

– Deputado, aqui é Fausto Macedo, do jornal *O Estado de S. Paulo*. Nós da imprensa ficamos sabendo que o senhor foi roubado, atacado e violentado, e eu queria saber se é verdade. Por favor, me ligue – afirmou, deixando, em seguida, seu número de contato na caixa postal do celular do parlamentar.

Até aquele momento, vários jornalistas já haviam feito o mesmo, e ninguém obtivera retorno. Menos de cinco minutos depois, Wellington retornou a ligação:

– Olá Fausto, é o deputado Wellington Fagundes. Estou retornando pra dizer que não houve nada disso.

– O senhor não foi assaltado?

– Não, não fui.

– E a sua integridade física? Está tudo bem também, né? O senhor não foi violentado?- insistiu o repórter.

– Claro que não. Estou bem. Nada aconteceu.

Reeleito em 2010, Wellington retomou o prestígio que detinha e conseguiu emplacar, em 2013, como secretário de Transporte e Pavimentação Urbana do governo do Mato Grosso seu ex-chefe de gabinete, Cinésio de Oliveira, o assessor que Vedoin havia acusado de receber propina em nome do chefe. Cinésio havia trabalhado diretamente com o deputado entre 1996 e 2003 e, por influência de Wellington, foi superintendente do Departamento de Nacional de Infraestrutura Terrestre (DNIT) entre 2004 e 2005. O escândalo dos Sanguessugas puxou-lhe a cadeira, mas ele voltou por cima em janeiro de 2013. No final de 2012, quando seu nome começou a ser ventilado como indicação do parlamentar, houve quem apostasse que ele não assumiria a vaga de secretário para não causar desgaste ao governador Silval Barbosa. Mas Wellington é influente e domina o PR no estado e perder o apoio da legenda não seria um bom negócio para Silval.

Antes de conseguir nomear seu ex-assessor como secretário, Wellington tentou garantir um espaço no governo de seu estado. Em meados de 2012, seu nome estava sendo cogitado para assumir a poderosa Secretaria Extraordinária da Copa (Secopa). Cuiabá é uma das 12 sedes da Copa do Mundo de 2014 e recursos bilionários estavam sendo investidos para preparar a cidade para receber quatro jogos do Mundial. O município era, em março de 2013, um canteiro de obras. Uma das mais vistosas, custosas e problemáticas delas era o Veículo Leve sobre Trilhos (VLT), um projeto que prevê a implantação de dois eixos, com capacidade de transportar 400 passageiros por vagão, a uma velocidade de 60km/h, num canteiro central. O custo inicial do empreendimento era de R$ 1,150 bilhão e a obra estava atrasada. O estádio Arena Pantanal também é outra iniciativa que chama a atenção pela cifra bilionária investida e pelas críticas da oposição, que apontava uma possível ociosidade depois dos jogos da Copa – o público de todo o campeonato mato-grossense de futebol não será suficiente para lotar o estádio, que tem capacidade para 43.136 lugares. Em 2012, dos 14 jogos do campeonato, somente os dois da final tiveram público acima de mil torcedores: Naviraiense contra Águia Negra teve uma renda de R$ 14,2 mil, com a presença de 2.109 torcedores; na volta, o público foi de 5.953 pessoas, com uma renda de R$ 30.750. O campeão, em 2012, foi o Águia Negra. O custo do Arena Pantanal era estimado em R$ 519 milhões.

Wellington tinha tudo para se tornar o super-secretário, não fosse a refrega com Luiz Antônio Pagot, ex-diretor geral do DNIT que, em entrevista à revista *Época*, em 19 de abril de 2012, acusou o deputado de fazer pressão a favor da Construtora Delta, acusada de envolvimento com o grupo do contraventor Carlos Augusto Ramos, o Carlinhos Cachoeira. Pagot afirmou que o parlamentar queria que o DNIT diminuísse o rigor no desmanche de uma camada de concreto na BR-163, em Serra de São Vicente (MT), que estaria fora das especificações.

– Wellington cobrava celeridade na obra. Não disse, mas obviamente estava lá por interesse da Delta – declarou Pagot, que acusou o parlamentar de tramar para derrubá-lo da diretoria do DNIT, apesar de serem do mesmo partido.

A denúncia do ex-diretor-geral do DNIT ocorreu um dia depois de o nome de Wellington surgir como possível secretário da Secopa. Depois disso, as tratativas continuaram, mas no início de maio de 2012, o parlamentar jogou a toalha. O governador Silval Barbosa, embora tivesse obtido o apoio do PR, decidiu não o nomear. Depois de uma reunião com o governador, o próprio Wellington concedeu uma entrevista coletiva para anunciar que, apesar de Silval insistir para que aceitasse o cargo, ele poderia ser mais útil na função que ocupava:

– Eu tive uma reunião com o Silval e ele me reiterou o convite. Mas entendemos que é importante definir essa reforma administrativa. Não pode ser só a Secopa. Temos todos os cargos que hoje estão a cargo (sic) do PR e queremos discutir isso com o governador, e se possível com os outros partidos. Hoje a Copa é um evento extremamente importante para Mato Grosso, mas o interior tem se queixado porque os investimentos estão ficando mais na capital – alegou, conforme reportagem publicada no *Mídia News*.

Em setembro de 2013, Wellington ainda tinha alguns processos pendentes no STF. O inquérito 3496, por exemplo, o acusava de peculato – crime praticado por funcionário público contra a administração. O processo foi distribuído em 26 de junho de 2013 para o ministro Roberto Barroso, que passou a ser o relator.

Outra pedra no sapato do deputado estava no Inquérito 2966, instaurado a pedido da Procuradoria Regional da República da Primeira Região, que tem como objetivo apurar possíveis irregularidades numa licitação realizada pela Prefeitura de Rondonópolis em 2002. A prefeitura e o Ministério da Integração Nacional firmaram o convênio 1880/2001 para execução de obras de drenagem de águas pluviais e pavimentação. A concorrência foi vencida pela Objetiva Engenharia e Construções, mas, oito dias depois do contrato assinado, em 4 de julho de 2002, a empresa repassou a obra para a Airoldi Construções, cujo proprietário, Emerson Douglas Airoldi, é casado com a sobrinha do deputado, Magda Rejane Fagundes.

O secretário de Planejamento de Rondonópolis à época, Valdecir Feltrin, disse que a obra foi obtida graças a emendas de Wellington Fagundes. No entanto, o Ministério da Integração Nacional informou que os recursos liberados eram provenientes de dotação própria, e não de emenda. Por outro lado, afirmou que o deputado fez gestões para a liberação das verbas. E alguns valores do contrato foram reajustados em mais de 100%, ocasionando um prejuízo de R$ 457.687,45 ao erário, segundo o Ministério Público. Um laudo pericial também apontou que houve superposição de serviços. O parlamentar se defendeu argumentando que não fizera emenda para a obra e que a construtora do marido de sua sobrinha só tocou o serviço porque a vencedora desistiu – e ele não fizera nenhuma pressão para favorecer o familiar.

Em setembro de 2013, o inquérito permanecia tramitando no STF. Em junho deste ano, o parlamentar havia apresentado uma petição para juntar aos autos decisão do Juízo da Vara Única da Subseção Judiciária de Rondonópolis que extinguiu, sem apreciação do mérito, a ação civil em que buscava o ressarcimento do suposto dano causado ao erário na execução do convênio. O juiz de Rondonópolis acolheu o argumento dos advogados do deputado que afirmaram que o edital de licitação já previa a cessão de direitos para que outra empresa pudesse tocar a obra.

Wellington é conhecido entre os parlamentares como o homem que resolve os problemas das emendas. Nas reuniões do PR ou dos deputados do Estado, é sempre ele que é procurado, mesmo quando não tem mais a função oficial de coordenador estadual da bancada. Um parlamentar do Mato Grosso, que preferiu não ter o nome revelado, disse que Wellington tem três coisas que o fazem ser sempre um dos mais votados no Estado e procurado pelos colegas: meios de comunicação, empresários que sempre estão dispostos a contribuir com ele desde que também recebam algum benefício por isso, e conhecimento dos atalhos do poder – por onde deve ir e quem procurar para fazer executar não apenas as suas emendas, mas também as dos amigos. Esse parlamentar contou que uma vez uma emenda sua, sem que soubesse, começou a ser executada rapidamente. Quando foi atrás para descobrir como isso ocorrera, foi informado que Wellington havia intercedido para liberar os recursos. Temendo ser envolvido em alguma irregularidade, o parlamentar pediu para parar a liberação até que ele tivesse mais informações sobre o convênio.

Se há quem não queira a ajuda de Wellington, tem quem a queira. No Congresso e nas prefeituras sempre haverá quem necessite da força de um parlamentar que conheça os meandros da burocracia e o jeitinho certo para fazer o dinheiro chegar ao seu destino. Mesmo que para chegar ao destino alguns desvios de caminho sejam necessários.

O QUE DIZ O DEPUTADO

O deputado Wellington Fagundes (PR-MT) foi procurado por meio de sua assessoria de imprensa no dia 3 de setembro de 2013. Ela forneceu um e-mail para que as perguntas fossem encaminhadas, e assim foi feito. Dez dias depois, como as respostas não foram dadas, enviei outro e-mail cobrando. E no dia 17 a assessoria telefonou para dizer que o parlamentar responderia a todas as questões, mas estava se reunindo com seu contador para dar as respostas. No dia 19, a assessoria enviou outro e-mail no qual afirmava que as perguntas não haviam sido ignoradas e, assim que obtivesse as informações, as repassaria. Mas isso não ocorreu. Abaixo, as perguntas que ficaram sem resposta:

1- A que o deputado atribui essa expressiva variação patrimonial?
2- Em 2006, ele não informou ser sócio de nenhuma empresa, embora conste que ele era sócio (como é até hoje) da W.A.F Publicidade e Comunicação. Ele se esqueceu de informar ao TRE essa sociedade?
3- Na mesma declaração, em 2006, ele não informou que era proprietário de um rebanho, assim como havia acontecido em 2004, quando disputou a Prefeitura de Rondonópolis. Ele esqueceu?
4- Outra informação que não consta da declaração de 2006 são contas correntes e aplicações. Ele não tinha conta em banco na época?
5- Em 2008, quando criou a W.A.F. Gestão e Investimentos, o deputado investiu R$ 1,625 milhão em dinheiro para a empresa. Mas, segundo as informações disponíveis no TRE, ele não tinha dinheiro. De onde tirou essa quantia?
6- O deputado ou sua família são sócios de empresas de rádio e TV em Rondonópolis, Alto Araguaia, Cáceres, Campo Verde, Jaciara, Barra do Garça e Primavera do Leste?

7- O deputado ou sua família, incluindo seu sobrinho, João Rômulo Fagundes de Freitas, são ou foram sócios da TV Cidade?
8- O deputado responde a processo no caso da Máfia dos Sanguessugas?
9- Sobre o Inquérito 2966, em tramitação no Supremo Tribunal Federal, o que ele tem a dizer?
10- Na Câmara, os colegas do deputado dizem que ele é reconhecido como o homem que agiliza a liberação de emendas parlamentares. Isso é verdade?

Multiplicação na terra de Jesus

Mecias de Jesus

Em Roraima há um messias que é falado a boca pequena aqui e acolá. É um messias que não traz a salvação prometida e tem um pecado ortográfico de nascença, embora seja de Jesus. Trata-se do deputado estadual Antonio Mecias Pereira de Jesus (PRB), homem a quem a oposição atribui milagres como a multiplicação de bens – seus e de familiares. De nome santo, Mecias é um abençoado. Desde que deixou sua cidade natal, Graça Aranha, no centro do Maranhão e distante 380km da capital, São Luís, sua vida teve uma ascensão impressionante. Como um peregrino fugindo da seca e em busca de terras promissoras, acompanhou os pais para Carrasco Bonito, no Tocantins (naquela época ainda pertencente ao Estado de Goiás), e, de lá, para Roraima, onde chegou com 12 anos de idade, em 1974. Naquela época, Roraima era um território federal brasileiro administrado por oficiais da Aeronáutica, que prestavam contas a Brasília – só viria a ganhar status de Estado com a Constituição de 1988.

Roraima tem no esquecimento dos poderosos sua sina. O território praticamente não existia para Portugal até o início do século XVIII, quando começou o primeiro processo de colonização. Para o historiador Aimberê Freitas, em seu livro *Geografia e História de Roraima*, editora IAF, "se tomarmos como marco de conquista a construção de fortes e fortalezas na região, podemos dizer que

Roraima só foi descoberto 275 anos depois do Brasil e 159 anos depois de Belém. A região, como outras no norte do país, foi invadida e disputada em várias ocasiões por mais de um interessado. Holandeses e ingleses a cobiçaram primeiro por meio da Guiana, que foi primeiramente colonizada pelos holandeses, tornando-se colônia inglesa apenas em 1831. Depois vieram os espanhóis pelo rio Orinoco venezuelano, entre 1771 e 1773. A partir daí, o governo de Portugal passou a se preocupar com a perda do território e a presença de estrangeiros no vale do rio Branco. Para expulsar os invasores, a Coroa contratou o capitão alemão Philip Sturn, que agiu com presteza e construiu o forte São Joaquim do Rio Branco.

A criação do território federal de Rio Branco, como foi denominada a região antes de se tornar efetivamente Roraima, só ocorreu em 13 de setembro de 1943, transferindo a administração do Estado do Amazonas para o governo federal. O primeiro governador do novo território, no entanto, só foi nomeado pelo presidente Getúlio Vargas em 1944. Para povoar a região, o governo criou um programa de colonização entre 1951 e 1952 e escolheu o Maranhão para ceder migrantes para o território. O colono que quisesse habitar a distante área tinha direito a passagem para Boa Vista e hospedagem na cidade como forma de adaptação, além de 25 hectares de terra, ferramentas agrícolas, doação de sementes e mudas e transporte gratuito para escoar a produção. Mesmo assim, a iniciativa não atraiu tanta gente como se esperava.

Com os militares no poder, depois do golpe de 1964, o governo voltou a pensar em povoar o norte do país, preocupado com possíveis ou imaginárias invasões. Como forma de minimizar o isolamento da região, foram construídas as rodovias BR-174 e BR-401 e parte da BR-210. A construção possibilitou um fluxo migratório. A intenção do governo era ocupar, desenvolver e integrar. Era a xenofobia verde-oliva e a máquina de propaganda do Brasil grande.

Foi nessa época que Cassiano e Noeme, pais de Mecias de Jesus, decidiram buscar uma nova empreitada e foram parar em Roraima. O menino tinha, então, 12 anos, e a família assentou-se no que viria a ser depois o município São João da Baliza, a 330km de Boa Vista, no sul do território. Aos 14 anos, Mecias mudou-se para Boa Vista para estudar e foi morar em quartos cedidos por amigos. Para se sustentar, arregaçou as mangas e foi à luta, trabalhando como engraxate, garçom e jardineiro. Em 1979, ingressou como mensageiro no serviço público, trabalhando para o território de Roraima. Depois de servir ao Exército, em 1980, a veia política começou a pulsar, e o jovem idealista tornou-se líder da Juventude Rural. Em tal posição, representou o Estado num encontro com o então presidente José Sarney. Graças aos contatos que fez, assumiu a direção do hospital de Baliza e, um ano depois, a coordenação do Instituto Nacional de Colonização e Reforma Agrária (Incra) no sul de Roraima.

Toda essa experiência lhe deu o gosto pelo poder. Em 1990, tentou eleger-se deputado estadual, mas nove votos o deixaram fora da Assembleia Legislativa. No pleito seguinte, em 1992, foi mais pé no chão e concorreu a uma vaga à Câmara Municipal de São João da Baliza, elegendo-se e, em seguida, tornando-se secretário de administração e finanças do município, o que colaborou para que passasse a entender como cuidar do cofre público. Como membro de um poder municipal, Mecias de Jesus iniciou uma cruzada de denúncias contra religiosos e servidores da Funai que, segundo ele, tentavam plantar comunidades indígenas na região, o que dificultava a posse pelos não índios. Disposto a crescer na vida, o vereador de São João da Baliza tentou outra vez chegar à Assembleia Legislativa. Mas parecia que algo conspirava contra ele e, em 1994, 11 votos o afastaram da titularidade. Porém, milagres acontecem. Ele ficou como primeiro suplente e, graças aos conchavos políticos, Flamarion Portela, que havia sido eleito deputado estadual, foi nomeado secretário de Obras do governador Neudo Campos, deixando vaga a cadeira que foi confortavelmente assumida por Antonio Mecias Pereira de Jesus. Na eleição de 1998 ele deixou de ser suplente e passou a titular absoluto de seu mandato. Recebeu 2.317 votos, tornando-se o sétimo mais votado do estado. A partir daí, o paraíso terrestre lhe abriu as portas para a glória, o poder e a riqueza. Sua defesa pelo sul de Roraima, onde plantou raízes, o levaram a presidir, em 1999, a CPI da Terra.

Mecias de Jesus sempre se preocupou com São João da Baliza, a tal ponto de ele e seu filho, o deputado federal Johnathan Pereira de Jesus (PRB), se tornarem portadores de procurações de donos de terras no município com poderes para que disponham como bem entenderem dos imóveis, em "caráter irrevogável e irretratável". Quando se elegeu em 1998, Mecias de Jesus era um homem de poucos bens e levava, aparentemente, uma vida regrada, sem ostentação. Sua declaração entregue ao TRE informava que ele era proprietário apenas de uma casa de alvenaria, avaliada em R$ 24,9 mil, três linhas de telefone fixo, uma linha de celular e 70 cabeças de gado nelore, "entre grandes e pequenos", como pormenorizou. Somados, os bens tinham valor de R$ 51,1 mil.

Na eleição seguinte, os ventos da bonança começaram a soprar na direção do Mecias e ele multiplicou seu patrimônio. Mas nada que ainda configurasse um milagre arrebatador. Os R$ 51,1 mil transformaram-se, quatro anos depois, em R$ 179,5 mil. Era o triplo do que tinha antes. Entre as novas aquisições como deputado, ele comprou um terreno urbano, medindo 1.700 metros quadrados, no bairro de Paraviana, em Boa Vista, o lugar onde os nobres políticos e empresários constroem verdadeiras mansões, comparáveis em tamanho e bom gosto aparente às casas do Lago Sul de Brasília. Pagou pela área, segundo informou, R$ 60 mil. Também adquiriu dois veículos novos: uma picape S-10, ano 2000, por R$ 38 mil, e uma van Kia, ano 2001, por R$ 50 mil. Manteve a casa em São João da Baliza, mas, pelo jeito, fez reformas, porque o valor informado do imóvel passou a ser R$ 30 mil. Ele declarou como ocupação principal ser proprietário de uma microeempresa.

Mecias que se preze não pode viver confiado apenas na sorte. Tem de agir para que as bênçãos aconteçam. A política em Roraima é feita, praticamente, com os mesmos nomes. Desde a redemocratização do país, e com a transformação do território em estado, os roraimenses convivem com os mesmos candidatos nas cédulas eleitorais. São nomes como Ottomar Pinto, Romero Jucá, Teresa Surita (ex-Jucá), Flamarion Portela, Neudo Campos, José de Anchieta Júnior. Eles se alternam no comando do Estado ou da prefeitura da capital. Ora se aliam, ora se separam. Nas propagandas eleitorais, o xingamento de traidor é dos mais inofensivos. São comuns acusações de ladroagem e de enriquecimento ilícito. Passadas as eleições, e dependendo do cenário, quem era traidor vira amigo, e quem era amigo pode ser traído.

Nestas arengas e arranjos, Mecias se deu bem. Em 2002, Neudo Campos era o governador e se afastou para concorrer ao Senado, deixando o comando do governo com seu vice, Flamarion Portela (PSL) – o mesmo que, depois de ter assumido uma secretaria, cedeu a vaga para Mecias de Jesus na Assembleia, em 1994. Flamarion, uma vez eleito vice-governador, mudou de partido e filiou-se ao PT, aproveitando a onda vermelha na qual havia surfado Lula e outros célebres nomes da legenda. Percebendo o bom momento, o deputado Mecias deu outra cartada e levou a banca toda: elege-se presidente da Assembleia Legislativa – e continuou no cargo até janeiro de 2011, durante oito anos seguidos. Naquele ano, Mecias havia sido eleito pelo mesmo PSL de Flamarion.

Mecias estava no trono quando a Polícia Federal desencadeou a Operação Praga do Egito, em 26 de novembro de 2003. Era um esquema com potencial catastrófico bíblico. De acordo com as investigações da PF, funcionários do TCE, ex-parlamentares, deputados e até o diretor da Polícia Civil faziam parte do esquema. O grupo incluía nome de funcionários fantasmas e de laranjas na folha de pagamento do próprio governo estadual ou do Departamento de Estradas de Rodagem (DER). De acordo com o relatório da PF, cada parlamentar tinha direito a simular a contratação de servidores em valores que iam de R$ 21 mil a R$ 48 mil. O dinheiro era sacado por meio de procurações em nome de testas de ferro de políticos. O golpe durou de 1998 a 2003 e, ainda segundo a Polícia Federal, na fase final alguns deputados chegavam a receber R$ 250 mil mensais. Na época, estimou-se que a ação da quadrilha provocou um desvio de R$ 230 milhões aos cofres públicos de Roraima (R$ 242,7 milhões, atualizados pela IPCA até junho de 2013). A lista dos beneficiados era extensa. Além do próprio ex-governador Neudo Campos, estavam na folha o ex-prefeito de Boa Vista, Barac da Silva Bento, o diretor da Polícia Judiciária, Angelo Paiva de Moura, a mulher de um conselheiro do TCE, Dulcilene Wanderley, a deputada Suzete Mota, a mulher de Mecias de Jesus, Darbilene Rufino Vale, o pai dela, Alfonso Rodrigues do Vale, o irmão, Danilvon Rufino do Vale, entre outros. Todos tiveram a prisão decretada, incluindo o próprio presidente da Assembleia Legislativa. Segundo as investigações, Mecias e família valiam-se de 111 laranjas para poder sacar o dinheiro em suas contas.

Libertados do xilindró, continuaram tocando a vida como se nada tivesse acontecido porque a condenação definitiva da Justiça tarda – e, por vezes, falha. Em setembro de 2012, o juiz Leandro Saon C. Bianco, da segunda Vara Federal de Roraima, acatou a denúncia do Ministério Público Federal contra Mecias de Jesus e seus parentes, além de Neudo Campos e outros. O juiz também determinou a indisponibilidade de bens dos réus. Outros foram condenados. Até julho de 2013, Mecias ainda não tivera seu julgamento transitado em julgado porque a Justiça demorou a encontrar uma de suas testemunhas de defesa, o senador Mozarildo Cavalcante (PTB-RR). O filho do parlamentar é juiz no Estado e a mulher dele foi empregada por Mecias na Assembleia Legislativa quando este era presidente. Embora Mozarildo seja um dos senadores mais frequentes no uso da tribuna do Senado, os oficiais de Justiça levaram praticamente um ano para conseguir notificá-lo. Com isso, o processo contra Mecias arrasta-se.

O flagrante nos gafanhotos deixou os insetos atordoados, sem saber para onde voar. A legislatura 2003-2006 foi difícil em Roraima. Quando se achava que a poeira havia baixado, outro escândalo se tornou um redemoinho e levou consigo um dos nomes de poder no Estado: nada menos que o governador Flamarion Portela, e o vice, Salomão Afonso de Souza Cruz. A vida não estava fácil para o presidente da Assembleia. As ondas revoltas sob seus pés pareciam que o levariam a pique. Mas ele era o Mecias e continuou caminhando sobre as águas. Portela e o vice foram cassados em 29 de novembro de 2004 pelo TSE por causa do uso da máquina administrativa e da compra de votos na eleição de 2002 para o governo. Quase um ano antes, porém, o PT já queria sua desfiliação – e ele acabou cedendo e entregando, primeiramente, uma carta de desligamento por 90 dias, mas não conseguiu voltar à legenda, que, naquela época, estava preocupada que o personagem pudesse manchar a honra da agremiação – mal desconfiando que, em 2005, a cor vermelha do partido passaria a ser marrom por conta da lama descoberta com o mensalão.

Com a saída de Portela e do vice, coube a Mecias de Jesus assumir o governo interinamente, até que a Justiça Eleitoral decidisse o que fazer – o afastamento de um governador, no exercício do poder, era uma novidade à época. O caso parecia até contraditório, mas era o que determinava a lei: o homem preso sob acusação de desviar milhões da folha de pagamento do Estado assumia, ele próprio, o governo porque estava na linha imediata de sucessão. A saída para o impasse político, apontada pelo TSE, foi dar posse ao segundo colocado no pleito estadual, Ottomar Pinto (PTB). O presidente da Assembleia Legislativa logo se aliou a ele, pelo bem do Estado – ou do *status quo*.

A biografia oficial do deputado, disponibilizada em sua página no Facebook, diz que "ainda em 2004, Mecias de Jesus exerceu papel preponderante na garantia da ordem institucional do Estado quando, na condição de governador de Roraima e em cumprimento a uma determinação da Justiça Eleitoral, conduziu o processo de transição no governo do Estado com a posse do governador Ottomar Pinto. Mecias conduziu também a reformulação do orçamento estadual, permitindo ações mais significativas para o setor produtivo e para as áreas de infraestrutura, saúde e educação do Estado." Um homem preocupado com os destinos de seu Estado; tão preocupado que reformulou o orçamento para que as verbas públicas pudessem ser direcionadas a muitos benefícios.

Como presidente da Assembleia Legislativa, para o qual foi eleito pela primeira vez em 2003, o deputado também fez ampla reforma – ele gosta de ampliações. Está aí sua biografia que não deixa mentir: "No primeiro ano como presidente da ALE-RR, Mecias de Jesus fez pesados investimentos na infraestrutura da Casa, com reforma e ampliação dos espaços físicos e da parte elétrica e hidráulica, compra de computadores, máquinas e equipamentos e, principalmente, treinamentos na área de recursos humanos com a promoção de cursos de formação e reciclagem dos servidores. Ainda em 2003, Mecias de Jesus comandou o Legislativo num processo de modernização da máquina estatal, com a aprovação de leis que possibilitaram a realização de concursos públicos, dentre outras conquistas."

Na política, infelizmente, às vezes o prédio vistoso e reluzente está assentado numa areia movediça que pode fazer tudo ruir. É o que se passou com as reformas na Assembleia Legislativa de Roraima. E o que era para ser a capacitação de profissionais para melhor servir à população acabou se revelando um projeto que teve como finalidade empregar parentes, amigos e indicados do Tribunal de Justiça, do Ministério Público e do Tribunal de Contas. As obras realizadas pelo presidente do Legislativo macuxi viraram outro alvo de denúncias.

PROCURAÇÕES E PROCURADOS

Depois que a praga dos gafanhotos foi abatida em pleno voo, houve outros tipos de multiplicação em Roraima: a das procurações e a das coincidências. Empresas contratadas pela Assembleia Legislativa do Estado, sob presidência de Mecias de Jesus, proliferavam em endereços comuns e tinham procuradores semelhantes. Uma troca intensa de procurações, muitas das quais dando poderes "em caráter irrevogável, irretratável e sem prestação de contas", também ocorreu. O presidente da Assembleia Legislativa foi um dos que tiveram depositadas em suas mãos a confiança extrema de algumas pessoas. Em

7 de junho de 2010, por exemplo, Mecias de Jesus recebeu um destes cheques em branco do comerciante Antonio Agostinho Neto e de sua mulher, Regina Selma Melo Leitão. Pelo documento, os outorgantes davam ao deputado poderes sem limites para "vender, transferir, ceder, doar ou de outra forma alienar, para si ou para terceiro" dois imóveis num loteamento denominado Residential River Park, no bairro de Caçari, em Boa Vista. Na prática, uma procuração desse tipo pode significar a transferência total do bem a outra pessoa, sem que aquele que é o proprietário de direito do imóvel possa reclamar futuramente na Justiça qualquer reparação. É o tipo de procuração que só se entrega a alguém de extrema confiança, passada geralmente entre familiares de primeiro grau quando reina a harmonia. Ou, num outro extremo, a quem é, de fato, proprietário de um bem, mas cuja titularidade, por questões diversas, está em nome de terceiros. Em termos hipotéticos, pode significar que alguém comprou um imóvel, por exemplo, mas como não teria como justificar ao Fisco de onde teria saído o dinheiro para a aquisição, optou por colocá-lo em nome de outra pessoa, assegurando, no entanto, seu direito de proprietário com uma procuração de amplos poderes, que impedirá o titular legal de comercializá-lo. Os detratores de Mecias e de sua família afirmam que as procurações na verdade escondem um esquema de laranjas: os bens são comprados em nomes de terceiros que depois os repassam aos verdadeiros proprietários dando-lhes poder absoluto sobre os imóveis e contas correntes. Mas isso compete à Justiça julgar.

O deputado Mecias de Jesus, talvez gozando da popularidade e da santidade que o nome lhe confere, é um homem que ganha a confiança de muita gente no Estado. O aposentado Cassiano Martins Pereira, analfabeto, pai do parlamentar, lhe deu uma procuração com poderes específicos para representá-lo junto a nove bancos – pelo jeito, devia ganhar muito bem para ter tanta conta bancária assim. Pelo documento, lavrado no cartório do 1º Ofício de Notas, Registro Civil e Títulos de Boa Vista, o presidente da Assembleia Legislativa podia "receber seus vencimentos e demais vantagens a que tem direito o outorgante, abrir, movimentar e/ou encerrar conta bancária, requerer, assinar, emitir e endossar cheques, conhecer saldos, passar recibos, dar e receber quitação, receber valores e ordens de pagamentos (...), enfim, praticar todos os atos necessários ao fiel desempenho deste mandato".

No vai e vem de procurações, a ex-sogra do deputado Helsivia Pinho de Lima, proprietária da empresa H.P. Lima, que teve contratos com a Assembleia Legislativa de Roraima enquanto Mecias era o presidente, concedeu uma procuração em 8 de outubro de 2010 para Elizabeth Barbosa da Cunha fazer o que bem entendesse com um imóvel de propriedade dela. Elizabeth é uma pessoa bem conhecida do deputado. Ela e o marido, Olivaldo Gomes da Cunha, são sócios na empresa Polimpex Comércio, Serviço e Representações. É uma companhia que só fez crescer desde que Mecias assumiu a presidência do Legislativo de Roraima pela primeira vez, em 2003. Na Receita Federal, a descrição de seu ramo de atividade impressiona: nasceu como microempresa, que vendia de caixa de suco a tampa de privada e, nos últimos anos, tornou-se uma construtora. Ganhou contratos milionários na Assembleia. Em uma única nota fiscal, em fevereiro de 2010, recebeu R$ 400 mil dos cofres do Legislativo. Vendeu de tudo: prego com cabeça de aço, luva hidráulica, 700 caixas de copos descartáveis, café torrado, 300 caixas de achocolatado em pó, e por aí vai. O contrato total era de R$ 1,3 milhão.

A amizade entre a família de Mecias e a família de Elizabeth é tão grande que em 25 de abril de 2007 o filho do deputado, Johanathan Pereira de Jesus, que, na época, tinha 23 anos, concedeu uma daquelas superprocurações, "em caráter irrevogável, irretratável e sem prestação de contas" para Olivaldo vender, transferir, ceder, doar ou de qualquer outra forma alienar para si ou para terceiros um terreno na rua Abacateiro, no bairro Paraviana, o mais chique de Boa Vista, onde as residências podem custar mais de R$ 1 milhão e onde os poderosos do Estado costumam morar. Johanathan era estudante de Medicina em 2007, assim como sua irmã, Jennifer Pereira de Jesus. Ambos viviam em Manaus e faziam faculdade no

Centro Universitário Nilton Lins, cuja mensalidade, em 2013, era de R$ 6.224.

A empresa de Elizabeth e Olivaldo funcionava no mesmo endereço de uma outra, que também foi abençoada com um contrato milionário na Assembleia Legislativa de Roraima enquanto Mecias era o presidente. A Promoction Serviços, cujo sócio é Edmar Augusto Oreano, está localizada na avenida General Ataíde Teive, 6.057, no bairro Cambará, o mesmo local da Polimpex. Uma terceira firma também estava abrigada nessa mesma sede. Trata-se da Macuxi Empresa de Serviços. A Promoction ganhou um contrato de R$ 2,3 milhões para o ano de 2010. O objeto era o "fornecimento de impressos em offset, materiais gráficos, materiais de propaganda, publicidade e fotográficos". Oreano é conhecido do deputado. Ele foi secretário de Finanças do município de São Luiz do Anauá, no sul do Estado, base eleitoral do parlamentar.

Em Roraima, pelo visto, é comum mais de uma empresa dividir o mesmo endereço. Duas outras fornecedoras da Assembleia Legislativa tinham essa prática. A Construforte Materiais de Construção e a A.G.O da Silva Cunha funcionavam na rua Solon Rodrigues Pessoa, 1.575 – em Santa Luzia, Boa Vista. Uma pequena placa numa porta estreita identifica a A.G.O. Essa empresa recebeu cerca de R$ 540 mil da Assembleia Legislativa enquanto Mecias era o presidente. Embora tenha como objeto principal de atuação o ramo de materiais de construção e seja uma empresa individual, vendeu para o Legislativo roraimense 18 mil lápis, 350 caixas de fita K7, papel carbono, tomada, pregos, bucha de fixação entre outros utensílios. O contrato firmado entre as partes, no entanto, traz um erro no endereço: em vez de informar que a sede está localizada em Boa Vista, diz que a cidade é Manaus, no Amazonas. Essa troca de localidades entre Roraima e Amazonas é mais uma das confusões registradas pela administração da Casa de Leis no tempo em que Mecias foi presidente.

A Assembleia de Roraima comprou de outro comércio em Manaus praticamente o mesmo tipo de material que adquiriu da A.G.O da Silva Cunha e da Polimpex. A.Z.L. de Oliveira vendeu cartuchos para impressoras, sabão de barra, saco para lixo, porta carimbo, pilha, pasta arquivo, canetas. Num único cheque recebeu R$ 305 mil. A Z. L. de Oliveira é uma empresa individual, cuja proprietária, Zélia Luciana de Oliveira, foi candidata a vereadora de Manaus em 2012 pelo DEM e informou ao TSE que não possuía nenhum bem a declarar.

A obra de ampliação que Mecias de Jesus fez no prédio da Assembleia Legislativa, e que é elogiada em sua biografia no Facebook, chamou a atenção do Ministério Público Estadual de Roraima que, em 11 de junho de 2013, concluiu que houve superfaturamento de R$ 2,9 milhões nos serviços. A empresa contratada foi a Nale Engenharia. Inicialmente o projeto foi orçado em R$ 13,2 milhões, mas, no final, os custos foram de aproximadamente R$ 19,2 milhões graças a seis aditivos que fizeram o valor ser majorado em 45%, quando o máximo permitido por lei é 25%.

Em 2010, o deputado estadual George Melo (PSDC), na época vereador de Boa Vista, apresentou a denúncia ao Ministério Público, que passou a investigar o caso, concluindo pelo sobrepreço. Os promotores querem que Mecias devolva aos cofres públicos o que gastou a mais. Confrontado com os números pela *Folha de Boa Vista*, o ex-presidente da Assembleia Legislativa disse que a denúncia é mais uma perseguição política contra ele e lembrou que é pública a inimizade entre ele e George Melo – Mecias, certa vez, durante uma sessão, atirou um microfone contra o colega parlamentar. O Ministério Público pediu a indisponibilidade dos bens de Mecias, de seu substituto na presidência da Assembleia, Chico Guerra, e de outros servidores, além do pagamento de multa de R$ 5,8 milhões, a perda do mandato e a cassação dos direitos políticos por oito anos.

Os promotores verificaram que várias obras que foram atestadas como executadas, na realidade, não teriam sido concluídas. Os serviços não executados no bloco I da Assembleia Legislativa teriam causado dano de R$ 511,9 mil aos cofres públicos. No bloco II também muitas obras deixaram de ser realizadas, ocasionando um prejuízo de R$ 878 mil e, em outros casos, foram feitas em número menor ao que havia sido contratado.

O patrimônio de Mecias aumentou no período em que ele presidiu a Assembleia. Os R$ 179,5 mil informados na eleição de 2002 passaram a R$ 583 mil no pleito seguinte, em 2006. O parlamentar passou a ser criador de gado, com 800 cabeças, avaliadas em R$ 240 mil. Também comprou imóvel em Manaus, mais veículos e áreas rurais. Em 2010, quando concorreu a mais um mandato, e depois de ter ficado oito anos no comando da Casa de Leis, o patrimônio decresceu oficialmente. Naquele ano, ele informou que a soma de tudo que tinha era de R$ 326,6 mil. Houve aumento na quantidade de imóveis, mas o deputado os declarou por valores muito baixos. Do gado, nem chifre. O fato de Mecias ter se tornado um deputado aparentemente como outro qualquer, depois de deixar a presidência do Legislativo, só fez bem para sua saúde financeira.

Em 2012, a vida deu sinais exteriores de melhoras, quando ele tentou ser prefeito da capital. Os bens declarados oficialmente pelo parlamentar somaram R$ 1,3 milhão, um aumento de R$ 1 milhão em dois anos. Somente em aplicações, dinheiro em conta corrente ou em espécie, conforme informou, ele tinha quase R$ 620 mil. Também havia adquirido um apartamento em um dos dois edifícios residenciais da cidade, o Portal do Caribe, por R$ 190 mil, e uma sala comercial no Forum Business Center. O parlamentar também havia financiado dois imóveis em Caldas Novas, balneário de águas quentes em Goiás. O condomínio residencial Lacqua Diroma, que em agosto de 2013 ainda estava em obras, é um empreendimento, segundo a propaganda da empresa, inspirado nos banhos romanos. "Na Roma antiga, os clubes de banho eram sinônimo de status e ascensão social", informa o marketing. Parece que caiu bem ao deputado, que, cada vez mais, ganha destaque na sociedade roraimense. Mecias informou que havia pagado, até junho de 2012, R$ 54,8 mil pelos dois apartamentos de um quarto cada.

Naquele ano, figuras do PT conhecidas nacionalmente, como seu presidente, Rui Falcão, e o ministro da Educação, Aloizio Mercadante, apareceram na TV pedindo votos para Mecias, que estava no PRB, na corrida para a prefeitura de Boa Vista. A candidata a vice na chapa dele, a jornalista Cida Lacerda, era do PSB, mas o PT integrava a aliança de 10 partidos.

– Para Boa Vista trabalhar cada vez mais em parceria com o governo da presidente Dilma, vamos eleger o Mecias de Jesus, PRB, 10 – dizia Mercadante.

Depois de falar das conquistas que teriam sido realizadas pelos governos de Lula e de Dilma, Rui Falcão diz que Mecias está comprometido com mudanças.

– Para dar continuidade a esse projeto é preciso eleger prefeitos e prefeitas comprometidos com o desenvolvimento nacional. Por isso em Boa Vista vote Mecias de Jesus, PRB, 10.

De nada valeram tantas agremiações juntas e a aparição, na TV, de estrelas petistas. A vitoriosa foi Teresa Surita (PMDB), que já administrara a cidade anteriormente e que é irmã do apresentador do Pânico na TV, Emílio Surita. O coordenador da campanha de Teresa foi seu filho Rodrigo Jucá, que era deputado estadual, mas, depois da posse da mãe, foi auxiliá-la, tornando-se secretario de Educação do município. Boa Vista é uma cidade familiar. Teresa é ex-mulher do senador Romero Jucá (PMDB). Foi eleita com 57.066 votos, contra 42.171 de Mecias – uma ótima votação para sua primeira tentativa a um cargo no Executivo. Telmário Mota (PDT) ficou com 30.606 votos. Ele é marido da ex-deputada Suzete Mota, condenada em maio de 2013 pelo TRF da 1ª Região no caso da Operação Praga do Egito.

Telmário, aliás, é mais um personagem que, da noite para o dia, virou milionário. Em 2008, quando se candidatou a uma vaga na Câmara Municipal, informou que seus bens somavam R$ 240 mil. Seu patrimônio resumia-se a oito cavalos de raça e 120 galos – como o publicitário Duda Mendonça, ele gosta de briga de galo, o que é considerado uma contravenção. Em 2010, quando tentou uma vaga no Senado, os bens do vereador atingiram uma quantia considerável: R$ 4,5 milhões. Somente um lote de terra denominado Caçada Real estava avaliado em R$ 4 milhões. Um cavalo quarto de milha valia R$ 100 mil e outras dez éguas somavam ao patrimônio mais R$ 300 mil. Em 2012 ele havia perdido R$ 1,2 milhão, a se julgar pela declaração entregue à Justiça Eleitoral. A soma de tudo o que possuía, informou, chegava a R$ 3,3 milhões. O imóvel havia perdido seu valor em R$ 1 milhão e ele limitava-se a ter um casal de equinos, de R$ 200 mil, afora outros bens de menor valor.

A prefeita Teresa Surita é, oficialmente, uma mulher quase sem bens. Em 2012, declarou que possuía apenas R$ 201,8 mil em posses – R$ 190 mil em dinheiro vivo e o restante em aplicação. Depois de tanto tempo na política, nem uma casa própria ela tinha em seu nome, a julgar por suas informações. Como não foi eleita em 2010, quando tentou uma cadeira na Câmara dos Deputados, sua renda só caiu. Naquele ano, ela tinha R$ 303,5 mil – também em dinheiro.

CARGOS SEM ENCARGOS

Conta a sociedade roraimense que Mecias de Jesus se apaixonou por uma funcionária da Assembleia Legislativa. Foi amor à primeira vista, destas paixões que ardem e queimam. Os dois, que já tinham vivências matrimoniais passadas, resolveram viver um para o outro. E Mecias, como enamorado, acolheu também a família da mulher. Darbilene Rufino do Vale é o nome da escolhida, conhecida simplesmente como Darbi nas rodas sociais da cidade. E ela está com ele em qualquer situação, na alegria e na tristeza, na riqueza e na riqueza. Darbilene entrou na Assembleia em 1998 – parecia que o destino estava reservado para eles porque foi nesse ano que Mecias se elegeu deputado estadual, sem necessitar passar pela provação da suplência. A prima de Darbi, Tatiane Rodrigues de Andrade, também foi trabalhar no Legislativo roraimense na mesma época. Alçado à presidência da Casa, Mecias de Jesus cercou-se de pessoas de sua confiança. Tatiane se transformou em secretária de Finanças da Assembleia, assinando o que e quanto pagar aos fornecedores e liberando diárias. Darbi não tinha uma função bem definida, mas também auxiliava o marido e a prima nas questões das finanças. Tudo em nome do bem comum.

Em 2005, Mecias se viu diante de um problema sério. Seus parentes e apaniguados de outros deputados, namoradas e mulheres de desembargadores e promotores que atuavam na Casa, mas não eram servidores ativos, precisavam ser recompensados pela contribuição que davam ao parlamento de Roraima, com muita dedicação e talento. Não demorou muito e Mecias encontrou a solução e, ao seu comando, fez-se o sol para 75 comissionados que passaram a gozar da plenitude dos servidores efetivos. Para não deixar sua mulher sem guarida – ela que já havia sido até presa por conta do escândalo dos Gafanhotos e não merecia passar por outro constrangimento –, os benefícios da Lei Darbilene, como ficou conhecida, retroagiu a 1998, afinal a lei tem de ser um marco e esse foi escolhido levando-se em conta o ano em que a então primeira-dama havia começado a trabalhar em prol dos roraimenses. Pela decisão da Assembleia, os funcionários comissionados que atuavam na Casa desde aquele ano passariam a ter direito à estabilidade e à aposentadoria integral. E salários dignos. Darbilene, por exemplo, recebia R$ 7.937 mensais; a prima dela, R$ 15.963; Francisco de Assis Almeida, ex-advogado do parlamentar, ganhava mais R$ 7.585 e por aí vai. Em dezembro de 2012, a Justiça acatou um pedido do Ministério Público e mandou cancelar o pagamento e as regalias. Mas a Assembleia resiste bravamente em nome dos seus.

A família de Darbilene é apaixonada por política. O pai dela, Alfonso Rodrigues, era vereador de Boa Vista quando se deu a Operação Praga do Egito e acabou preso. Ele perdeu o mandato na Câmara Municipal, depois de idas e vindas de liminares. Com o patriarca da família impedido de concorrer a mais um mandato por causa da cassação de seus direitos políticos, o clã resolveu apostar na mãe da ex-primeira-dama do Legislativo roraimense, Francisca Rufino do

Vale, a Francisquinha. Ela se candidatou em 2012 pelo mesmo partido do genro, o PRB, mas não foi eleita.

Quando presidente da Assembleia, Mecias procurou ajudar os demais funcionários da Casa. Muitos ganharam pagamento de diárias para que pudessem viajar a trabalho. Alguns desses servidores, agradecidos, depois contribuíram para a campanha de Johnathan Pereira de Jesus a deputado federal. É o caso de Benvinda Thome Avelino, diretora de gestão de pessoal da Assembleia. Ela doou R$ 5 mil para o filho do presidente da Casa. A irmã dela, Betânia Thome Avelino, secretária financeira-substituta, foi mais generosa e deu R$ 10 mil. O presidente do Departamento de Trânsito de Roraima (Detran RR), Cícero Hélio Carreiro Batista, indicado por Mecias para ocupar o posto, contribuiu com R$ 3 mil. E o casal Elisabeth Barbosa da Cunha e Olivaldo Gomes da Cunha, cujas empresas forneciam para a Assembleia, dispuseram de R$ 26 mil.

A contabilidade das contas de campanhas vale-se de uma matemática heterodoxa. O dinheiro multiplica-se, sem que se saiba de onde veio, embora se saiba para onde vai. Em junho de 2010, quando se candidatou ao quarto mandato de deputado estadual, Mecias informou em sua declaração de bens entregue à Justiça Eleitoral que suas contas e aplicações somavam R$ 107 mil. Menos de um mês depois de ter feito essa afirmação pública, ele doou do próprio bolso para si mesmo R$ 200 mil, "em depósito em espécie", como está anotado na prestação de contas disponível no site do TSE. Ou seja: em 30 dias, obteve R$ 100 mil.

No meio da correria da política, Mecias, pai zeloso que é, arrumou um tempinho para ir à festa de formatura de sua filha Jennifer Pereira de Jesus, que se graduou em Medicina, em Manaus, em 2010. Mas o então presidente do Legislativo também não podia deixar suas obrigações legais e, por isso, concedeu a si próprio o pagamento de 10 diárias, conforme informou o jornalista Edersen Lima no site *Fonte Brasil*. A justificativa para a concessão é que ele viajaria ao Rio e a São Paulo para tratar de assuntos de interesse da

Mesa Diretora. Ficaria ausente entre os dias 6 e 19 de julho. Como bem notou Edersen Lima, julho é um mês em que a maioria dos Legislativos do país está em recesso. Não bastasse isso, o jornalista publicou uma foto na qual a sorridente Jennifer aparece ao lado do pai, segurando o diploma, durante a colação de grau, dia 7 de julho – quando ele deveria estar no Rio ou São Paulo. A festa foi no dia 11 de julho e, mais uma vez, o pai estava lá para celebrar o dia especial.

Mas o deputado não pensa só no bem-estar dos seus. É uma injustiça dizer uma coisa dessas. Sua biografia no Facebook informa: "Mecias de Jesus presta assistência social com recursos próprios, como doação de remédios, cadeiras de rodas, passagens aéreas e terrestres para deslocamento de idosos e carentes, consultas, exames e outros tipos de atendimentos. Com sacrifício, Mecias de Jesus paga com recursos próprios cursos de informática no interior e em Boa Vista, bolsa de estudos para alunos carentes do interior em pré-vestibulares da capital e ainda assessoria jurídica para famílias carentes."

Como não tem empresas em seu nome, o parlamentar tem de multiplicar seus salário para atender às necessidades mais urgentes de quem o procura. Em 2006, o Ministério Público Eleitoral (MPE) notou a boa-fé de Mecias e o acusou de doar leite diariamente aos moradores do município de Cantá em troca de votos. Segundo a representação, o parlamentar, por meio de uma vereadora que trabalhava em sua campanha, distribuía o alimento e aproveitava para fazer um cadastro dos moradores, entregando-lhes banners e cartazes do candidato para que afixassem em suas casas. O apoio popular fez com que obtivesse 6.452 votos. Apesar da denúncia, nada aconteceu e Mecias cumpriu seu mandato sem problemas. Isso porque somente em novembro de 2009 – ou seja, faltando apenas pouco mais de um ano para terminar a legislatura – o TRE, por quatro votos contra dois, decidiu instaurar ação penal contra o parlamentar. Mas a denúncia do Ministério Público era outra, também referente ao pleito de 2006: o deputado teria prometido a aquisição de um motor de luz para uma família do município de Alto Alegre em troca de votos. Em 2010, ao se candidatar novamente, Mecias aumentou sua influência e obteve 9.143 votos.

Os planos do deputado agora é ser governador do Estado. Para tanto, rompeu com o governador José de Anchieta Júnior (PSDB) antes mesmo do início da campanha de 2010, preferindo fechar um acordo com Neudo Campos – que foi preso com ele na Operação Praga do Egito. O plano de Mecias de Jesus de chegar ao céu na terra só não se concretizará se a Justiça colocar uma bola de ferro em seus pés para que não ganhe tanta altura.

O QUE DIZ O DEPUTADO

O deputado Mecias de Jesus respondeu algumas das perguntas encaminhas por ele por e-mail. Outras, limitou-se a atacar seus desafetos. Abaixo, a íntegra das perguntas e respostas encaminhadas por ele:

1- A que se devem essas alterações patrimoniais?

Não me sinto tão importante a ponto de receber a deferência de constar em um livro com essa finalidade, afinal existem milhares de políticos em todo o país, em situações de maior destaque, mas isso me faz lembrar do papel que desempenho hoje em meu Estado como oposicionista e sendo alvo de toda espécie de perseguição. O Brasil não pode ser um país de hipócritas, a imprensa não pode ser hipócrita. Político que não declara seus bens é criticado e aquele que declara também é alvo. No meu caso se trata de uma campanha orquestrada pelos meus opositores que detêm a totalidade dos meios de comunicação do Estado e forte influência em âmbito nacional. Meu principal adversário, o senador Romero Jucá (PMDB-RR), já foi ministro, senador há mais de 20 anos e o patrimônio dele oficialmente é menor que o meu, e eu não vejo a imprensa repercutindo isso, nem jornalista querendo escrever livro sobre ele. Nem sobre ele nem sobre a esposa dele que já foi primeira dama, deputada federal em duas ocasiões, e exerce o seu quarto mandato de prefeita da capital Boa Vista. Em 2012, essa senhora (Teresa Surita) declarou não possuir bens e disse à Justiça Eleitoral que tinha apenas cerca de R$ 200 mil em dinheiro vivo, em duas contas. Minha evolução patrimonial é mais do que condizente com minha renda de cerca de 30 anos de servidor público federal e com o que eu tenho recebido como deputado estadual a partir de 1995. Só como exemplo, Rodrigo Juca, também deputado estadual e filho de meu principal adversário, não tinha nenhum patrimônio há oito anos e hoje possui o dobro do meu patrimônio. O próprio senador oscila entre ser milionário e pobre, bastando para isso ver as suas declarações ao TSE. Então eu me pergunto se é crime declarar bens e patrimônios em conformidade com a Lei. Eu daria tudo que eu e minha família temos em troca apenas da metade só do império de comunicação que a família Jucá tem em Roraima, mas obviamente isso não é interessante para a mídia.

2- Em 2006, o senhor informou que tinha um rebanho de 800 cabeças de gado. Em 2010, não informou nenhuma cabeça. O senhor não cria mais gado ou se esqueceu de informar à Justiça Eleitoral?

Um político já é visado e, se é da oposição, mais ainda. Por isso meus rendimentos, bem como os de minha família e até de meus amigos são cuidadosamente declarados para a Receita Federal. Eu sempre tive rebanhos e sempre foram declarados à Receita Federal.

3- Em 2010, seu patrimônio era de R$ 326 mil, mas, em 2012, aumentou para R$ 1,3 milhão, sendo R$ 620 mil em dinheiro vivo. Como o senhor obteve esse dinheiro no prazo de dois anos?

Como você mesmo apresentou em seu resumo, os bens de qualquer cidadão sofrem variações, durante o ano são feitas aquisições e vendas de bens, produtos, etc. O resultado final disso é informado para a Receita. Estamos aqui falando de dois anos e, como coloquei, a Receita Federal age soberanamente para acompanhar isso. Tenho mais preocupação com o que a Receita acha disso do que com o que meus adversários políticos fazem para transformar isso em manchetes.

4- Como está o processo que o senhor responde na Justiça sobre a Operação Praga do Egito? Já transitou em julgado?

Você como jornalista pode facilmente pesquisar e acompanhar o passo a passo desses processos. Respondo com serenidade cada uma das acusações, já obtive vitórias em algumas ações judiciais e as demais estão sob a guarda da Justiça. Experimente entrar na política e – principalmente – ser alguém na oposição para verificar o que acontece com você: pode esperar uma enxurrada de processos.

5- O que o senhor tem a dizer sobre essas acusações?

O político, sobretudo os que aceitam o desafio de ser oposição, sabem que essas acusações e críticas vão existir. Agora por exemplo, respondo a essas perguntas, por respeito aos meus eleitores, mas sem saber que uso será feito delas. Pode muito bem ser uma ação de meus adversário, mas evidentemente se houver abusos buscaremos na Justiça a devida reparação.

6- Por que o senhor e seu filho, Johnathan, possuem procurações com amplos poderes para poder vender ou fazer o que quiserem com diversos imóveis em Boa Vista e em São João da Baliza?

Eu e meus filhos, além de sermos políticos somos cidadãos, pessoas comuns e possuímos procurações pelas mesmas razões que você ou qualquer outra pessoa possuiria. Procurações são instrumentos legais e morais e como cidadãos não existe impedimento apenas por sermos políticos.

7- Por que o senhor, enquanto presidente da Assembleia, contratou empresas que mantinham o mesmo endereço, embora com denominações diferentes (Promoction, Macuxi e Polimpex) ou a Construforte e a A.G.O. da Silva Cunha?

Eu fui presidente da Assembleia, e não da Comissão de Licitação. Todas as contratações foram feitas mediantes processos. Portanto, como se tratam de informações públicas, evidentemente que você, como jornalista, pode ser aprofundar nessas questões.

8- O senhor é amigo de Olivaldo Gomes da Cunha e da mulher dele, Elizabeth Barbosa da Cunha?

Um político pode ter amigos e amigas. Um político pode ter uma vida social, mas não deixa de ser uma pessoa. Tenho algumas décadas de vida e muitos amigos, mas isso não deixa de uma coisa particular.

9- A senhora Elizabeth é ou foi procuradora do deputado?

Não é e nunca foi.

10- Por que o senhor, quando presidente da Assembleia, contratou vários parentes para trabalhar com o senhor, como sua esposa, a prima dela, e um cunhado?

É mentira que eu tenha contratado a pessoa que hoje é minha esposa. Quando cheguei na ALE-RR, ela já era funcionária. Foi contratada anos antes. No momento em que a legislação permitia a contratação, era uma faculdade minha como gestor público.

11- O que o senhor tem a dizer sobre a acusação do Ministério Público de que houve superfaturamento nas obras de reforma da Assembleia Legislativa?

Como você mesmo disse, é uma acusação, feita pelos meus adversários, que me fazem essas perguntas todos os dias através dos meios que compõem um império de comunicação dentro e fora do meu Estado. No momento em que houver uma decisão da Justiça afirmando isso, você terá a liberdade de fazer o que bem entender com essa informação.

12- O senhor recebeu diárias para viajar ao Rio e a São Paulo, mas, ao invés disso, foi prestigiar a formatura da filha, no curso de Medicina, em Manaus?

Eu não posso ter feito as duas coisas? Não posso ter viajado a trabalho para uma cidade e – por coincidência de data ter que parar em Manaus onde minha filha estava se formando? Para satisfazer suas fontes eu seria proibido de participar de um momento tão importante como esse?

13- A que se deve os R$ 750 mil encontrados na casa do senhor José Raimundo Rodrigues durante a campanha de 2010?

Toda a sociedade de Roraima sabe que em 2009 eu deixei a condição de aliado do governador e virei oposição. Isso bastou para um exército de arapongas ser colocado para seguir meus passos e de meus amigos e familiares. Tínhamos um posto como bem de família e por razões óbvias ele teve que ser vendido. Quando você vier em Roraima procure esse posto e veja no nome de quem está, aproveite e pesquise também para saber se houve alguma condenação por esse motivo e se informe também para saber o que houve com o dinheiro apreendido na casa de um assessor meu. Pergunte se o dinheiro já foi devolvido e você haverá de concluir que houve abuso de poder político e econômico e que não houve nenhuma condenação, que o dinheiro foi devolvido e que o posto hoje está com seus novos donos.

14- Se o dinheiro era para ser utilizado na campanha, por que não foi?

O dinheiro, como você mesmo disse, foi aprendido. Como sua devolução ocorreu depois da campanha, seria impossível tê-lo usado na campanha.

A nova história política do Brasil

Donadon

A família Donadon é uma das mais conhecidas em Rondônia e, desde junho de 2013, essa fama ganhou o cenário nacional. Três membros do clã já foram prefeitos em cidades diferentes, um outro foi deputado estadual por mais de um mandato e um dos irmãos elegeu-se deputado federal. Um primo também foi prefeito, um outro é vereador e um terceiro foi vice-prefeito. Um dos irmãos tentou até o Governo do Estado e o Senado, mas os votos não lhe deram a oportunidade de chegar tão longe. Por onde passaram, os Donadon deixaram pesados rastros de irregularidades, acusações de desvios de milhões, processos por má administração e nepotismo. As evidências foram tantas que, em 28 de junho de 2013, um de seus membros, Natan Donadon (PMDB), entrou para a história política do Brasil ao ser o primeiro deputado federal preso no exercício do mandato, depois da Constituição de 1988. E o processo, transitado em julgado, não deixa dúvidas: juntamente com um de seus irmãos, o deputado estadual Marcos Donadon (PMDB), e outros parlamentares e funcionários rondonienses, ele foi acusado de aplicar um golpe na Assembleia Legislativa que resultou em desvios de R$ 58 milhões, em valores atualizados (agosto de 2013), nas contas feitas pelo Ministério Público.

Apesar de tanto dinheiro ter saído do erário para entrar nas contas familiares, as declarações de bens apresentadas por seus integrantes nas diversas vezes em que postularam um cargo público não aparentam a riqueza amealhada pela trupe. Os documentos entregues à Justiça Eleitoral demonstram o que é comum em muitos casos de políticos que querem dar a entender à população que não têm a fortuna que lhe atribuem. Em um ano, há declarações da família em que o candidato informa que nada tem, e, quatro anos depois, surgem declarações com mais de R$ 700 mil. Algumas vezes, eles chegam a informar que o patrimônio diminuiu. Mas os ministros do STF não se deixaram levar pelas aparências na hora de dar a Natan o reconhecimento histórico da prisão: ele e os seus provocaram um prejuízo milionário ao Estado.

A família chegou a Rondônia em 1973, deixando o interior do Paraná, onde o patriarca, Marcos, trabalhava como gerente numa fazenda de cana. O governo militar na época queria ocupar a região amazônica e incentivou os trabalhadores agrícolas a se mudarem para o território sob o lema "integrar para não entregar", nos anos 1960, e "terra sem homens para homens sem terra", na década seguinte. Rondônia era considerada a nova fronteira agrícola, que se expandia do Mato Grosso, naquela época ainda uno. As décadas de 1970 e 1980 registraram um forte fluxo de migrantes para Rondônia. Ao contrário de ciclos anteriores de colonização, marcados pela busca de riquezas naturais e que atraíram garimpeiros e seringueiros, por exemplo, a nova onda teve como principal fator a busca de terras cultiváveis e, depois, a expansão de pasto para a criação de gado – o que gerou a derrubada de milhares de quilômetros de floresta.

Foi nesse período que muitos dos políticos que comandam os destinos do Estado chegaram ao novo Eldorado. A maioria veio do sul – o senador Valdir Raupp (PMDB), por exemplo, deixou São José do Sul, em Santa Catarina, para se estabelecer primeiro em Cacoal, onde foi vereador em 1982, depois em Rolim de Moura, tornando-se o primeiro prefeito da cidade, em 1992, e depois governador. A família Cassol abandonou Concórdia, também em Santa Catarina, e foi parar em Santa Luzia do Oeste em 1977. A amizade com os militares fez de Reditário, o patriarca, prefeito nomeado de Colorado do Oeste – antes de a família Donadon se apossar do local.

Aliás, os dois clãs têm algumas coisas em comum: espraiaram-se por outros municípios, estendendo seu poder e acumulando riquezas. Assim como os Donadon, os Cassol também entraram para a história da política brasileira. Ivo Cassol (PP) tornou-se, em 8 de agosto de 2013, o primeiro senador a ser condenado à prisão, também no exercício do mandato. Ele recorreu, com objetivo de protelar a prisão, como havia feito o próprio Natan, na esperança de terminar o mandato de deputado federal. Embora tenha sido condenado pelo STF, Ivo não foi preso... ainda. O primeiro suplente dele no Senado é seu pai.

O senador foi condenado a quatro anos e oito meses de prisão em regime semiaberto porque, quando era prefeito de Rolim de Moura, direcionou licitações de pavimentação e outras obras para que empresas de seus amigos ou de seus parentes pudessem vencer. O Ministério Público apontou que os valores eram artificialmente fracionados para que o certame pudesse se dar por meio de carta-convite, tipo de concorrência em que três empresas são convidadas para participar e quem apresenta o menor preço ganha. Mesmo condenado pelo STF, em setembro de 2013 Ivo Cassol ainda mantinha seu mandato e todos os privilégios de ser um senador da República.

Após o julgamento, o senador divulgou uma nota na qual afirmava sua inocência. "Sou inocente e vou recorrer em liberdade da sentença que fui condenado. Não houve direcionamento às empresas beneficiadas e muito menos fracionamento dos processos licitatórios conforme denúncia contra mim apresentada. Reafirmo isso e comprovarei com a reapresentação dos documentos referentes às obras, que foram executadas sem qualquer fraude, e todas aprovadas pelos órgãos fiscalizadores (Tribunal de Contas do Estado de Rondônia e Tribunal de Contas da União). Continuarei a exercer normalmente meu mandato como senador da República, mandato este que me foi outorgado pela população de Rondônia e para a qual continuarei trabalhando."

O pai dele, Reditário, foi eleito deputado estadual em 1986 e foi autor de projetos de lei que criaram 19 municípios em Rondônia. Bom para eles. O irmão de Ivo, Cesar Cassol, acabou também nomeado prefeito em Santa Luzia do Oeste, elegendo-se, depois, deputado estadual. Em 2000, Darcila Terezinha, conhecida como "Nega Cassol", irmã do senador Ivo Cassol, foi eleita para administrar Alta Floresta D'Oeste. O próprio Ivo havia tentado ser prefeito de Rolim de Moura em 1992, mas, há dez dias do pleito, teve sua candidatura impugnada, abrindo espaço para a vitória folgada de Valdir Raupp. Conseguiu se eleger em 1996, permanecendo no cargo por seis anos, só saindo para se tornar governador do Estado, em 2002, por dois mandatos.

Reditário teve uma passagem pelo Senado, quando o filho se licenciou justamente para que o pai pudesse ter o gostinho de frequentar o carpete azul que é a marca da Casa. Em sua rápida passagem, pronunciou um discurso histórico. Defendeu a volta da chibata contra os presos. Em tom teatral, classificou como sem-vergonha, pilantra e vagabundo o preso que não trabalha e disse que, para consertar o país desse tipo de gente, só voltando a lei da chibata. O nobre senador adiantou que pensava em apresentar um projeto com essa proposta:

– Na semana que vem ou em breve eu quero apresentar um projeto aqui que o estelionatário também tem que ir para a cadeia e não ficar logrando um e outro. Nós temos que fazer um trabalho, ilustre presidente e nobres senadores e senadoras, e modificar um pouco a lei aqui no nosso Brasil, que venha favorecer sim as famílias honestas, as famílias que trabalham, que lutam, que pagam imposto para manter o Brasil de pé e não criar facilidade para pilantra, vagabundo, sem-vergonha, que devia estar atrás da grade de noite e de dia trabalhar, e quando não trabalhasse de acordo, o chicote, que nem antigamente, voltaria – discursou. A proposta dele foi feita antes de seu filho ser condenado a trabalhar de dia e dormir à noite na cadeia.

Reditário, depois que o filho foi condenado, cuspiu fogo contra o SFT e a PGR:

– É uma vergonha o que estão fazendo com o meu filho. A perseguição política começa com o próprio procurador. Eles não têm moral para fazer o que estão fazendo. Para fazer isso, primeiro precisam cuidar da moral deles – esbravejou o velho Reditário.

Os Cassol fizeram fortuna no Estado. É uma das famílias de políticos mais ricas do Brasil. A cada quatro anos, Ivo Cassol dobra o valor de seu patrimônio. Em 2010, quando disputou uma vaga no Senado, declarou que seus bens somavam R$ 29,8 milhões. Quatro anos antes, em 2006, quando concorreu à reeleição ao governo de Rondônia, tinha R$ 15,4 milhões e, em 2002, quando se candidatou a primeira vez a governador, R$ 6,1 milhões. Como primeiro suplente do filho no Senado, Reditário informou à Justiça Eleitoral que seu patrimônio pessoal era de R$ 8,9 milhões. O clã enriqueceu primeiramente com a derrubada de madeiras nobres, como mogno e cerejeira, que, na década de 1970 e início da de 1980, ainda eram abundantes na região; depois, com incentivo do governo federal, que criou um programa para facilitar crédito a quem se dispusesse a investir em energia no Estado, que, na década de 1980, vivia constantes apagões.

De acordo com o livro *História Regional de Rondônia*, dos professores Marco Antônio Domingues Teixeira e Dante Ribeiro da Fonseca, ambos do Departamento de História da Universidade Federal de Rondônia (UNIR), "a maior taxa geométrica de incremento da população do território é desse período (1970 -1980), superior à de qualquer outra unidade federada. Um indicativo de que o fluxo migratório, nessa década, foi principalmente de camponeses em busca de terras é a queda do percentual da população urbana: de 52,63% em 1970 para 46,54% em 1980".

Até 1977, o território tinha quatro municípios, depois agregados em dois: Porto Velho e Guajara-Mirim. A partir de então, cinco novas cidades foram criadas ao longo da BR-364, que permitiu diminuir o isolamento da capital. Naquele ano surgiram Cacoal, Ariquemes, Rondônia, Pimenta Bueno e Vilhena. Rondônia só veio a se tornar Estado em 22 de dezembro de 1981 e a instalação do governo se deu em 4 de janeiro do ano seguinte. Para administrar o novo ente da federação, o general João Baptista Figueiredo nomeou o coronel Jorge Teixeira, que já administrava o território desde 10 de abril de 1979. Teixeira também havia sido, por indicação, prefeito de Manaus anteriormente.

CONE SUL

Quando chegaram a Rondônia, os Donadon foram se estabelecer na região conhecida como Cone Sul do estado. Em 1981, foi criado o município de Colorado do Oeste; Seu Marcos Donadon se tornaria o segundo prefeito da cidade, abrindo caminho para a prole de oito herdeiros desbravar uma nova fronteira: a da política. Para auxiliá-lo no dia a dia da administração municipal, cercou-se de gente de sua confiança: seus próprios filhos. A partir daí, a família expandiu suas raízes por toda a região e foi ganhando espaço político.

O primeiro a seguir os passos do pai foi Melkisedek Donadon – o patriarca gostava de nomes bíblicos como Natan, Marcos, Raquel, Mirian, Josué. Melkisedek significa, em hebraico, "meu rei é justiça". É um personagem do livro *Gênesis*, descrito como um rei sábio, do povoado de Salém. Melki – o político, não o sábio –, como é conhecido em Rondônia, foi eleito prefeito de Colorado do Oeste em 1992. Ao contrário do rei, que não deixou descendentes, o Melkisedek rondoniense tem uma família extensa e a todos fez questão de agradar. Durante seu mandato como prefeito de Colorado do Oeste, nomeou o irmão Natan para ser seu secretário de Finanças. Como em muitos outros casos, o prefeito acreditava que o cofre público devia ser resguardado por alguém de confiança, que estivesse disponível 24 horas por dia para eventual emergência ou necessidade de saques. Melki permaneceu como prefeito até 1996 e, nesta data, mudou seu domicílio eleitoral para Vilhena com o objetivo de continuar servindo à população rondoniense – a reeleição só seria aprovada pelo Congresso Nacional no ano seguinte, beneficiando, sobretudo, o então presidente Fernando Henrique Cardoso (PSDB). Eleito, Melki assumiu a nova função em janeiro de 1997, mas ficou à frente da cidade apenas até abril do ano seguinte, quando se desincompatibilizou para tentar ser governador do Estado.

Na época, seu patrimônio era modesto: 80 cabeças de gado avaliadas em R$ 16 mil; uma casa em Colorado do Oeste que valia R$ 50 mil; uma outra em Vilhena, com valor estimado de R$ 30 mil, e uma propriedade rural de 500 hectares em Porto Velho, estimada em R$ 40 mil. Como ocupação principal, declarou à Justiça Eleitoral que era trabalhador agrícola. Concorrendo pelo PSC, ficou em terceiro lugar na disputa pelo governo, somando 86.171 votos (18,80% dos válidos). Para o segundo turno foram José de Abreu Bianco (PFL), com 161.831 votos (35,31%), e Valdir Raupp, com 157.226 (34,30%), que tentava a reeleição, mas seria derrotado.

Melki, no entanto, não ficou muito tempo sem mandato e, em 2000 voltou a se candidatar a prefeito de Vilhena, pelo PTB, elegendo-se para um segundo mandato. Foi um passeio sobre os adversários. Ele conseguiu 15.968 votos, quase o dobro do segundo colocado, Heitor Tinti Batista (PMDB). A família Donadon atua em conjunto e, portanto, para a nova empreitada, Melki escolheu o primo Marlon para ser seu vice. Em 2004, foi a vez de ele assumir o comando da prefeitura, dando continuidade ao domínio da família. Mas Marlon não era a primeira opção. A intenção era lançar Ângelo Mariano Donadon, tio de Melki, mas ele morreu e, para não deixar o clã sem ninguém no poder, optou-se pelo caçula da família, na época com 23 anos. Quatro anos depois da administração de Marlon, a população de Vilhena deu mostras de que estava se cansando da hegemonia Donadon e, no pleito seguinte, em 2008, o vencedor foi José Luiz Rover (PP), que se reelegeria em 2012. Rover conseguiu a façanha de derrotar o próprio Melki, que tentava voltar à prefeitura em 2008.

O cuidado com a precisão nas informações não é uma das virtudes da família Donadon. Em 2006, quando tentou se eleger senador, Melki declarou que seus bens somavam R$ 729 mil. Tinha até mesmo equipamento para a instalação de uma usina PCH (Pequena Central Elétrica), avaliado em R$ 600 mil. Possuía um rebanho com 405 cabeças de gado e tinha um imóvel rural de 35 hectares em Vilhena, avaliado em apenas R$ 5 mil. As propriedades que constavam como suas em 1998 em Colorado do Oeste, Porto Velho e mesmo em Vilhena já não apareciam nessa declaração.

Sem conseguir se eleger senador, em 2008, quando quis voltar à prefeitura, seu patrimônio havia se transformado em zero, segundo informações do TSE. Ele declarou à Justiça Eleitoral que não tinha mais nada em seu nome e que era um simples agricultor. A mulher dele, Rosani, que concorria como vice em sua chapa à Prefeitura de Vilhena, fez a mesma coisa: disse que não tinha nenhum bem e que não tinha fonte de renda porque era dona de casa. O casal devia passar necessidades porque, se for levada em consideração essa afirmação, nem conta corrente eles tinham e, sem imóvel próprio, a julgar pelas informações que forneceram, ou moravam de favor na casa de parentes ou pagavam aluguel, o que só faria aumentar o infortúnio. Como Melki estava fora do poder e era um simples agricultor, a situação deve ter sido difícil para eles nesse período.

A eleição de 2008 em Vilhena foi uma disputa de pobres, porque o oponente dos Donadon, José Rover, também declarou que não tinha nenhum bem, como demonstra a página do TSE. Os quatro primeiros anos de mandato do novo prefeito, embora tenham sido bem avaliados pelos eleitores, a ponto de lhe concederem mais quatro anos no poder depois, também o fizeram milionário, a julgar pelas informações prestadas à Justiça Eleitoral. Em 2012, o nada de 2008 transformou-se em R$ 1,2 milhão – R$ 390 mil em espécie, mais uma casa de R$ 500 mil na cidade, vários lotes e outros R$ 333 mil em empréstimo para habitação, entre outras coisas.

Um ano antes de tentar voltar à prefeitura em 2008, Melki foi destaque em Vilhena por um motivo curioso: em agosto de 2007, espalhou-se pela cidade um boato de que ele havia morrido. A notícia depois virou motivo de piada. Aconteceu que um assessor do então ex-prefeito telefonou para ele e, do outro lado da linha, alguém respondeu que o dono daquele aparelho havia sido levado às pressas para um hospital e falecido em seguida, vítima de um ataque cardíaco. Na ocasião, Melki estava em Brasília. Um jornalista de Vilhena deu o "furo" de reportagem em seu blog, e outros o seguiram.

A notícia chegou a ser confirmada por Marcos Donadon e outros dois assessores de Melki. Um pedido de luto oficial foi encaminhado ao prefeito Marlon Donadon. A mulher e os filhos dele já recebiam as condolências quando um outro jornalista finalmente conseguiu localizar o ex-prefeito. O que ocorreu foi que ele havia esquecido o celular no banco de um táxi e o taxista acabou fazendo a piada. A oposição criticou o ocorrido, dizendo que ele queria fazer marketing. Melki respondeu que não precisava morrer para ser lembrado pelo povo. Mas, na eleição de 2008, os eleitores de Vilhena se esqueceram dele.

Pode-se dizer muitas coisas da família Donadon, mas não que seus membros desistam facilmente de alguma empreitada. Foram mais duas tentativas de Melki desde o malogro de 2008. Dois anos depois, ele concorreu novamente a senador e, mais uma vez, naufragou. Naquele ano, seus bens voltaram a aparecer – incluindo o equipamento para a instalação de uma usina PCH. Em 2012, Melki fez outra tentativa de ganhar a prefeitura, mas sua candidatura foi indeferida pela Justiça. Rover foi reeleito com 19.649 votos (85,82% dos válidos). E o patrimônio de Melki, segundo sua afirmação, voltara a cair, desta vez para R$ 157 mil – R$ 152 mil em dinheiro em espécie.

O município de Vilhena é um dos mais ricos de Rondônia e a quarta cidade mais populosa do Estado, com 87.727 habitantes. Os Donadon não poderiam ficar sem representantes no poder local. Júnior, irmão de Marlon e primo de Melki, obteve um mandato de vereador pelo PMDB e passou a encabeçar a oposição a Rover. O fantasma da pobreza parecia abater-se sobre toda a família. Quando se candidatou, Júnior informou ao TRE que também não tinha nenhum bem a declarar. Em julho de 2013, quando o noticiário falava abertamente na possibilidade real de prisão dos primos Natan e Marcos, ele apresentou um projeto de lei na Câmara Municipal de Vilhena que era uma carta de boa intenção, mas deixava no esquecimento o passado do qual sua família fora protagonista. A proposta de Júnior proibia o nepotismo no poder público municipal.

Rover, que não era neófito em política, agiu rápido e, graças a sua influência entre os vereadores, tirou do opositor o doce gosto da vitória e conseguiu aprovar antes uma matéria de idêntico teor. O projeto sugerido por Júnior Donadon parecia um escárnio – e era. Enquanto sua família mandava na política de Vilhena, seus parentes ocuparam importantes cargos nos primeiro e segundo escalões: Rosani, mulher de Melki, foi secretaria de Bem-Estar Social; Raquel, irmã de Melki, foi secretaria da Educação; Josué, outro irmão do ex-prefeito, foi secretário de Obras e Serviços Públicos, o próprio Júnior foi procurador-geral do Município, e Francisca, outra irmã de Melki, era lotada no gabinete do prefeito. O domínio era tanto e de forma tão escancarada que uma decisão judicial obrigou Marlon a demitir 13 parentes que se aboletavam na prefeitura.

Embora um ramo dos Donadon tenha esticado seu poder para o município vizinho, a outra parte não se descuidou da cidade onde fincou raízes. Em 2004, Mirian, irmã de Melki, então com 33 anos, concorreu à prefeitura de Colorado do Oeste. Levou como vice em sua chapa um outro primo, Márcio Antonio – que depois de deixar o cargo, claro, ganhou um novo emprego público. Primeiramente, foi nomeado em 18 de março de 2009 para trabalhar na liderança do PMDB na Assembleia Legislativa de Rondônia, cujo líder era seu primo, Marcos, irmão de Mirian. Depois, passou a dar expediente no gabinete de Natan, na Câmara dos Deputados.

A administração de Mirian parece que seguiu o roteiro que se tornaria uma marca da família: denúncias e mais denúncias de irregularidades. Em julho de 2007, ela foi condenada ao pagamento de multa de R$ 174 mil porque o hospital municipal da cidade não tinha profissionais para atender, nem realizar exames laboratoriais ou fornecer medicamentos. Inconformada com a decisão em primeiro grau, ela recorreu, mas voltou a perder. O desembargador Sansão Saldanha, ao negar provimento à reclamação de Mirian, anotou que “a execução dessa multa tem relevância no sentido de compelir o agente público ao cumprimento da decisão. Isso porque não se pode tolerar que se prolongue indefinidamente o dever de fazer imposto na decisão jurisdicional a ponto de torná-la inoperante”.

Em março de 2010, já fora do poder, Mirian foi condenada pelo juiz titular da 1ª Vara Cível da Comarca de Colorado do Oeste, Cristiano Gomes Mazzini, à perda de seus direitos políticos por três anos, além da penhora de seus bens e dos da Associação Beneficente Marcos Donadon. O juiz aplicou-lhe, ainda, uma multa equivalente a cinco vezes o salário que recebia enquanto prefeita, de R$ 8 mil mensais. De acordo com a sentença, os réus foram punidos por irregularidades em licitação e repasses ilegais de verbas do município para a entidade controlada pela família da prefeita. O juiz entendeu que Mirian e sua família utilizavam o instituto para promoção pessoal. Embora o nome do centro fizesse referência ao patriarca da família, que havia sido prefeito da cidade, era evidente que o deputado estadual de mesmo nome se beneficiava da lembrança da população carente, que buscava na associação atendimento médico e odontológico gratuito. Ou seja: enquanto deixava o hospital municipal sem profissionais e sem condições de atendimento, a prefeita incentivava a população a procurar a Associação dirigida por sua própria família.

A Associação Marcos Donadon dizia atuar sem fins lucrativos. Para manter suas atividades, recebia recursos do SUS, do governo de Rondônia e de municípios. Estava instalada, além de Colorado do Oeste, em Vilhena e Cerejeira, todos municípios na região do Cone Sul do Estado. Em todas as cidades tinha sedes próprias e atendia cerca de 500 pacientes por dia, até julho de 2013, quando deixou de funcionar depois da prisão dos irmãos Natan e Marcos. Era, sem dúvida, uma máquina de votos. Depois que deixou o poder, Mirian, a exemplo dos parentes, não ficou desamparada. Em

4 de março de 2011, o *Diário Oficial do Estado* publicou a nomeação dela para o cargo de assessora especial do gabinete do governador Confúcio Moura. Com um detalhe: com efeitos retroativos a 1 de janeiro daquele ano. Antes de se tornar servidora pública do governo, ela ganhou outro cargo, em maio de 2010, desta vez na liderança do PMDB na Assembleia Legislativa – o líder era o irmão, Marcos. Nada mal para quem, até então, tinha como ocupação a função de datilógrafa do quadro de pessoal do Instituto de Previdência dos Servidores Públicos de Rondônia (Iperon).

EFEITO DOMINÓ

Embora fosse um personagem conhecido em Rondônia, quando assumiu seu primeiro mandato de governador, em 2002, Ivo Cassol não tinha dimensão nacional. Mas, em maio de 2005, ele ganhou fama no Brasil inteiro ao aparecer no Fantástico, da Rede Globo. O então governador instalou uma câmera em seu gabinete e filmou deputados estaduais, entre 2003 e 2004, exigindo-lhe dinheiro em troca de apoio na Assembleia Legislativa. Sete parlamentares apareceram nas filmagens. Diziam que o grupo contava com outros três. Para não importunar a vida de Cassol, exigiam um agrado mensal de R$ 50 mil para cada um.

Na época da gravação, o governador enfrentava denúncias de irregularidades com o orçamento e estava ameaçado de sofrer um processo de impeachment. Uma semana antes das gravações, Cassol havia sido denunciado pelo Ministério Público ao STJ por malversação de verbas quando foi prefeito de Rolim de Moura. O STJ decidiu mantê-lo no cargo enquanto decidia a questão no mérito. As denúncias eram as mesmas que, em 2013, fizeram com que o STF o condenasse por fracionar licitações e direcioná-las para que amigos e parentes vencessem as concorrências.

As cenas gravadas pelo governador pareciam um documentário sobre como políticos desonestos enriquecem facilmente. Em um trecho, Cassol conversa com a deputada Ellen Ruth (PP). Um diálogo de alto nível, como se vê:

– Vamos dizer que eu não consigo viabilizar os R$ 50 mil para cada um, tá? Vamos dizer. Aí quer dizer que eu não tenho como fazer nada? – pergunta Cassol.

– Não. Aí você vai dizer pra gente quanto você tem, quanto você pode viabilizar. Ninguém está comprando ninguém, porque dentro do orçamento do Estado você está levando o seu como executor – responde Ellen.

Sabendo que a conversa estava sendo gravada por ele, Cassol desconversa:

– Eu não.

– Alguém leva, tá bom? Alguém leva – insiste a deputada.

– Eu estou ao contrário – rebate Cassol.

Outro deputado, Emílio Paulista, chega a dizer que os R$ 50 mil exigidos pelo grupo é um valor extorsivo:

– Então, governador. Esse negócio de dinheiro aí é importante. Mas esse valor aí eu também acho abusivo, o valor de R$ 50 mil. Mas acontece que uns estão vendendo os outros.

E Amarildo Santos deixa claro que tudo isso faz parte do jogo político:

– Isso é jogo político. É a mesma coisa, por exemplo, se o senhor precisar de qualquer coisa, por exemplo, que resolva um problema interno, rápido, pela Assembleia. Vota até no escuro e faz. Quando as coisas estão caminhando, o que o senhor não pode ter é restrição dentro da Assembleia.

A história de Cassol e dos Donadon, que se cruzou em Colorado do Oeste, voltou a se encontrar nesse episódio. Isso porque, em outro trecho, o deputado Ronilton Capixaba, ao enumerar os parlamentares que fariam parte do esquema e que, portanto, queriam receber "o seu", alude a Marcos Donadon. No total, 12 deputados aparecem ou são citados nas gravações.

Um outro escândalo voltaria a colocar em destaque o nome de Marcos Donadon e outros 22 colegas em 2006. Mal as imagens de negociatas com o governador haviam sido exibidas, os políticos rondonienses seriam apanhados em outra ação irregular. Em 4 de agosto daquele ano, em plena campanha eleitoral, a Polícia Federal deflagrou a Operação Dominó. O esquema era maior do que os *takes* exibidos por Ivo Cassol em rede nacional. De acordo com a denúncia, o então presidente da Assembleia Legislativa de Rondônia, Carlão de Oliveira, criou uma folha de pagamento paralela, sem registro contábil, pela qual parlamentares, parentes e amigos recebiam altas somas, como se fossem salários. Empresas fictícias eram contratadas para prestar serviços não executados, como manutenção e fornecimento de equipamentos de informática e até aluguel de táxi aéreo, e os pagamentos eram direcionados ao grupo por meio da Signus Factoring.

Os policiais cumpriram 23 mandatos de prisão. Teve de tudo na rede: desembargador, juiz, conselheiro do TCE, procurador de Justiça, filhos e assessores de deputados, irmãos de parlamentares, esposas e os próprios deputados. Segundo as investigações da Polícia Federal, o esquema desviou cerca de R$ 70 milhões da Assembleia Legislativa. Marcos Donadon, conforme o relatório da PF, utilizou o nome de 16 pessoas – incluindo sua mãe, Delfina Batista , irmãos, esposa e cunhados – para poder sacar o dinheiro. Entre julho de 2004 e março de 2005, a família ganhou R$ 694,6 mil. Dos 24 deputados estaduais, 23 foram acusados pela Polícia Federal de participar do esquema – a exceção foi Neri Firigolo (PT). Embora o escândalo tenha irrompido no meio da eleição, cinco dos 23 denunciados conseguiram se reeleger – entre eles, o próprio Marcos, que foi o mais votado desse grupo, obtendo 11.779 votos, sendo o sétimo com mais votos no Estado.

Marcos Donadon já era um político experiente e bem conhecido dos rondonienses quando o nome dele foi envolvido nessas acusações. Ele já respondia a um processo na Justiça porque, em 1995, quando era presidente da Assembleia Legislativa, forjou um contrato com a MPJ Marketing, Propaganda e Jornalismo que tinha como objetivo a execução de publicidade em geral (rádio, TV, jornal, panfletos, *folders*, *outdoors*), com prazo de vigência de quatro meses – de agosto de 1995 a dezembro daquele ano – no valor total de R$ 1,750 milhão. Mas nenhum serviço foi prestado de fato. Mesmo com o fim do contrato, a MPJ Marketing continuou recebendo cheques da Assembleia Legislativa até janeiro de 1999. Segundo cálculos do Ministério Público, a empresa teria recebido, no total, R$ 8,4 milhões, sem fazer nada.

Como os demais membros da família, Marcos não gosta de exibir o que tem. Em 1998, quando concorreu à reeleição para deputado estadual, e já presente no noticiário por conta das acusações de desvio de recursos, ele informou à Justiça Eleitoral que seu patrimônio somava R$ 97,7 mil. Entre os bens, havia duas casas, com valor declarado de R$ 40 mil, um veículo Toyota e 540 cabeças de gado avaliadas em R$ 12,5 mil – o que equivale a dizer que cada vaca valia R$ 23. Na época, ele tinha 26 anos.

Em 2002, ele exibiu uma boa evolução financeira. De acordo com cópia de seu Imposto de Renda disponibilizado no TRE de Rondônia, seu patrimônio havia dado um salto: passou de R$ 97,7 mil para R$ 673,3 mil. Ele informou ao Fisco que todo seu rendimento tinha uma única fonte: a Assembleia Legislativa. Marcos tinha dinheiro de sobra até para emprestar para o irmão Melkisedek (R$ 190 mil) e para Menias Henrique Pereira Filho, que era seu cunhado e também o administrador da Associação Marcos Donadon. A confiança que o deputado tinha em Menias era tanta que, em 2000, ele havia emprestado R$ 134 mil para ele e, no ano seguinte, esse valor chegava a R$ 314 mil.

Em 2006, na eleição seguinte, a confiança no auxiliar voltou a aumentar. A soma do que Menias devia ao patrão era de R$ 470 mil. Esse valor compreendia quase a metade de tudo o que Marcos dizia ter. Naquele ano, ele declarou que seus bens somavam R$ 986,8 mil. A mulher dele, Rosangela Henrique Pereira Donadon – irmã de Menias –, também era merecedora de crédito. Ela devia ao marido R$ 43 mil. Rosangela também trabalhava na Associação. Ela é dentista.

Mas depois daquela eleição, a julgar pela declaração pública de Marcos, sua vida deu uma reviravolta. Ele não informou mais os empréstimos, o que pode significar duas coisas: ou tomou um calote da família, ou, se recebeu os R$ 513 mil, torrou o dinheiro sem dó. Isso porque, em 2010, seu patrimônio resumia-se a R$ 190,5 mil. Na época, a possibilidade de ele ser preso era bem real e apenas uma questão de tempo. Aliás, ele só conseguiu assumir o mandato após obter uma liminar do ministro Marco Aurélio Mello, do STF, em 13 de fevereiro de 2011, quando a Assembleia já estava instalada com os novos membros.

Em 2012, Rosangela tentou obter uma cadeira na Câmara Municipal de Porto Velho. Concorreu pelo PMDB. Sua declaração de bens, disponível no site do TSE, dá uma dica de onde pode ter ido parar o dinheiro da família. Ela informou que adquiriu oito lotes, no valor de R$ 5 mil cada, que colocou em nome do filho do casal, Lucas Henrique, menor de idade. A soma de seus bens totalizava R$ 101,9 mil. Em 2008, quando tentou ser vereadora pela primeira vez, não tinha nenhum bem em seu nome, a julgar por sua declaração. Dos R$ 43 mil emprestados pelo marido dois anos antes não havia nem sombra. Dois anos depois, seu patrimônio pessoal era de R$ 76 mil.

Durante a presidência de Marcos na Assembleia Legislativa, seu irmão Natan o auxiliou na administração. Ele foi nomeado diretor financeiro da Casa e, segundo o Ministério Público, era Natan quem liderava o esquema de desvios. Nos cálculos dos promotores, os R$ 8,4 milhões desviados entre 1995 e 1999 corresponderiam a R$ 58 milhões em valores atualizados. Mas se a atualização fosse pelo IPCA, o valor atual seria R$ 21,4 milhões, levando-se em conta a data do fim do esquema, em janeiro de 1999. Mesmo assim, uma bolada e tanto.

O mundo de Natan era o das finanças e o das cantorias. Ele soltava a voz nas feiras agropecuárias, o que ajudou a espalhar sua fama. No repertório, músicas sertanejas, principalmente. Antes de ser diretor na Assembleia, ele havia sido secretário municipal de Finanças da Prefeitura de Colorado do Oeste durante a administração de Melkisedek, em 1992. Em 1998, quando Melki candidatou-se ao governo de Rondônia, Natan concorreu, pela primeira vez, a deputado federal, mas as urnas não lhe foram benéficas. O plano da família parecia perfeito: um deles seria governador, outro deputado federal, um terceiro deputado estadual. Mas a estratégia esbarrou na objeção popular. Só Marcos se elegeu. Em 2002, Natan tentou mais uma vez, e ficou na suplência pelo PMDB. Assumiu a cadeira após as eleições municipais de 2004, quando Confúcio Moura foi eleito prefeito de Ariquemes.

O PRIMEIRO DO PAÍS

Tudo parecia bem e, em 2006, finalmente Natan conseguiu chegar à Câmara pelos próprios votos, sem necessitar esperar que algum titular lhe cedesse a cadeira. Naquele ano, o patrimônio apresentado era pequeno: R$ 200 mil. Como o irmão Marcos, Natan também gostava de emprestar dinheiro. A mulher dele, Rosângela de Fátima Alevato Donadon, tinha a posse de R$ 100 mil. Em 2010, seus bens somavam R$ 649,2 mil e, mais uma vez, a esposa mantinha sob sua guarda uma boa quantia: R$ 250 mil.

Em 2010, Natan valeu-se de um artifício para poder continuar na política. Em outubro daquele ano, ele já havia sido condenado pelo STF a 13 anos, quatro meses e 10 dias de prisão em regime fechado, além de 66 dias-multa, por formação de quadrilha e peculato (quando um servidor público utiliza do cargo para obter benefícios próprios). Um dia antes da sentença, ele renunciou ao mandato de deputado federal, mas já havia conquistado nas urnas o direito a permanecer mais quatro anos na Câmara. Naquela eleição, a lei da Ficha Limpa ainda não estava em vigor – passou a valer, de fato, a partir de 2012, impedindo que políticos que já tenham sido condenados por um colegiado possam concorrer a cargo eletivo.

Mesmo condenado, Natan manteve sua rotina na Câmara, graças aos embargos declaratórios, que são recursos apresentados pela defesa depois que o acórdão com a sentença é publicado. Serve para esclarecer dúvidas sobre o texto ou levantar contradições. Em 13 de dezembro de 2012, no entanto, o plenário do Supremo rejeitou o pedido da defesa. Para a relatora do processo, ministra Cármen Lúcia, os embargos apresentados não tinham como objetivo esclarecer nada, "mas sim refazer o julgamento, fazendo prevalecer as razões do deputado". Mas a defesa não se deu por vencida. Recorreu novamente, argumentando que o fato de Natan estar exercendo um novo mandato tornava inócua a suspensão de seus direitos políticos determinados pelo STF em outubro de 2010, um dia após ele ter renunciado ao mandato que exercia na época.

No entanto, Cármen Lúcia destacou entendimento do STF firmado no julgamento do mensalão, no qual se definiu que "condenado criminalmente um réu de mandato eletivo, caberá ao Poder Judiciário decidir sobre a perda de mandato, notadamente quando condenado pela prática de crime contra a administração pública". Seu voto foi acompanhado pelos demais ministros com exceção do ministro Marco Aurélio, que reiterou seu posicionamento em relação a incompetência do STF para analisar o caso em função da renúncia do mandato parlamentar na ocasião do julgamento em 2010.

O entendimento do Supremo de que um político condenado perderia o mandato eletivo, no entanto, foi alterado durante o julgamento do caso de Ivo Cassol. Dois novos ministros, Teori Zavascki e Roberto Barroso, que haviam substituído Ayres Britto e Cesar Peluzo, concordaram que, no caso dos detentores de mandato, caberia ao Parlamento a última palavra.

Até setembro de 2013, Ivo Cassol continuava andando de um lado para outro do Senado, ocupando sua cadeira no plenário e levando a vida como se a condenação a mais de quatro anos em regime semiaberto não lhe dissesse respeito. O presidente do Senado, Renan Calheiros (PMDB-AL), deixou claro que nada se faria até a defesa de Cassol não ter mais nenhum recurso a apresentar e a sentença ter transitado em julgado, sem mais possibilidades. Não era possível saber, em setembro, quanto tempo ainda Cassol permaneceria senador e se, quando não houvesse mais como recorrer, os colegas lhe tirariam o mandato.

Mesmo sem mais chance de escapar das grades que o destino lhe reservava depois que o STF determinou sua imediata prisão, Natan Donadon não se entregou de pronto. Seu advogado, Nabor Bulhões, um dos criminalistas mais bem pagos de Brasília, negociou com o superintendente da Polícia Federal em Brasília, Marcelo Mosele, uma forma de seu cliente não ser exposto no momento da prisão. E assim se deu. O jornalista Jailton de Carvalho, de *O Globo*, um dos primeiros a noticiar a prisão do primeiro parlamentar em exercício do mandato desde que a Constituição de 1988 entrou em vigor, informou que ele passara a noite numa casa no Paranoá, periferia de Brasília. Pela manhã, saiu de um carro e entrou em um veículo descaracterizado da PF. À tarde, foi apresentado ao juiz Ademar Silva de Vasconcelos, da Vara de Execuções Penais de Brasília. De lá foi encaminhado para o local que será seu lar por alguns anos: o presídio da Papuda, numa cela de seis metros quadrados, numa estrutura de concreto, com um colchonete sobre uma cama de cimento.

Dois dias antes, Marcos Donadon tinha o mesmo destino. Mas a forma foi diferente. Não houve negociação para que ele se entregasse. O deputado estadual de Rondônia foi preso na madrugada do dia 26 de junho, quando desembarcava no aeroporto de Porto Velho. O mandato de prisão contra ele fora expedido dia 16 de junho, mas correu em segredo de Justiça para que ele não fugisse. Os crimes pelos quais foi condenado foram os mesmos praticados pelo irmão: peculato e formação de quadrilha. Marcos foi condenado a oito anos e quatro meses de prisão em regime fechado no Centro de Ressocialização do Vale do Guaporé. Inicialmente, ele ficou alojado no Centro de Correição da Polícia Militar, mas o Tribunal de Justiça de Rondônia determinou que ele fosse transferido para um presídio comum.

A prisão não era uma novidade na família Donadon. Em junho de 2010, o cunhado de Marcos, Antônio Cesar Segantini, casado com Ruth, foi preso, acusado de desviar recursos financeiros quando exercia cargo de confiança na Assembleia Legislativa de Rondônia, entre janeiro de 1998 e janeiro de 1999.

Esperava-se que a cassação do mandato de Natan Donadon fosse apenas uma etapa burocrática a ser cumprida pela Câmara. Mas no dia 28 de agosto de 2013, a Câmara surpreendeu todo o país. O parlamentar chegou ao plenário ladeado por advogados e familiares. Cumprimentou alguns poucos colegas que se atreveram a lhe estender a mão. Mas o plenário estava meio vazio. Natan subiu à tribuna para defender seu mandato e fez um discurso na linha do "eu sou você amanhã". Contou das dificuldades sofridas na prisão, alegou que estava sendo perseguido pela imprensa e jurou inocência. Conseguiu sensibilizar alguns dos seus pares. Voltando a sentir-se um verdadeiro parlamentar, Natan chegou a pedir para o presidente deixá-lo fazer uma reivindicação em nome de seus novos colegas, os da prisão. Reclamou da comida servida no presídio da Papuda.

Temendo o pior, o presidente da Câmara, Henrique Eduardo Alves (PMDB-RN), o mais longevo dos deputados, pediu várias vezes para que os parlamentares que estivessem na Casa comparecessem para votar. Henrique esticou a sessão até não poder mais. Às 23h, o resultado foi uma surpresa negativa – mais uma – para a população. Eram necessários 257 votos para cassar Natan Donadon. Mas somente 233 deputados votaram favoravelmente; 131 foram contra e houve 41 abstenções. O voto secreto havia garantido o mandato do presidiário. Agradecido mais aos próprios pares do que a outra entidade celeste, Natan ajoelhou-se e elevou as mãos ao céu. Mas depois saiu do plenário e suas mãos voltaram a ser algemadas.

O episódio da absolvição deixou os eleitores indignados. Henrique Eduardo Alves apelou e decidiu monocraticamente (sem consultar ninguém) que o salário de Natan e os benefícios dele enquanto parlamentar estavam suspensos. E deu posse, no dia seguinte, ao suplente, Amir Lando. Embora boa na intenção, a ação do presidente da Câmara assemelhou-se a de um justiceiro – uma vez que o plenário da Câmara havia decidido que queria ter entre os seus um condenado pela Justiça, ele não poderia simplesmente retirar o mandato de Natan. Mas não houve voz que se levantasse contra a decisão. E a Câmara finalmente aprovou o fim do voto secreto, depois de o projeto ter ficado sete anos parado.

No início de setembro, o ministro do STF, Luiz Roberto Barroso, suspendeu a decisão do plenário. Embora não tenha cassado o mandato de Natan, Barroso decidiu que caberia à Mesa Diretora da Câmara – não ao plenário – a decisão pela perda automática de mandato de parlamentar condenado em regime fechado.

Depois que os "reis" foram depostos, os políticos resolveram agir. O presidente em exercício do PMDB, senador Valdir Raupp (RO), determinou a expulsão dos dois irmãos do partido. Na Assembleia Legislativa, foi aberto um processo para a cassação do mandato de Marcos. A família Donadon perdia o prestígio e o poder. Mas o clã é grande e sempre há uma nova geração sendo preparada para dar continuidade à obra do grupo.

O QUE DIZ O DEPUTADO

No discurso que fez no dia da votação da cassação de seu mandato, Natan Donadon acusou a imprensa de distorcer os fatos e omitir a verdade. Ele narrou as dificuldades pelas quais passava na prisão – e acabou comovendo alguns colegas deputados.

– Na hora de vir para cá, fui tomar um banho e faltou água na torneira. Lá não há chuveiro; há uma torneira de água fria. E justamente hoje faltou água. E eu tive – porque estava todo ensaboado quando acabou a água no presídio – de recorrer a um preso ao lado da minha cela. Ele tinha algumas garrafinhas de água. Não era de água mineral, mas garrafinhas nas quais ele guardava água, porque ele dizia que às vezes faltava – informou.

Natan narrou que havia percorrido o caminho do presidio à Câmara algemado.

– Nunca tinha entrado em um camburão na minha vida, nunca tinha pensado que isso fosse acontecer. Fui algemado atrás pelas mãos. Como tenho uma certa fobia, pedi aos agentes que me trouxessem com as mãos na frente. Eles disseram que não podiam. Mas Deus me acompanhou, me deu forças, me deu resignação, para que eu pudesse vir de lá para cá, guardado por Deus.

O ainda deputado disse que resolveu ir à Câmara, embora a família o tivesse orientado ao contrário, porque iria dizer a verdade e mostrar que era inocente.

– Vim aqui porque eu estou tendo, pela primeira vez, a oportunidade de me defender, de dizer a verdade sobre tudo isso para os deputados e para as deputadas, e para a imprensa, que distorceu todos os fatos. Lamento muito a mídia nacional, ou grande parte dela, ser sensacionalista e irresponsável. A verdade nem sempre dá notícia. O que dão notícia são outras coisas. A verdade não interessa a muitos veículos de comunicação. O outro motivo que me trouxe aqui hoje é de fazer a minha defesa, de falar ao povo brasileiro sobre a minha inocência, é poder dizer que eu sou inocente das acusações que estão impondo contra mim.

Natan também disse que ele e sua família estavam passando por dificuldades financeiras e não podia nem mais pagar a faculdade da filha, que estudava medicina.

– Eu tenho sofrido muito financeiramente! Minha filha faz faculdade. Até para alugarmos uma casa, hoje, estamos com dificuldade. A Câmara determinou que eu abandonasse, que eu saísse do apartamento. Minha esposa veio aqui e até pediu pelo amor de Deus à Câmara que não fizesse isso, até porque eu sou deputado ainda. Não acho justo terem suspendido todos os meus direitos, meu salário, com o qual sobrevivo, sendo deputado. Meu filho passou no vestibular recentemente, em Cuiabá, para medicina. Entre mais de dois mil candidatos, ele passou em 33º lugar. E ele me disse: "Pai, eu não vou para lá. A faculdade é particular, e eu sei que nós estamos numa situação financeira difícil. Eu vou prestar outro vestibular, porque eu sei que posso fazer e passar numa faculdade pública". E eu falei: "Meu filho, vá! Deus proverá. Nós damos um jeito."

Natan lembrou que quando foi trabalhar na Assembleia Legislativa de Rondônia, seu irmão, Marcos, tinha 21 anos – "Um menino ainda, saindo da adolescência", disse ele.

– Nunca desviei um centavo da Assembleia Legislativa do Estado de Rondônia – declarou Natan.

– Como Deus está no céu, pelo que é mais sagrado, por Deus e pela minha família, eu não seria louco ou quase louco para assinar pagamentos sem documentos. Eu não era louco, não estava ficando, nem estou, porque não fiquei louco até hoje. Senhor presidente, eu fiz os pagamentos legais. Eu não desviei um centavo, senhores deputados. Pelo amor de Deus, façam justiça!

Filhos da política

Herdeiros

Uma carreira política é um bem valioso, não raras vezes, passado de pai para filho. É como uma joia de família que se transmite apenas entre os de mesmo sobrenome. Alguns políticos preferem investir no futuro político de seus filhos a investir numa poupança para garantir uma faculdade de excelência para eles. Ser político é um ofício, e não é uma tarefa fácil. Muitas qualidades são requeridas, e leva-se tempo para ensinar aos sucessores como passar credibilidade para o público-alvo, distribuir afagos, pegar crianças no colo, receber representantes da população em geral, andar – no tempo das campanhas – em bairros da periferia, não rejeitar café frio, acordar cedo e dormir tarde, saber afagar as lideranças, entender o caminho da burocracia para a liberação de verbas, e por aí vai.

Se o político é identificado com a esquerda – ou com o que antes se chamava assim –, deve colocar em sua lista de afazeres reunir-se com trabalhadores, participar de assembleias de categorias (nos anos 1980 e 1990, isso incluía, não raras vezes, ir para porta de fábrica às 5h, não importando o frio), conversar com lideranças de movimentos sem-terra e indígenas... Se o candidato for mais próximo da velha direita, deve dar atenção aos produtores rurais, entender o que o empresariado quer, ir aos cultos das várias denominações evangélicas...

Atualmente, como diria o deputado federal Paulo Maluf (PP-SP), essa coisa de direita e de esquerda só existe no trânsito de Paris: *à droite et à gauche*. Na política tupiniquim, existem oportunidades. E, quem for inteligente, ou esperto, as identifica e as abraça – que o digam o próprio Maluf e o ex-presidente Luiz Inácio Lula da Silva, que eternizaram numa foto esse novo paradigma das relações partidárias.

A bem da verdade, nos tempos democráticos, foi Fernando Henrique Cardoso (PSDB) quem inaugurou essa nova concepção de alianças heterodoxas para atingir o poder. Em 1994, uniu-se ao PFL de personalidades como Antônio Carlos Magalhães e Jorge Bornhausen. O PT, em 2002, seguiu a mesma cartilha e amarrou-se ao PL de Valdemar Costa Neto. Aliás, ao que parece, o PT tem mania de seguir os passos do PSDB. Antes de Marcos Valério vender seu *modus operandi* para os petistas promoverem o mensalão, ele já havia testado o esquema com os tucanos, na administração do ex-governador de Minas Gerais, Eduardo Azeredo.

Depois que as eleições diretas voltaram, os debates televisivos fizeram a alegria dos eleitores, que gostavam de ver os oponentes trocando acusações. O ex-governador Orestes Quércia, por exemplo, uma vez disse que Lula não era capaz de administrar nem um carrinho de pipoca. O petista, ainda considerado um sapo barbudo, retrucou:

– Posso não saber administrar o carrinho de pipoca, mas, com certeza, não vou roubar o pipoqueiro.

Valia de tudo. Até o que não era dito publicamente com todas as letras tinha tradução competente nos ouvidos do alvo. Uma vez, num debate, o então candidato a presidente Fernando Collor de Mello disse que Lula ficava explorando toda hora o fato de que ele, Collor, era milionário, mas o petista escondia parte dos próprios bens.

– Posso ser rico, mas não tenho o aparelho de som que você tem em sua casa.

Ninguém entendeu nada. Como Collor, dono de Ferrari e outros carros luxuosos, não teria um aparelho de som de qualidade? Lula entendeu o recado e recolheu-se. Collor explorava o fato de que o petista havia ganhado o aparelho de presente de uma amiga, cuja revelação poderia causar embaraços familiares.

Todas as trocas de acusações entre os candidatos faziam parte do show. Mas uma coisa os políticos não admitiam: que se falasse da família deles. Isso equivaleria a meter o dedo no olho do adversário na hora da briga ou a chutar as partes baixas do oponente. O ex-governador Mário Covas (PSDB), que era bom nas contendas, num debate na Rede Bandeirantes, em 1994, começou a acusar o filho de Maluf, Flávio, de irregularidades. Maluf irritou-se e devolveu: era melhor parar com as citações à família dele porque, caso contrário, ele também tinha um arsenal contra o filho de Covas, Zuzinha. Calaram-se ambos para preservar a família. Nem Flávio nem Zuzinha seguiram os passos dos pais na política. Zuzinha foi citado pelo Ministério Público, em 1996, em suposto superfaturamento em contratos firmados pela Companhia de Desenvolvimento Habitacional e Urbano (CDHU); e Flávio, acusado de formação de quadrilha e evasão de divisas, acabou preso com o pai.

Atuando em outra seara, na qual a visibilidade não é tão grande como no caso dos candidatos a cargos no Executivo – prefeito, governador e presidente –, os parlamentares rebocam os filhos até que eles tenham capacidade política para poder desenvolver velocidade própria. O capital político que acumulam se transforma numa herança a ser explorada e repartida em vida. Às vezes, antes de obter um cargo público por meio de eleições, o filho convive com a rotina partidária, tornando-se membro do diretório local ou da executiva da legenda. Em junho de 2013, reportagem publicada no jornal *O Globo*, intitulada "Partido da Família S/A", informava que as 30 agremiações políticas existentes mantinham em seus quadros pelo menos 150 parentes. As legendas funcionavam como escritórios: integrantes de certas famílias recebiam salário, ou prestavam assessoria bem remunerada para a instituição, ou ainda alugavam imóveis e veículos para os partidos dos quais eram dirigentes. Tudo pago com dinheiro do Fundo Partidário, isto é, dinheiro público.

O lançamento da candidatura de um filho é uma decisão muito bem pensada e planejada. E tem ligação direta com o que planeja o patriarca ou a matriarca. Se a intenção do clã é assegurar alguma influência numa cidade, para, a partir daí, irradiar seu poder, o filho pode começar a vida disputando uma cadeira na Câmara Municipal. Mas se o pai já for parlamentar, às vezes o melhor caminho é garantir o domínio total da cidade. Então, nesse caso, lança-se o herdeiro à prefeitura. Um pai deputado federal vai preferir que o filho finque raízes no Estado e, portanto, a melhor opção é candidatá-lo a deputado estadual. Se o genitor for senador, governador ou vice-governador, aí são várias as opções, mas a maioria recai na Câmara dos Deputados.

Exemplos abundam: o deputado federal Renan Filho (PMDB-AL) foi primeiro prefeito de Murici e depois chegou à Câmara; Arthur Lira (PP-AL) era deputado estadual quando o pai, Benedito de Lira (PP--AL), estava na Câmara; quando este concorreu ao Senado, Arthur ganhou um *upgrade* e foi para a Câmara; Helder Barbalho (PMDB--PA), filho do senador Jáder (PMDB-PA) e da deputada federal Elcione (PMDB-PA), foi vereador e prefeito de Ananindeua e deputado estadual. Em setembro de 2013, o pai já buscava apoio para lançá-lo ao governo do estado em 2014.

Roberto Jefferson (PTB) lançou a filha, Cristiane Brasil, para a Câmara Municipal do Rio de Janeiro. Quando ele denunciou o mensalão, em 2005, sabendo que não voltaria a ocupar outro cargo público, tentou fazer com que ela o sucedesse em 2006, mas não emplacou. Ela ficou como segunda suplente do PTB e continuou vereadora. Mesmo sem cargo, Jefferson ainda conservava o poder e, graças à sua força e à de seu partido, obteve para Cristiane o cargo de secretária municipal da Secretaria de Envelhecimento Saudável e Qualidade de Vida (SESQV) na administração de Eduardo Paes (PMDB).

Também há pais que conhecem o potencial do filho e sabem que, nas urnas, poderiam ser um fracasso. Por isso, melhor é abrigá-los sob a proteção paterna, dando-lhes, por exemplo, a primazia de ser o primeiro suplente de sua chapa ao Senado. Foi o que fez o ministro de Minas e Energia, Edison Lobão (PMDB-MA), com seu primogênito,

Lobão Filho, que em setembro de 2013 esquentava a cadeira do pai no plenário azul, enquanto a presidente Dilma Rousseff mantinha o patriarca no cargo. O inverso também ocorre: Ivo Cassol (PP-RO) tem como seu primeiro suplente no Senado seu pai, Reditário. Com o risco de perder a cadeira por conta de uma condenação no Supremo Tribunal Federal (STF), Ivo garantiu os oito anos de poder para a família.

Mas há casos em que o pai fica na política local e os filhos ganham estatura estadual e federal. É o que acontece com o vereador paulistano Milton Leite (DEM). Ele está no cargo desde 1996, sem perder uma única eleição. Em 2010, elegeu Milton Leite Filho para deputado estadual e Alexandre Leite para federal. Outro vereador de São Paulo que fez a mesma jogada, mas sem o sucesso de Milton, foi Wadih Mutran (PP), o vereador mais longevo da cidade (mais de 30 anos na função). Ele atuou para eleger o filho, Ricardo, para deputado estadual, mas não conseguiu. Mutran é chamado nos corredores da Câmara Municipal de Wadih "Mutreta".

Essas jogadas políticas assemelham-se a estratégias de grandes empresários que estudam onde é melhor erguer uma filial. O pior que pode acontecer para uma família de políticos é ir à bancarrota eleitoral, sem que seus membros nunca mais conquistem um lugar ao sol. É a falência sem direito à concordata. Por isso, zelosos pelos seus, eles diversificam os investimentos – regra básica de todo bom operador de negócios – ocupando cargos em poderes distintos.

Alguns filhos surpreendem. Com o passar do tempo, conseguem ser mais astutos que quem tudo lhes ensinou. Chegam a ser tão bons que, não raro, em sua primeira candidatura, embora jovens na idade, suplantam os pais na riqueza. Jovens de talento, de fato.

21 ANOS E R$ 4 MILHÕES EM MÃOS

O ex-deputado federal Wilson Santiago (PMDB-PB) tem uma história de superação. Nascido em Uiraúna, no alto sertão paraibano, e um dos 17 filhos do agricultor Francisco Ferreira Santiago e de

Adrina Glória, Santiago ajudava os pais vendendo produtos agrícolas produzidos na propriedade da família. Aos 20 anos, conseguiu seu primeiro emprego formal. Foi trabalhar numa indústria de confecção, mas ficou pouco tempo lá. Meses depois, ingressou no serviço público, trabalhando na Secretaria de Segurança Pública do Estado. Lá, subiu de postos e, de auxiliar de gabinete, se tornou diretor de patrimônio, diretor de materiais e veículos e coordenador do Fundo Especial de Segurança Pública. Na secretaria, passou a atuar politicamente e, em 1979, fundou a Associação dos Funcionários da Secretaria de Segurança Pública da Paraíba.

Santiago concluiu o curso de Direito aos 29 anos, em 1986, mesmo ano em que passou num concurso público, efetivando-se como defensor público. Ele havia tomado gosto pela política e, em 1994, concorreu a deputado estadual e se elegeu. Logo se tornou líder do partido. Em 1998, reelegeu-se e se capacitou para virar vice-presidente da Assembleia Legislativa. Nessa época, os únicos bens que tinha eram uma casa, no valor de R$ 30 mil, financiada; um terreno, avaliado em R$ 20 mil; e um Tempra seminovo, que valia R$ 18 mil.

Em 2002, Santiago achou que era hora de voar para Brasília. Obteve 99.941 votos, tornando-se o deputado federal mais votado da Paraíba. Cópia de seu Imposto de Renda entregue ao TSE atesta que ele era um homem praticamente sem bens: o patrimônio resumia-se a dois veículos – um Pálio e uma Galloper, financiada. Somados, os dois carros valiam R$ 48.500. Uma vez na Câmara, Santiago virou líder do PMDB por dois períodos, presidente da Comissão de Ciência e Tecnologia, e vice-presidente da poderosa Comissão de Constituição e Justiça, por onde passam todos os projetos de lei.

Na eleição seguinte, em 2006, a vida de Santiago já estava bem melhor. Ele foi o segundo mais votado de seu Estado, com 163.661 votos, só perdendo para Vital do Rêgo Filho, também do PMDB, que conseguiu 168.301 votos – Vital é de uma família tradicional de políticos na Paraíba. A vida financeira de Santiago também deu um salto. Os R$ 48.500 de quatro anos antes multiplicaram-se quase

20 vezes: ele informou que tinha um patrimônio de R$ 926 mil. Era proprietário de dois apartamentos, duas casas e um terreno que compreendia seis lotes. Somente em dinheiro em espécie, ele contabilizava R$ 60 mil. Mas o maior patrimônio eram as quotas da Terradrina Construções, uma empreiteira da qual era sócio. Sua parte correspondia a R$ 475 mil. A empresa atua principalmente no ramo residencial.

Santiago acreditou que a Câmara estava ficando pequena demais para ele e que podia tentar chegar ao Olimpo – o Senado. Em 2010, moveu suas pedras com esse objetivo, sem se descuidar da Câmara. Candidatou-se ao Senado e, como nenhum político gosta de correr o risco de ficar sem poder, optou por lançar seu filho, Wilson Filho, para lhe suceder. Wilson tinha 21 anos e nem havia concluído ainda a faculdade. Mas já superava o pai em riqueza. A declaração de bens apresentada por ele ao TSE apontava que seu patrimônio era de espantosos R$ 4,8 milhões em 2010. Nesse mesmo ano, seu pai tinha perdido dinheiro, a julgar pelas informações prestadas ao TSE. Somando tudo que possuía, Santiago tinha R$ 659 mil – R$ 200 mil dos quais em dinheiro vivo, que seriam aplicados na própria campanha, como se vê na prestação de contas. Wilson Filho havia se tornado o principal acionista da Terradrina, que funciona em Brasília. Dos R$ 4,8 milhões, R$ 4,7 milhões estavam investidos na construtora. Além disso, tinha um Fiat Estilo, avaliado em R$ 62 mil, e dinheiro depositado em conta corrente e poupança, que, somados, davam cerca de R$ 40 mil. Santiago, por sua vez, mantinha sob seu domínio seis terrenos, uma casa, um sítio e um Corolla, além dos R$ 200 mil em espécie.

Na eleição, Santiago obteve 820.653 votos, e Wilson, 105.822, sendo o quarto mais votado no Estado. Apesar da expressiva votação, Santiago não conseguiu ser eleito. O mais votado foi o ex-governador Cássio Cunha Lima (PSDB), com 1.004.183 votos; Vital do Rêgo Filho (PMDB) angariou 869.501 votos e ficou com a segunda vaga. Santiago até teve o gostinho de sentar-se nas poltronas do Salão Azul que caracteriza o Senado. É que Cássio Cunha Lima havia tido a candidatura indeferida por causa de uma condenação no TSE por abuso de poder econômico e político nas eleições de 2006, quando concorria à reeleição de governador. O Ministério Público o acusou de distribuir cheques aos paraibanos por meio de um programa assistencial mantido pela Fundação Ação Comunitária, do governo do estado. Mas ele conseguiu se livrar do problema, porque a Lei da Ficha Limpa não valeu para as eleições de 2010. Com isso, depois de muito questionamento no próprio TSE, Cássio ganhou a vaga, puxando a cadeira de Santiago em novembro de 2011. No pouco tempo em que ficou no Senado, o peemedebista virou vice-presidente da Casa.

Dois meses antes, reportagem da jornalista Izabelle Torres, da revista *IstoÉ*, noticiou que uma investigação do Ministério da Fazenda acusava Santiago de usar laranjas na empresa Construções e Incorporações Adrina (o nome da mãe dele) para se livrar de uma dívida de R$ 34 milhões, fruto de sonegação de Imposto de Renda, Contribuição sobre Lucro Líquido, PIS e Cofins. De acordo com a denúncia, Santiago teria colocado como sócios da Adrina seus cunhados, Terezinha Alves de Oliveira e João de Souza Brito. A dupla, segundo o subprocurador Gustavo César Porto, não teria capacidade financeira para atuar na empresa. Santiago tinha uma procuração com plenos poderes para administrar a construtora. A juíza da 5ª Vara da Justiça Federal na Paraíba, Helena Delgado, que aceitou a denúncia, anotou que "o aumento do capital social pelos aludidos sócios – Terezinha e João –, sem capacidade econômico-financeira para tanto, conforme atestam as declarações de rendimentos, demonstra a irregularidade na própria constituição da sociedade em questão e o laço concreto de ligação entre ambas as pessoas jurídicas e seu efetivo controlador e administrador, José Wilson Santiago".

A Justiça Federal também considerou que, para fugir da obrigação de pagar a dívida, a Adrina estava transferindo bens para a Terradrina. Segundo o subprocurador Gustavo César Porto, informava a revista, a Terradrina havia sido aberta apenas com a finalidade de driblar a Justiça. A Justiça Federal tornou indisponíveis os bens da

Adrina. Santiago atribuiu as denúncias a manobras de seus adversários políticos no Estado. À revista, ele negou ser o proprietário da Adrina (embora a empreiteira tenha o nome da mãe dele), dizendo-se apenas advogado da mesma. Em abril de 2013, a Justiça determinou o bloqueio eletrônico das contas da empresa, mas o oficial de Justiça informou no processo que foi impossível ao Banco Central executar a ordem – sem especificar o motivo.

O QUE DIZ O DEPUTADO

Wilson Filho respondeu prontamente os questionamentos sobre sua fortuna. Em e-mail, disse que é sócio-cotista da empresa Terradrina desde 2006, quando tinha 16 anos. "Na época em que assumi o mandato de deputado, em 2011, já fazia parte do quadro societário há cinco anos", enfatizou. De acordo com o parlamentar, "os lucros acumulados obtidos pela empresa durante esses cinco anos foram incorporados ao capital social total da empresa. Por essa razão, minhas quotas foram aumentadas", informou.

O deputado disse que não recebeu nenhuma doação do pai dele. Sobre a Construções e Incorporações Adrina, ele afirmou que nem ele nem seu pai foram sócios da empreiteira – que leva o nome da avó do parlamentar. Wilson Filho informou, ainda, que o processo que cobrava R$ 34 milhões da Construções Adrina foi anulado na esfera administrativa.

DEPUTADO DE R$ 1,5 MILHÃO, COM 23 ANOS

João Caldas é um homem de estatura mediana, cujas formas arredondadas parecem lhe diminuir o tamanho. Tem um jeito bonachão e está sempre sorrindo, de bem com a vida. É visto com frequência transitando pelos salões da Câmara e do Senado, e até mesmo pelo Palácio do Planalto, sede da Presidência. Nada parece lhe abalar a calma – nem mesmo a condenação, em 16 de dezembro de 2011, pelo juiz federal Guilherme Yendo, da 2ª Vara Federal em Alagoas, que o sentenciou ao ressarcimento de R$ 390 mil aos cofres públicos, mais multa de 20% sobre esse total (R$ 78 mil), acrescidos de correção monetária. Yendo também cassou os direitos políticos de Caldas por 10 anos.

João Caldas foi deputado federal por dois mandatos. Elegeu-se a primeira vez pelo PMN, em 1998, com 66.968 votos. Em 2002, no PL, que estava coligado ao PT em nível nacional, fez 69.539 votos. Tinha, na ocasião, um patrimônio modesto, de R$ 62,1 mil, de acordo com seu Imposto de Renda do exercício de 2001 apresentado ao TSE. Sua única fonte de renda vinha da Câmara dos Deputados. Naquele ano, havia recebido R$ 125,5 mil de proventos pelo seu trabalho. Em 2000, ainda segundo o Imposto de Renda, João Caldas era mais rico. O patrimônio era de R$ 177,9 mil. Tinha em mãos R$ 91,5 mil somente em dinheiro vivo, mais R$ 25,2 mil em conta corrente. Em 2001, além de seus bens terem diminuído de valor, também tinha R$ 37,6 mil em dívidas bancárias.

O deputado é natural de Ibateguara, cidade a 11km de Maceió, cujo significado, na língua indígena, é "lugar alto". O município tem 15.150 habitantes e é conhecido como a "Suíça alagoana" por causa do clima frio, e não pela prosperidade do local. O Índice de Desenvolvimento Humano Municipal (IDH-M) é de 0,518, segundo o IBGE – o que faz com que ocupe a 5.469 posição entre os 5.545 municípios brasileiros, , ou seja, é uma das cidades com pior qualidade de vida do país. Em termos comparativos, São Caetano do Sul, a primeira colocada, tem um IDH-M de 0,862.

João Caldas começou sua vida política na cidade e teve uma ascensão surpreendente. Foi eleito vereador em 1982, prefeito em 1988, deputado estadual em 1995 e federal em 1998. Nesse meio tempo, graças a sua influência política cada vez maior, virou secretário estadual de Agricultura, entre 1992 e 1994, no período em que estava sem mandato. Em 2004, ele conseguiu eleger a mulher, Eudócia Caldas, prefeita de Ibateguara. Médica de profissão, ela foi reeleita em

2008. Nessa época, o único patrimônio da doutora Eudócia era uma sala comercial em Maceió, utilizada como seu consultório, e avaliada em R$ 100 mil – segundo sua declaração de bens entregue à Justiça Eleitoral.

Em Brasília, o deputado era um dos integrantes do chamado baixo clero – parlamentares que não têm muita expressão. Mas foi o baixo clero que, em 2005, elegeu Severino Cavalcanti (PP-PE) presidente da Câmara, demonstrando que o grupo, mesmo sem voz ativa nas discussões nacionais, detinha certo poder nos subterrâneos. O Congresso abriga 513 deputados e 81 senadores. Desses, o Departamento Intersindical de Assessoria Parlamentar (Diap), uma organização que desde 1994 elabora um ranking apontando os parlamentares mais importantes, elenca 100 que considera os "cabeças" do Congresso. Não é fácil se sobressair nesse mar de gente. Porém, a maioria não quer que a imprensa acompanhe seriamente seu trabalho. Por isso, às vezes é bom ser um baixo clero: pode-se agir livremente, sem que os meios de comunicação, com poucos profissionais e com longas agendas a cumprir, lhes deem muita atenção. Para essa turma, a notícia que interessa é a que sai nas rádios locais – muitas vezes, propriedades deles mesmos – ou nos blogs amigos. O baixo clero só vira notícia quando algum escândalo os envolve. E foi o que ocorreu em 2006, quando estourou a Máfia dos Sanguessugas. João Caldas foi um dos personagens.

Em 4 de maio de 2006, a Polícia Federal deflagrou uma operação que tinha como objetivo desbaratar uma quadrilha integrada por empresários, parlamentares, prefeitos e servidores públicos. O esquema funcionava assim: deputados e senadores faziam emendas ao Orçamento, destinando verbas para a compra de ambulâncias e equipamentos de saúde, que eram fornecidos pelas empresas de Darci Vedoin e Luiz Antonio Vedoin. Os prefeitos interessados nos veículos simulavam um concorrência, que era vencida por companhias da dupla de empresários. Em troca, eles pagavam propina para os parlamentares. Em agosto de 2006, uma CPI que havia sido instalada para investigar as irregularidades elaborou uma lista com

72 nomes de deputados e senadores que teriam participado do esquema. O relatório da CPI pedia a abertura de processo de cassação de todos, mas, como o documento foi divulgado no meio das eleições, ninguém quis levar adiante as denúncias. Coube aos eleitores expressarem suas indignações nas urnas. João Caldas foi um dos que não conseguiram um novo mandato.

Naquele ano, ele obteve 34.314 votos e não foi reeleito. Seu patrimônio declarado era de R$ 163,6 mil. O bem mais valioso que dispunha era uma Hilux, avaliada em R$ 118 mil. Mas ele não desistiu da vida pública. Em 2010, tornou a se candidatar, desta vez pelo PSDB do governador Teotônio Vilela, que conseguiu nas urnas mais quatro anos de mandato, vencendo Fernando Collor (PTB) e Ronaldo Lessa (PDT). Naquele ano, João Caldas informou que seu patrimônio era de R$ 213,6 mil, sendo R$ 50 mil em dinheiro vivo. Ele foi votado por 51.269 eleitores e ficou como segundo suplente de seu partido. Conseguiu exercer o mandato na Câmara entre os dias 18 de junho de 2012 e 7 de outubro daquele ano, uma vez que Rui Palmeira (PSDB) havia se licenciado para concorrer à Prefeitura de Maceió, para a qual foi eleito, e o primeiro suplente, Alexandre Toledo, ocupava o cargo de secretário estadual da Saúde. Porém, com a eleição de Palmeira, Toledo decidiu assumir sua vaga na Câmara, tirando a oportunidade de João Caldas voltar a se sentar entre os seus colegas.

As vicissitudes da vida fizeram de João Caldas um homem preparado. Sem um futuro político muito promissor, ele decidiu que era hora de dar outro rumo para a vida da família. Por isso, abençoou o filho, João Henrique, para ser seu herdeiro político, e o lançou candidato a deputado estadual. Embora João Caldas estivesse no PSDB, João Henrique concorreu pelo PTN e foi eleito com 17.977 votos. Em 2010, quando se candidatou, com 23 anos, ele nem tinha concluído a faculdade ainda. Mas tinha um patrimônio de R$ 1,5 milhão, ou seja, cinco vezes maior que a soma dos bens de seus pais. Somente a casa que estava em seu nome foi avaliada em R$ 520 mil. Quatro lotes valiam R$ 954 mil. E ele era sócio da empresa Alagoas

Comunicação, com uma participação de R$ 45 mil, que, de acordo com registros do Ministério das Comunicações, tem concessão de rádio em Coruripe, Marimbondo e Palmeira dos Índios.

João Henrique já estava exercendo seu mandato quando, em outubro de 2012, o Tribunal Regional Eleitoral (TRE) o afastou porque considerou que durante a campanha ele cometeu abuso de poder econômico e de "poder religioso". Os desembargadores do TRE acataram denúncia do ex-candidato Linaldo Araújo, também do PTN, de que João Henrique teria se valido de um culto evangélico na Igreja Internacional da Graça de Deus para distribuir propaganda política por meio de cabos eleitorais fardados. Como prova, a denúncia apresentou um vídeo, um panfleto do candidato e 23 fotos.

Ficou comprovado, porém, que o vídeo havia sido editado e, portanto, não servia como prova de que o candidato eventualmente pudesse ter se valido do evento para angariar votos. Mesmo assim, por quatro votos a três, os desembargadores do TRE alagoano decidiram afastar João Henrique. A desembargadora Elisabeth Carvalho disse, em seu voto, que ficou estarrecida com a quantidade de rádios que pertencem à família Caldas (embora, publicamente, nem João Henrique nem João Caldas informem participarem dessas sociedades). Segundo a desembargadora, essas rádios transmitem em sua programação as palavras do pastor RR Soares, da Igreja Internacional da Graça de Deus. João Henrique e João Caldas compareceram a três desses cultos, sendo abençoados por RR Soares. Mas havia um componente político a mais na cassação do mandato de João Henrique: o maior interessado em ter o deputado estadual fora da Assembleia, Arnon Amélio, seu suplente, era o cunhado do presidente do TRE, desembargador Orlando Manso. Manso, no entanto, não participou do julgamento.

Mas o fato de o vídeo apresentado como prova ter sido editado levantou dúvidas sobre a verdade das imagens. O próprio Ministério Público Eleitoral (MPE) acabou se manifestando pela improcedência da denúncia: "Com a devida vênia, graves erros foram cometidos pelos juízes eleitorais alagoanos. Em primeiro lugar, condenaram o réu por uso indevido dos meios de comunicação, ilícito que só poderia ser apurado em Ação de Investigação Judicial Eleitoral (Aije), nunca em Ação de Impugnação de Mandato Eletivo (Aime). No dizer do relator, o impugnado usou abusivamente dos meios de comunicação a seu dispor para obter o apoio da igreja. Em segundo, proferiram julgamento *extra petita*, ao condenar o impugnado por conduta não descrita na (ação) inicial. Em terceiro, ignoraram o conjunto probatório dos autos. Em quarto, utilizaram na fundamentação elementos probatórios que não se encontram no processo, nomeadamente dados da prestação de contas de João Caldas, pai do impugnado, os quais não foram submetidas ao contraditório. Em quinto, lançaram mão de ilícito não previsto no ordenamento jurídico, o "abuso do poder religioso" , assim descrito pelo TRE às fls. 977: "O abuso de poder se apresenta à Justiça Eleitoral na forma do abuso de poder econômico decorrente do assédio moral aos fiéis para a arregimentação de eleitores" (sic)." Em novembro de 2012, no entanto, a ministra Luciana Lóssio, do TSE, concedeu uma liminar para que João Henrique pudesse reassumir seu mandato.

A campanha para deputado estadual de João Henrique foi uma das mais baratas do país. Gastou, segundo declarou oficialmente, apenas R$ 73,2 mil. O pai, João Caldas, contribuiu com R$ 61 mil. Os gastos, contudo, somaram R$ 91,7 mil. Na relação de doadores, só há pessoas físicas. Já João Caldas gastou, segundo informou ao TSE, R$ 371 mil na sua própria campanha. Ela foi bancada, praticamente, pelo Estaleiro Mauá, que lhe deu R$ 300 mil. As despesas do candidato também ultrapassaram o arrecadado: R$ 458,7 mil. Quando isso acontece, os candidatos são autorizados pela Justiça Eleitoral a promover uma arrecadação suplementar para poder pagar as dívidas de campanha.

João Henrique foi, no princípio, da bancada de apoio ao governador Teotônio Vilela Filho (PSDB). Sem mandato, João Caldas procurou utilizar o filho para forçar o governador a nomear a mulher dele, Eudócia, como secretária de Saúde de Alagoas. Mas Teotônio resistiu. E João Henrique passou a lhe fazer oposição. Em 25 de junho de 2013, o deputado neófito convocou a imprensa para fazer uma denúncia. De acordo com ele, o esquema das Taturanas – pelo qual deputados estaduais alagoanos utilizaram fantasmas para poder inflar a folha de pagamento e desviar milionários recursos – estaria de volta na Assembleia Legislativa de Alagoas. Ele afirmou que R$ 4,7 milhões teriam sido desviados pela Mesa Diretora da Casa.

O blog *Sonar Alagoas*, do jornalista Davi Soares, publicou bastidores da guerra política que se seguiu depois da denúncia de João Henrique e que acabou por revelar outras irregularidades – estas, praticadas justamente pelo denunciante. A portas fechadas, o presidente da Assembleia de Alagoas, deputado Fernando Toledo (PSDB), bateu boca com João Henrique. O tucano lembrou que os pais do deputado, João Caldas e Eudócia, estavam na folha de pagamentos da Assembleia Legislativa, mas, segundo o presidente da Casa, não trabalhavam. Cada um deles recebia mensalmente R$ 9 mil. O repórter Davi Soares questionou João Henrique sobre a suspeita de que seus pais eram funcionários fantasmas. Mas o parlamentar desconversou: "Não procede, até porque seria um absurdo, totalmente, pensar em colocar algum tipo... Ainda mais, seria até, de certa forma, é... Além de ser ilegal, de ser imoral, isso, na verdade, é uma tentativa clara de querer, neste momento, confundir a cabeça das pessoas. São coisas que não vão, enfim, levar à discussão necessária da Casa, que é a transparência", disse ele ao blog *Sonar Alagoas*.

O presidente da Assembleia Legislativa, claro, saiu em defesa do Poder que dirige. E aproveitou para botar mais lenha na fogueira: "A Assembleia foi acusada, pelos parlamentares em plenário, de ser a indústria da falta. Nós nunca fizemos nem faremos isso, nunca. O que nós estamos fazendo é manter o que determina a lei. Se você não for trabalhar, o que acontece? Agora nós tivemos a informação, que não é descabida, de que os dois servidores, que são servidores efetivos da Casa, estavam até pouco tempo no gabinete do deputado (João Henrique) e estão morando em Brasília. Inclusive com cargo de médica em Brasília, a mãe dele. Como é que pode ser isso? O servidor ganhando aqui no teto, quase, no limite. E está morando em

Brasília, e ele pregando os rios de moralidade. Então vai trabalhar. Se não vier, falta, falta e falta. Se não comparecerem nem justificarem as faltas, serão demitidos. É só porque moralidade a gente cobra com moralidade", afirmou Fernando Toledo.

O presidente da Assembleia não estava de todo errado na sua denúncia – mas, se sabia da contravenção há tempos, por que não havia tomado alguma atitude? Eudócia era médica pediatra com patente de capitã da Polícia Militar de Alagoas. Em 2005, apesar de ser prefeita de um município alagoano, foi aprovada em concurso da Secretaria de Saúde do Distrito Federal para atuar na rede pública, em Brasília. A Secretaria de Fiscalização de Pessoal do DF apontou que ela estava acumulando, ilegalmente, os dois cargos e exigiu que ela optasse por um deles – Eudócia acabou escolhendo ir para a reserva remunerada da Polícia Militar de Alagoas e foi exonerada da Secretaria da Saúde do Distrito Federal em 31 de maio de 2010.

O QUE DIZ O DEPUTADO

O deputado foi contatado a primeira vez dia 11 de setembro de 2013. Seu assessor informou um e-mail para o qual foram envidadas as perguntas. Prometeu agilizar as repostas. Três dias depois, fiz contato telefônico e a assessoria disse que o parlamentar estava ocupado, mas que já havia recebido as perguntas e as responderia. Uma semana depois, e nada. Outro telefonema se seguiu e a informação foi a mesma: ele estava ocupado, mas responderia. No dia 19, voltei a enviar outro e-mail, cobrando uma resposta. Mas ela nunca veio. Abaixo, as perguntas encaminhadas ao deputado e que não foram respondidas:

1- A que se deve esse expressivo patrimônio?
2- O deputado informa que é sócio, com uma participação de apenas R$ 45 mil, na Alagoas Comunicação. Essa empresa explora concessões de rádios no Estado? Em quais municípios?

3- O pai do deputado, João Caldas, ou a mãe dele, Eudócia, são sócios de João Henrique nas rádios?
4- O deputado herdou bens de seus pais?
5- O que explica o deputado ter muito mais bens do que a soma do patrimônio de seus próprios pais?
6- O deputado empregou seus pais na Assembleia Legislativa? Eles ainda são servidores da Assembleia?
7- O que aconteceu com a denúncia que o deputado fez sobre um possível novo escândalo das Taturanas na Assembleia?

R$ 750 MIL APREENDIDOS PELA POLÍCIA FEDERAL

Olhando a declaração de bens entregue por Johnathan de Jesus (PRB-RR) à Justiça Eleitoral, em 2010, quando se candidatou pela primeira vez a deputado federal, parece que ele é um homem de classe média. Seus bens somam R$ 556 mil. Com 27 anos na época, e estudando medicina, ele informou que é proprietário de um terreno no loteamento Parque das Laranjeiras, em Manaus, medindo 800 metros quadrados e que está avaliado em R$ 175 mil; um apartamento adquirido na planta no valor de R$ 116 mil; quotas da empresa Pereira e Nunes (Posto Boa Vista) que somam R$ 75 mil; uma sala comercial de R$ 18 mil; uma casa de R$ 60 mil; três terrenos por R$ 66 mil; e R$ 43,8 mil em dinheiro vivo. Johnathan é filho do ex-presidente da Assembleia Legislativa de Roraima, Mecias de Jesus (PRB), o homem que, em dois anos, teve um aumento patrimonial de R$ 1 milhão e que possui procurações para fazer o que bem entender com diversos terrenos. Johnathan seguiu os passos de Jesus. Ele também é detentor de várias procurações que lhe dão amplos poderes sobre alguns imóveis, podendo vendê-los, aliená-los, ou se desfazer deles da maneira que lhe convier, sem prestar contas aos proprietários de direito.

Em 30 de julho de 2008, por exemplo, o casal Sebastião Pereira da Silva e Mirthô Maria da Silva outorgou uma dessas superprocurações a Johnathan para que ele fizesse o que quizesse com uma área de 70 hectares em São João da Baliza, num local conhecido como Sítio Riacho Doce, na Vicinal 32, lote 1.736. Mirthô era funcionária da Assembleia Legislativa lotada na contabilidade quando Mecias de Jesus era o presidente. Em 19 de agosto do mesmo ano, outra procuração, desta vez emitida por José Raimundo Rodrigues da Silva e Lidiane Lima Reis Rodrigues Silva, também permitia a Johnathan dispor da forma que lhe aprouvesse em outra área no mesmo local, mas com outro lote, o de número 1.380, no Sítio Capim Verde. E, em novembro de 2008, recebeu outra procuração, nos mesmos termos, tendo como outorgantes Vanilde Pereira de Oliveira e Joel da Cunha Silva. Mais uma vez, o imóvel em questão localizava-se na Vicinal 32, desta vez em área maior: 403 hectares, e o sítio era denominado Sonho Azul. Vanilde era funcionária da Assembleia Legislativa quando concedeu a superprocuração a Johnathan. Ela estava lotada na presidência daquele órgão quando o pai de Johnathan era o presidente.

Coincidentemente, na declaração de bens de Johnathan, ele informa que é proprietário de três áreas em São João da Baliza, duas delas denominadas Capim Verde e Sonho Azul. Mas as metragens são maiores do que aquelas das áreas para as quais ele recebeu procurações de plenos poderes: os lotes que constam da declaração de Johanathan medem 461 e 403 hectares respectivamente. Essa área de 403 hectares, no Sítio Sonho Azul, também pertencia a Vanilde. Com superprocurações para fazer o que quisesse com as três áreas vizinhas a sua, ele poderia até mesmo ficar com os terrenos sem que os proprietários pudessem reclamar a quem quer que seja.

Johnathan é um rapaz que, embora tenha cursado medicina, parece ter gosto pelo mercado imobiliário. Em julho de 2001, quando não tinha nem 18 anos ainda, adquiriu uma área de 480 metros quadrados, no bairro de Paraviana, o local mais caro de Boa Vista, por apenas R$ 2 mil. Como não tinha idade suficiente para fechar um negócio, seu pai assinou a escritura juntamente com o filho. Esse imóvel, até junho de 2011, constava no cartório de 1º Ofício de

Notas de Boa Vista como de propriedade dele. Mas Johnathan não o declarou à Justiça Eleitoral. Outro imóvel que também não foi declarado por ele é um terreno de 491,50 metros quadrados, no bairro Tancredo Neves. Foi adquirido em 6 de março de 2003 e, segundo registros do cartório, até 27 de junho de 2011 continuava propriedade dele – portanto, deveria ter sido informado à Justiça Eleitoral. O preço pago pela área também foi muito barato, até para padrões locais: R$ 5 mil.

Apesar da pouca idade, Johnathan é empresário. Oficialmente, em 2010 ele era sócio do posto de combustível Boa Vista. Em 16 de setembro daquele ano, em plena campanha eleitoral, dele e do pai, a Polícia Federal apreendeu R$ 750 mil, em dinheiro vivo, num imóvel ocupado pelo secretário de Comunicação da Assembleia Legislativa de Roraima, José Raimundo Rodrigues. Foi um alvoroço. JR, como José Raimundo é conhecido em Boa Vista, alegou que o dinheiro era proveniente da venda de um posto de combustível do filho do presidente da Assembleia. E deu uma explicação mambembe para o fato de manter em sua casa uma quantia tão elevada, ainda mais em dinheiro vivo:

– Na semana passada foi vendido um posto. Dessa negociação, temos contrato e recibo como prova da procedência do valor encontrado pela PF. O dinheiro seria usado na campanha de Johnathan de Jesus. Não conseguimos depositar o dinheiro na quinta-feira (16), porque o banco estava fechado. Na sexta-feira estávamos correndo atrás de recibo eleitoral para declararmos na conta de campanha de Jonathan de Jesus. Por isso, o dinheiro ainda estava em minha posse – declarou durante entrevista coletiva convocada por ele para tentar explicar o volumoso recurso.

Na campanha de 2010, Johnathan declarou que arrecadou R$ 291,5 mil – R$ 40 mil doados pelo posto de combustível do qual era sócio, R$ 68 mil de recursos próprios, R$ 16 mil de empresas que mantinham contratos com a Assembleia Legislativa, além de outras doações, incluindo de servidores lotados na presidência da Assembleia. Os R$ 750 mil apreendidos – e que depois foram devolvidos ao candidato –, segundo JR, seriam utilizados para pagamento de fornecedores e funcionários na campanha. Das duas, uma: ou a campanha de Johnathan custou bem menos do que ele esperava, a ponto de não precisar utilizar os R$ 750 mil, ou o custo foi maior do que o declarado e não foi contabilizado oficialmente.

O TRE rejeitou, por unanimidade, a prestação de contas do candidato a deputado federal porque não havia recibo eleitoral da suposta doação dos R$ 750 mil, o que é uma irregularidade insanável. Os advogados de Johnathan recorreram. Alegaram que "o valor apreendido não integrava a conta específica de campanha, não estava listado em qualquer documento financeiro do comitê eleitoral e sequer conseguiu-se indicar qualquer destinação que o recorrente pretendesse lhe dar em sua campanha". Mas o TRE negou o recurso e manteve a desaprovação das contas.

A defesa voltou a recorrer. Desta vez, ao TSE. Em 28 de agosto de 2012, o ministro Arnaldo Versiani deu razão aos advogados do deputado federal. De acordo com ele, "não seria possível que o candidato emitisse recibo eleitoral de recurso que efetivamente não ingressou na conta de campanha, bem como que registrasse despesas que não foram realizadas". Ao acolher os argumentos da defesa de Johnathan, Versiani esqueceu-se de levar em conta que o dinheiro era um fato real e que o próprio candidato havia argumentado que ele seria usado em sua campanha. Dificilmente alguém arrecada um valor tão elevado, diz em entrevista e nos próprios autos que utilizaria os recursos na campanha, e depois simplesmente não faz uso do dinheiro.

Em 30 de dezembro de 2009, Johnathan, como sócio da empresa J.Pereira de Jesus (Posto Boa Vista) comprou um terreno de 8.140 metros quadrados no bairro Senador Hélio Campos, na capital de Roraima. Pela área, pagou R$ 30 mil. Em 4 de dezembro de 2007, havia comprado outro imóvel para sua empresa: um terreno de 4 mil metros quadrados. Pagou R$ 20 mil. Em 27 de junho de 2011 ele ainda era o proprietário dos dois imóveis. Apesar de o assessor de comunicação ter informado que os R$ 750 mil eram provenientes da venda do posto de combustível em setembro de 2010, em dezembro daquele ano Johnathan continuava sócio do empreendimento. Ele outorgou uma procuração para Maria de Fátima Cavalcanti de Araújo movimentar contas bancárias da empresa. Também em dezembro daquele ano, outra procuração emitida pelo já eleito deputado federal conferia poderes ao advogado Alysson Batalha Franco representá-lo na Agência Nacional de Petróleo (ANP).

Ou seja, se Johnathan era sócio de apenas um posto de combustível, como havia informado à Justiça Eleitoral, e se esse empreendimento havia sido vendido por R$ 750 mil em setembro de 2010, em dezembro daquele ano ele ainda continuava mandando na empresa que, supostamente, já não era mais proprietário.

O QUE DIZ O DEPUTADO

O deputado Johnathan de Jesus respondeu às perguntas por meio da assessoria de seu pai. Abaixo, a íntegra das perguntas e das respostas:

1- Por que o deputado Johnatan de Jesus tem várias procurações para comprar, vender, transferir, fazer o que quiser, com vários imóveis, alguns deles pertencentes a funcionários da Assembleia Legislativa?

O fato de uma pessoa deter um mandato eletivo não tira dela as outras condições de cidadão. Ele continua vivendo, trabalhando, negociando, comprando e vendendo.

2- Se os R$ 750 mil encontrados na casa de um assessor eram provenientes da venda de um posto de combustível, por que, em dezembro de 2010, o deputado Johnathan ainda figurava como procurador deste mesmo posto?

Possivelmente porque nessa época o negócio não tivesse sido plena e legalmente realizado ou talvez porque simplesmente a procuração não tenha sido revogada.

3- Como o deputado Johnathan conseguiu juntar um patrimônio de mais de R$ 500 mil em 2010 se ele não trabalhava, uma vez que era estudante de medicina (período integral, portanto), em Manaus? Ele herdou os bens do pai?

Quantas formas de aquisição de patrimônio a legislação brasileira permite? Apenas uma, a compra? Como as famílias se relacionam levando em conta questões patrimoniais? Talvez uma estudada melhor nesse aspecto tivesse evitado essa pergunta. Mas, como lhe falei, tudo que consta em meu nome ou no nome dos meus familiares está devida e legalmente informado para a Receita Federal.

Referências

ANÔNIMO do século XVII. *A Arte de Furtar.* São Paulo: Martin Claret, 2006.

BOBBIO, Norberto; MATTEUCCI, Nicola; PASQUINO, Gianfranco. *Dicionário de Política.* Brasília: Editora UnB, 2004.

CAMPELLO DE SOUZA, Maria do Carmo. *Estado e Partidos no Brasil.* São Paulo: Alfa-Ômega, 1990.

CASTILHO, Alceu Luís. *Partido da Terra.* São Paulo: Contexto, 2012.

DIAS JÚNIOR, José Augusto. *Os Contos e os Vigários.* São Paulo: LeYa, 2010.

DOMINGUES TEIXERA, Marco Antônio; RIBEIRO DA FONSECA, Dante. *História Regional (Rondõnia),* Porto Velho: Rondoniana, 2001.

FAORO, Raymundo. *Os Donos do Poder.* São Paulo: Globo, 2008.

FREITAS, Aimberê. *Geografia e história de Roraima.* Boa Vista: Editora IAF, 2012.

FURTADO, Celso. *Formação Econômica do Brasil.* São Paulo: Companhia das Letras, 2009.

IGLÉSIAS, Francisco. *Trajetória Política do Brasil (1500-1964).* São Paulo: Companhia das Letras, 1993.

CARVALHO, José Murilo de. *Cidadania no Brasil: o longo caminho.* Rio de Janeiro: Civilização Brasileira, 2002.

NUNES LEAL, Victor. *Coronelismo, Enxada e Voto.* São Paulo: Companhia das Letras, 2012.

RIBEIRO, Darcy. *O Povo Brasileiro.* São Paulo: Companhia das Letras, 2006.

RODRIGUES, Fernando. *Políticos do Brasil.* São Paulo: Publifolha, 2006.

VAZ, Lúcio. *Sanguessugas do Brasil.* São Paulo: Geração Editorial, 2012.

VIEIRA, Antônio (padre). *Seleção de Sermões de padre Antônio Vieira.* São Paulo: Melhoramentos, 2013.

Sites

www.tse.jus.br
www.stf.jus.br
www.tjal.jus.br
www.trfe.gov.br
www.tcu.gov.br
www.receita.fazenda.gov.br
www.excelencias.org.br
http://noticias.uol.com.br/politica/politicos-brasil/
http://sonaralagoas.com/
www.midianews.com.br/
www.diariodecuiaba.com.br/
www.rondoniagora.com/
www.extralagoas.com.br/
www.blogdodecio.com.br/
http://gilbertoleda.com.br/
http:tnh1.ne10.uol.com.br/
www.tribunahoje.com/
http://juve3ntuderoraima.blogspot.com.br/
www.fontebrasil.com.br
http://falaroraima.wordpress.com/
www.vilhenanoticias.com.br

www.aeconomiadobrasil.com.br
www.orondoniense.com.br
www.ocombatente.com.br
www.tudorondonia.com.br
www.folhainterior.com.br
www.omelhorderondonia.com.br
www.luispablo.com.br
www.jornalpequeno.com.br
http:blogdozeorlando.blogspot.com.br
www.turmadabarra.com.br

Jornais e revistas

O Globo
Folha de S. Paulo
O Estado de S. Paulo
Veja
Época
IstoÉ

Este livro foi composto em
Original Garamond
e impresso para a LeYa
em outubro de 2013.